走过不曾如此
空心的西班牙

断裂的乡村

[西班牙] 塞尔吉奥·德尔·莫利诺——著

朱金玉——译

La España vacía

Viaje por un país que
nunca fue

浙江人民出版社

中文版序言

公元前401年的秋天，在库纳克萨战役失败后，色诺芬带着他的一万名希腊将士几乎全身而退。他们以雇佣兵身份效力的波斯王子小居鲁士意图反叛，却在这场战役中死于波斯国王阿尔塔薛西斯之手。在这一年的年底，色诺芬率领败军北上至黑海之滨的希腊属地特拉彼祖斯（今土耳其城市特拉布宗）。这支万人远征军绝大部分为重装步兵，他们徒步行军，从巴比伦城外（今巴格达附近）至小亚细亚北部的安全地带，一共要跨越约1300公里的敌方领地。一路上，阿尔塔薛西斯的追兵步步紧逼，他们沿途所经各处的波斯部落也都严阵以待，刀剑相迎。

当他们穿越平原，也就是现在的伊拉克、亚美尼亚和土耳其的时候，这些希腊人看到了几片蔚为壮观的废墟——比任何一座希腊或波斯城市的规模都大。那曾是真正的大都市，如今却成了荒凉之地，神庙、房屋与城墙一点点被沙土覆盖。其中最宏伟的一片被色诺芬称为"梅斯比拉"，而今天我们知道它就是亚述帝国的都城尼尼微——在一万名希腊雇佣兵于那片废墟上安营扎寨的两百年前，这一文明就已经消失。色诺芬对它的存在与过往都一无所知。

色诺芬把所有这些见闻都写进了他那部伟大的著作《远征记》里，我们今天阅读这本书的时候仍会像读任何一个冒险故事一样心潮澎湃，可它是独一无二的：偶然发现异域或未知的文明是一回事（正如《星际迷航》），但是目睹一个比你强大得多，而你对它一无所知的文明遗迹，就完全是另一回事了。现在，我们只需要打开手机就能解决任何疑问，所以不可能理解色诺芬当时有多么茫然和困惑。古代军队依靠星辰与太阳的指引，在没有地图的情形下行进，沿途遇到的一切都是未知的。没有卫星定位，没有地图测绘，也没有情报机构提前通报前方的情况。我们会觉得奇怪，为什么《远征记》并不是十分重视那些废墟，实际上，那些希腊人根本没那个时间：一路上匪夷所思的事情可谓是司空见惯，过度驻足惊叹只会给追兵以可乘之机。

我在写《断裂的乡村：走过不曾如此空心的西班牙》这本书时，原本应当更深入挖掘色诺芬这个人物，用他的方式重新观察、刻画伊比利亚内陆地区，以及那些不断消失和被荒弃的村庄。我们作家非常钟爱"夸大"，这可以说是我们的主要工作方法。如果我当初用《远征记》中的内容来与西班牙对比（西班牙的小山村和辽阔的尼尼微之间相距千里，但这也无妨，因为知道夸张的边界在哪里时，这一手法运用起来反而效果更好），本书的论点会更有说服力。这主要是因为几十年来，人们思考人口减少这一问题总是跳不出几种思路：负面的调子、民族学的笔触、伤怀的心绪、田园牧歌式的描绘；故而粗犷的重甲雇佣军那史诗般的经历，恰好能为这个业已枯竭的领域带来必要的冲击。

因此，我虽未明言，实际上却在某种程度上扮演着色诺芬的角色。用一些人的话来说，我是在多管闲事。究竟为什么一个局外人，一个连葡萄蔓与常春藤、橡树与橄榄树都分不清的城里记者，会来反思农村、农村的荒弃和其他那些与他完全无关的事情？如果我们已经疯狂到了禁止其他民族、国籍的演员来饰演本国人物的地步，那么我这本书的确是一种文化挪用，应当被谴责。但这样的话，也就只有来自荒弃地区和大学地理系的学者才有权研究人口减少现象。

我和色诺芬一样，都是局外人。我麾下没有军队，各个村庄里也没有人备好石块准备教训我，但我的确在寻求保有那种外来者的目光。我追求那种惊叹折服的体验，因为我身后没有波斯追兵，我有足够的时间来观赏和思考废墟。我进入了一个既熟悉（我的家族与西班牙无人村有着深深的羁绊，那里也保留着我鲜活的童年回忆）又陌生的世界：那里的农村文化影响着我们生活的方方面面，但对我们来说又像色诺芬面前那些两百年前即被摧毁的亚述城市一样陌生。

这本书得以大获成功并引发了一场声势浩大的社会和政

治辩论，是因为很多西班牙人都大感惊讶：几十年来，我们醉心于成为"欧洲人""富人"，却忽视了民族文化中的一个关键部分。西班牙社会上有一部分人开始思考到底发生了什么，我们是如何眼睁睁地看着这个国家的一部分彻底荒芜，我们怎么能任凭它被抛在过去，再也无缘看到未来。

在过去的一百年间，全世界所见证的最惊人的转变就是农村文化的消逝。每个国家都以各自不同的方式经历了这个过程，但通常都是在很短的时间内，造成的社会影响又极其深远，中国对此绝不会感到陌生。相比于中国的农村人口外流现象和东部地区特大城市的崛起，西班牙和欧洲所经历的似乎就显得有点小儿科了。然而，历史的脚本总是相似的。在不到一代人的时间里，中国完成了巨变，以至于那些在变革前出生的老一辈在自己的国家变成了"外国人"。伴随他们成长的文化已不复存在，他们的童年消散在无数个尼尼微的废墟中，而年青一代则仿若色诺芬，惊奇地观察着这一切。

本书探讨了变革的重要性，而大多数社会对这种变革并没有给予应有的关注和重视。任何一个经历过农村人口外流的中国读者，或是其亲历者的子女，都会对本书所涉及的很多问题有似曾相识之感。西班牙的经历很容易引起共鸣，正如一个会爱、会怀疑、会死亡的人与其他任何一个会爱、会怀疑、会死亡的人从本质上来讲并没有什么区别。

我于2016年来过中国，就在本书出版前几周。我在北京、苏州和宁波的街头漫步，在成都人民公园的茶馆里品茶，不断惊叹于中国的这些城市，以及大量农村移民的存在——这也恰好是本书的灵感来源。我深知中国也有一片"空荡之地"，尽管我在那次旅行中没有来得及到访，但我一直在思考，离我们不远的过去是如何被势头猛烈的未来所取代，直至被遗忘的。然而，它留下的印迹看似微弱，对有心之人来说却清晰可辨。在从莫斯科到上海那漫长的航班上，我读了一本西班牙作家朋友写的游记，他20年前在中国生活过，而他当时的观察和记录对我的旅行简直毫无用处：仅仅过了这么短的时间，我看到的中国就已经与他所写的完全不同。当我后来与他谈起这次旅行的时候，他觉得我所讲述的是个完全陌生的国度，根本不是他以前认识的那个中国。

西班牙也是这样，一个分别在1955年和1975年两次到访西班牙的人，一定完全认不出他第一次旅行时看到的国家。很多1955年时还存在的村庄到了1975年已经消失不见，而大城市的规模扩大了三倍之多。1955年，马德里还是一个低调朴素的首都，带有一股土气。到了1975年，它已经变成了一座拥有摩天大楼的大都市。

《断裂的乡村：走过不曾如此空心的西班牙》也是一个了解西班牙文化的渠道。它不是一本旅行指南，也不是学术专著，但是向任何一个对西班牙历史、文学和现状感兴趣的读者提供了一个友好的窗口。我本人曾在美国宾夕法尼亚大学和普林斯顿大学举办过讲座，校方都把这本书列为了解西班牙文化的入门作品。

　　我不愿逐一列举中国读者会对这样一本极具西班牙色彩的书感兴趣的原因，每个读者都有自己的动机，我无法预测。我只想在这篇已经过于冗长的序言中再强调一点，即色诺芬的感受是普世的，因为所有人都能理解这位希腊将领在尼尼微那片不可思议的废墟前所感到的恐惧和渺小。

塞尔吉奥·德尔·莫利诺

2020年12月于萨拉戈萨

目 录

◀ 第一部分 **大伤痛** ▶

第一章

叉子的故事

叉子讲述的是这样的故事：一些人在面对穷苦人这一"他者"时表现出的残忍、控制欲和恐惧，他们必须要与那些用手吃饭、抓着勺子狼吞虎咽的怪物，甚至用同一把餐勺在饭后演奏粗野的民间打击乐的怪物划清界限。

第二章

大伤痛

"大伤痛"包含了一个国家在一瞬间完成城市化进程所造成的后果。在不到20年时间里，城市规模增长了两倍至三倍，然而内陆地区那些广阔至极、人烟稀少的国土彻底荒芜。西班牙无人村里只居住着极少数西班牙人，却活在数百万西班牙人的脑海和记忆里。

被烧毁的房子之谜

当警察说到这可能是一次恐怖袭击时，牧师松了一口气。也可能他们没有直接说出"恐怖主义"一词，是政治原因吧，这样讲更准确些。他们认为这次袭击是某场运动的产物，虽然并没有抓到任何人，连嫌疑人都没有。如果说警察没敢用"恐怖主义"这个词，是因为当时在爱尔兰的确有一个货真价实的恐怖组织，但那看上去可是另外一回事了。牧师也觉得另有原因。他认为这次事件和村民有关，并且担心此事会引发暴力活动螺旋式上升。警察让他平静下来。他没被攻击，他的房子也没事。他们攻击的对象是他本人所代表的东西——这位牧师是英国人，被烧毁的房子是他的夏季住宅，位于丽茵半岛①上的一间偏远的小屋。

1979—1991年间，一个名为"格林道尔之子"②的组织在威

---

① 丽茵半岛（Llŷn Peninsula）是位于英国威尔士西北部的一个半岛。
② 威尔士语Meibion Glyndŵr。

尔士烧毁了228座乡村住宅。警方除了在1993年逮捕了一人，指控他给英格兰人邮递炸弹以外，再没有做更进一步的调查。那些被烧毁的房子依然成谜，没有任何证据出现，也没有任何人被起诉。[1] 调查人员认为"格林道尔之子"的幕后有一个成员不多的小团体，他们在秘密地实施犯罪活动。[2]

20世纪七八十年代，恐怖主义——无论是民族主义型，还是意识形态与革命型，是欧洲面临的最严重的问题之一。德国、意大利、法国、英国都深受其扰，当然西班牙也不例外。就英国而言，当时全国的一部分（北爱尔兰）正处于紧急状态，所以哪怕有团体宣称对这些纵火事件负责，对几间度假屋的夜间袭击也算不上恐怖活动。和埃塔组织、爱尔兰共和军或是红色旅相比，"格林道尔之子"的所作所为只能算是不文明行为了。

彭布罗克郡①北部是威尔士最偏远的地区之一，是完完全全的农村，没有南部那样的工业城市，而且直到近期才开始受到英格兰的影响。那里是全英国极少几个能听到威尔士语多于英语的角落之一。20世纪70年代，这个地区开始被中产阶级青睐，出现了一个置业的小热潮。在短短几年内，数以千计的英格兰人在乡下购置了房产。他们的到来扰乱了村民们原有的生活，双方发生了许多摩擦。村民们对新邻居极不信任，敌对情

---

① 彭布罗克郡（Pembrokeshire）是英国威尔士西南部的一个郡。

绪十分明显。

因此这位牧师在接受英国广播公司采访时如释重负地说道：这不是寻仇的。因为这种攻击事件更像是一些心存猜忌的村民，感到自己的生活习惯受到了外来者威胁后失控的反应。但是，如果此事与政治相关，牧师反倒可以继续在村子里平静地生活下去。否则，每当他走进酒馆、肉店买东西或是出门散步，看到邻居们的脸，就像看到了一个个嫌疑人——那些他不愿意接近的人。他怎么能和这样的人生活在一起呢？而如果是民族主义者放的火，邻居们就是清白的了。

然而，这些纵火案确实非常像是一些保守的村民对外地人进入村庄的抵触反应。如果罪犯当初是听从某种政治运动的命令行事，警方应该已经抓到人了。但如果是自发的行为，则更有可能是村民所为，因为当地人的不满情绪，尤其是对那些来此地避暑的人的怨恨，可能比任何民族主义者的复仇心都要强烈得多。英格兰人的房屋被烧毁之谜揭示的是乡村与城市的关系，而不是伦敦与其周边地区的关系，也不是恐怖主义、民族主义。

我想着这些事的时候，正在威尔士乡间和家人一起消夏。我驾车在只有一条车道的公路上行驶，每逢有对向来车，我要么找地方避让，要么就是向对面给我让道的司机致谢。所有人都那么亲切、平和，面带微笑，道路两旁是一片绿意，毛茸茸的绵羊悠然漫步其间。在这样一个农场连着农场、村舍接着村舍，除此以外再无他物的地方，能产生出什么样的仇恨呢？我想到了电影《稻草狗》，这是我最喜欢的导演之一——山姆·佩金法最棒的作品之一。达斯汀·霍夫曼扮演的美国数学老师和一个英国女孩结了婚。电影的开头，夫妇二人迁居至英格兰一个偏远的乡村，那是妻子的家乡。村里的年轻小伙们因为觉得这个美国佬抢走了他们最漂亮的姑娘便对这对夫妻恨意满满。影片主要围绕这对夫妻在当地遭受的骚扰与残暴对待展开，而原著《农场大围攻》则可以算作是比较常规的惊悚小说。[3] 导演佩金法为了突出夫妇俩孤立无援的境地，删去了小说中原本有的他们儿子的角色，并把片名改成《稻草狗》——出自《道德经》："天地不仁，以万物为刍狗。"[4]

旅途中遇到的每座屋舍都让我想到电影中的那座老房子。我想起了所有小地方共同存在的暴力故事：持续多个世纪的仇恨、被冲突和僵化的道德标准所激化的敌对状态、枯燥乏味的生活。但我想得最多的是这本我花了好几个月时间阅读资料、调查研究和反复思考想要写的书。被烧毁的房屋之谜和1971年的那部电影让我明白我想讲述的内容具有一定的普遍性：这是一段有关不信任的故事。我本想写我的国家，写那些让它特殊的东西，但那次威尔士乡间之旅使我明白，所有这一切都只不过是恐异症。

恐异症，意为对他者的恐惧。这个概念与人们在部族社会结构中所持的态度有关，区分"我们"和"他者"，以及视"他者"为威胁。人类无法在自己的群体之外生活，这是一种进化优势，但因此我们也在战争和种族屠杀中付出了高昂的代价。在复杂的城市社会里，部族越来越没有存在感，我们也越来越难找到自己人。谁算是自己人？同胞吗？同胞中各式各样的人太多了。相比于我的邻居，我和一个三十来岁的墨尔本作家有更多的共同点。我们的同事？尽管工人阶级曾是过去一百年间最成功的群体之一，但认为他们是同质的群体也很难。和我性别相同、语言相同、宗教信仰相同、年龄相仿、收入相近、性取向一样、有孩子或是没有孩子的人？与其说一个人的祖国是由童年、朋友或其他什么无关紧要的因素所决定的，我更想明确一件事，即我们生活在非常复杂的社会里，对族群的坚定忠诚已被人们之间细微又变化不定的相似性所取代。

这样的取代有两个好处：第一，我们不必再卷入与相邻部落的战争；第二，在大部分情况下，我们可以自由选择。人们之间的相似性很多都与个人爱好有关，比如喜欢相同的足球队或音乐。它丰富的内容和变化只可能存在于城市里。虽然也有其他的影响因素，但根本上是取决于人口数量或群聚效应①。一个人居住的城市越大，就越有可能在不同的方向和程度上编织出更多与他人的相似性。这是人类历史上的新现象。直至不到

---

① 群聚效应是一个社会动力学的名词，用来描述在一个社会系统里，某件事情的存在已达至一个足够的动量，使它能够自我维持，并为往后的成长提供动力。

断裂的乡村
走过不曾如此空心的西班牙 ◀

两百年前，一个人从成长到死亡都还是发生在一个他自己没得选择的族群里，他属于那里只是因为他在那里出生。一些小地方现在依然奉行着部落式的信条，在这种理念的驱使下，就会有一些部落成员在某个夜里放火烧掉入侵者的房屋。

　　的确存在两个西班牙，但和马查多①笔下的不一样。一个是城市化、欧洲化的西班牙，从面貌上看和任何一个欧洲社会别无二致；另一个是内陆的、荒芜的西班牙，我称它为西班牙无人村。两个西班牙之间的沟通长久以来举步维艰，至今依然如此。它们于对方来说似乎是不同的国家。然而，没有西班牙无人村，就无法理解另一个城市西班牙。它的魅影存在于城市西班牙的每个家庭。

　　作为城市西班牙的居民，我的视角无疑与那些在威尔士购置房产的英格兰人相同。面对一个不属于我的地方，我自然更倾向于将它理想化，讽刺它或是发掘它的怪异之处。但是，作为本书的作者，我也不得不去理解那些烧掉房子的威尔士人。他们为什么恨我，为什么不愿意我在那里生活。我需要审视历史，驾车行万里路，再去仔细重读所有过去读得漫不经心的那

----

　　① 安东尼奥·马查多（Antonio Machado，1875—1939），西班牙著名诗人，西班牙重要文学流派"九八年一代"的代表人物之一，代表作品有《孤独》《卡斯蒂利亚的田野》等。在他极为知名的诗篇《小小的西班牙人》（收录于诗集《卡斯蒂利亚的田野》，"箴言与歌谣"第53首）中，马查多提到"有两个西班牙""一个已经死了，另一个在打哈欠"，反映出西班牙分裂的局面。

些文学作品，因为那时候我还不知道自己将在未来写这本书。我写此书并不是为了避免自己的度假屋被人烧掉，而是为了能气定神闲地静观大火留下的废墟，并且希望那时可以双手插兜，而不是抱头惊恐。

第一部分

大伤痛

▲

第一章

叉 子 的 故 事

▼

他们的村庄全部被破坏和烧毁，他们的田地全都变成了牧场。英国士兵们奉命执行此项任务，与当地人对抗。一位老妇因拒绝离开自己的小屋而被烧死在里面。

——卡尔·马克思《资本论》（1867）

我身处国外，准备吃饭时发现桌上没有餐叉。我抬起手准备向侍者索要，但忽然间脑袋竟一片空白。法语叉子怎么说？英语呢？或者意大利语呢？我迟疑了一会儿，当 fork 这个词终于到了我嘴边的时候，侍者已经看懂了我的动作，拿着一把叉子过来了。真是荒唐，我怎么会不知道叉子怎么说呢？这个词在欧洲各种语言里几乎是一样的啊：英语是 fork，法语是 fourchette，意大利语是 forchetta，荷兰语是 vork，加泰罗尼亚语是 forquilla，马耳他语是 furketta，罗马尼亚语是 furculiţă。这些语言中的叉子一词都来自拉丁语 *furca*。甚至日耳曼语系也是如此，虽然他们不使用拉丁语词汇，但在指称叉子时用的也是我们在卡斯蒂利亚语①里称为 horca 或 forca 的东西的同义词：过去农民在垒麦秸垛或是翻挑谷堆时用的三股木叉。德语里的 Gabel 就既有农用叉，也有餐叉的意思，斯堪的纳维亚语里的 gaffel 或冰岛语里的 gaffal 亦是如此。

　　在大多数语言里，农具和餐具的叉子用的都是同一个词，

---

　　① 卡斯蒂利亚语 (Castellano)，原指中世纪时期卡斯蒂利亚王国 (Castilla) 的语言，现在也可以指代西班牙语。现在的西班牙，就是卡斯蒂利亚王国逐渐融合其他王国而形成的。

因为它们原本也是同一种东西——餐叉就是一个缩小版的叉子。那么为什么卡斯蒂利亚语用了一个与众不同、稀奇古怪的词 tenedor 呢？Tenedor，这个词源自动词 tener，意为"拥有者"[1]。传统上讲，tenedor 在西班牙语中是指人的词。那么它是如何取代了世界上其他地方都称为 forca 的那个词的呢？

　　和勺、刀不同，叉是一个近期才出现的餐具。《堂吉诃德》里没有人用叉子吃饭。在黄金时代[2]的西班牙，哪怕是最富有的人，使用叉子也依然是相当罕见的，这种局面一直持续到拿破仑战争时期。卡洛斯一世[3]用过从欧洲其他地方运来的餐叉，但这在当时只是被当成皇室的一种古怪行为。直到进入 19 世纪，叉子才成为人们餐桌上的常客。牧场工人和农村人几乎要到 20 世纪才开始用叉子吃饭，而且在一些偏远的村镇，叉子依然是具有异域风情的餐具，那里的人们习惯于用勺吃炒面包屑，用刀来吃奶酪。西班牙第一家大批量生产餐叉的工厂直到 19 世纪

---

　　① 动词 tener 在西班牙语里的意思为拥有、具有。Tenedor 是与之同词根的名词，意思是持有者、叉子。

　　② 西班牙黄金时代指的是 15—17 世纪，那是西班牙美术、音乐、文学兴盛的时代。

　　③ 西班牙国王卡洛斯一世（1516—1556 年在位），即神圣罗马帝国皇帝查理五世，他是著名的神圣罗马帝国皇帝"中世纪最后的骑士"马克西米安一世的孙子、"美男子"腓力与"疯女"胡安娜之子。其先辈复杂的联姻关系，使他拥有了三大王朝血统，而这也给他留下了自查理曼帝国以来欧洲最大的帝国领地。在他统治时期，西班牙在海外的扩张愈演愈烈，也使得其建立了史上第一个"日不落帝国"。

中期才开办起来。[5]

在当时所谓的文明世界里，叉子是高贵和精英的标志。"20世纪中叶，在不列颠的上流阶层，'用叉的午餐'和'用叉的晚餐'指的是只用叉子的自助餐，而不用餐刀和其他餐具。叉子更加文雅，因为看上去没有刀那么粗暴，也没有饭勺那么幼稚和污浊。人们被建议用叉吃各类菜肴，从鱼到土豆泥，从绿豆角到蛋糕皆可。还有人设计了专门用来吃冰激凌、沙拉、沙丁鱼和水龟的特殊的叉子。19—20世纪，西方餐桌礼仪的黄金法则是：'只要不确定，就用叉子'。"[6] 很明显，这个餐具短暂的历史和人们附庸风雅的习惯有关，另外，使用叉子也可以把上流阶层和平民百姓区分开来，毕竟那些人用起这种带尖头的餐具可不老练。

叉子的谜团揭示了西班牙人身上的一些重要特点，也说明了他们过去和现在的生活方式。它讲述的是一段与精英主义特有的鄙视、不屑有关的故事，是一些人在面对穷苦人这一"他者"时表现出的残忍、控制欲和恐惧，是他们必须要与住在宫墙之外的那些怪物划清界限——那些用手吃饭、抓着勺子狼吞虎咽的怪物，甚至用同一把餐勺在饭后演奏粗野的民间打击乐。

荒谬的是，这种怪异之处大概就是"罗马化"的典型表现。现代西班牙的历史源头与两个帝国有关：罗马帝国与阿拉伯帝国，二者都兴建了极其繁荣的城市。"文明"一词源自拉丁

语 *civitas*，意为城市。对我们而言，"城市"（civitas）与"大都市"（urbs）是近义词。我们的语言里没有保留罗马人对这两个概念的区分：civitas 是那些住在 urbs 里的人（即所有公民组成的共同体），而后者是所有楼房、街道、喷泉和下水道的总称。最早的卡斯蒂利亚及后来的西班牙，都是城市的天下。罗马人和阿拉伯人都认为农村只是为城市提供给养的地方，是一个城市与另一个城市之间的那片空白地带。农村不是文明的一部分。卡斯蒂利亚只在它的城市里存在。那时的王室是巡回①的，但也需要以城市为驻地。壮观宏伟的城市可有的是，它们由石头建造而成，被城墙包围，坚不可摧。当卡斯蒂利亚征服美洲时，真正征服的是它的城市。西班牙人在新大陆的所有海岸，以及内陆几条商贸通道附近（比如把秘鲁的白银通过安第斯山脉以及南美洲中部河网，运送至布宜诺斯艾利斯的线路）建起了一座座布局规整的城市。

事实上，19 世纪初，西班牙并没有真正掌控今天我们称为拉丁美洲的大陆。它的控制范围仅限于个别城市，但凡深入内陆，要不了几里路②它就没了踪影。在新大陆的大部分地区，西班牙人是不存在的，也没人讲卡斯蒂利亚语。亚历山大·冯·洪

---

① 在中世纪早期的西欧，大多王室奉行巡回王权的制度，即君主并不在某个固定的首都发号施令，而是走访各地，与他的封臣们保持私人联系。这一制度一直持续到 14 世纪中叶。

② 在西班牙，一里路也可称为一雷瓜（Legua），合 5572.7 米。

堡①得以深入委内瑞拉探索是因为西班牙人对那片雨林毫无兴
趣，也不知道如何从那里获利。一个德国人发现了墨西哥恰帕
斯州中央的消失之城帕伦克②，是因为西班牙人从不走出圣克里
斯托瓦尔·德拉斯卡萨斯城③。他们按着巴亚多利德或萨拉曼
卡④的样子建起了一座座城市，然后就再也不从里面走出来。

从另一个层面上看，在西班牙本土也是如此。这个国家不
存在于城市之外。早在1539年，一本名为《鄙权贵，颂乡
村》[7]的书在出版后成了西班牙文学史上最畅销的图书之一。
此书由一位依附于国王卡洛斯一世宫廷的阿斯图里亚斯⑤贵族安
东尼奥·德·格瓦拉所著，在当时的欧洲获得了大批读者，并
被翻译成多种语言。有些专家拿此书的幽默感和拉伯雷相提并
论，但很多语文学家更喜欢分析它对民族荣耀夸大其词的赞
美。这本书篇幅很短，所以今天读起来也没有问题，但哪怕再

---

① 亚历山大·冯·洪堡（Alexander von Humboldt，1769—1859），德国自
然科学家、自然地理学家，近代气候学、植物地理学、地球物理学的创始人之
一。1799年，他起航前往拉丁美洲，深入少有欧洲人涉足的腹地。他是最早对
委内瑞拉进行自然考察的科学家。

② 帕伦克（Palenque）古城是7世纪的玛雅城邦，位于墨西哥恰帕斯州，
保存了相对完整的玛雅文明遗迹。到了9世纪左右，帕伦克的文明戛然而止，
永远地被遗弃在丛林之中。1877年，德国探险家特奥贝托·马勒（Teoberto
Maler）考察帕伦克遗址，留下了详尽的文字和影像记录。

③ 圣克里斯托瓦尔·德拉斯卡萨斯（San Cristóbal de las Casas）是墨
西哥恰帕斯州的一座城市，由西班牙殖民者建立。

④ 巴亚多利德（Valladolid）和萨拉曼卡（Salamanca）均为西班牙的重要
城市。

⑤ 阿斯图里亚斯（Asturias）是位于西班牙北部的自治区。

短，读者还是会觉得冗长不堪、装模作样。这本书的作者格瓦拉修士厚颜无耻地在作品里填满了他编造的拉丁语引文，假装自己博学多识。这本他最著名的书赞美了乡村简单生活的诸多好处，对比了城市里的疲于奔命——这是那个时代最热门的话题。这本书大获成功是因为它直击了16世纪的读者群体，尤其是那些和他相似的贵族最关心的事：宫廷里充斥着政治和金钱利益，但乡村……啊，乡村！在那里人们可以找到自我，获得心灵的平静。真正的生活就在乡村。格瓦拉修士和同时代的另一位修士——路易斯·德·莱昂是最早向人们宣扬回归原始乡村的西班牙人，他们感慨同胞们抛弃了乡村，选择在满是谎言和花招的城市里过着压根算不上生活的生活，至少……他们嘴上是这么说的。因为格瓦拉并没把这道方子用到自己身上。国王先是封他在瓜迪斯做了主教，后来又派他去了蒙多涅多①，最后他在那里去世。但是听说几乎没人看到过他在自己所管辖的教区出现过。他更喜欢待在宫廷里，或是陪着卡洛斯一世多次周游欧洲。只有实在没办法的时候他才会从宫里告退，返回那个被他在书里捧上天，却总是让他周身严重不适的村庄。然而，这本书的成功表明西班牙城市和农村的对比，早在工业革命和农村人口外流之前就已经存在。

---

① 瓜迪斯（Guadix）和蒙多涅多（Mondoñedo）分别为安达卢西亚自治区和加利西亚自治区的市镇。

西班牙执政者很早以前就有流放政敌到偏远地区的传统，比如克维多①曾被流放到托雷德华纳瓦德，即现在的雷阿尔城。掌权者每每想惩罚某人，或者让他彻底离开自己的视线，就把他弄到农村去。早在俄国出现沙皇以前，早在西伯利亚流放制度实施、古拉格②这个词被发明出来之前，西班牙宗教裁判所的法官、国王、宠臣和蹩脚的独裁者们就已经利用环绕着马德里的广阔的梅塞塔高原，让那些自认为聪明绝顶的人从他们眼前消失。话说回来，对这个把在公共广场上烧死异教徒作为大众娱乐的国家来讲，这一惩罚算是相当温和的了，但这也揭露了王室的一种奇特态度。其他帝国的统治者将政治异见者，或是他们最不想见到的囚犯流放到殖民地，西班牙说起来可是大洋另一侧那片大陆名义上的主人，却反而将本国领土作为犯人的流放地（偶尔也会流放到海岛上）。这一传统一直持续到20世纪。

为了满足人们的需求，所有的文明都是为城市服务的，但每一种文明也有各自不同的方式来接纳或是忽略城与城之间那片空白之地，而他们所选择的方式很大程度上取决于有多少人，以及是哪一类人生活在那片空白之地。一直以来，在西班

---

① 弗朗西斯科·德·克维多（Francisco de Quevedo y Villegas, 1580—1645），一位西班牙贵族政治家，巴洛克时期的著名作家、同时代最杰出的诗人之一。

② 古拉格是苏联政府的一个机构，负责管理全国的劳改营。

牙本土，农村人口非常少且极其贫困，分散居住于一片气候条件恶劣的高原上，这背后，是一段与残酷、鄙夷有关的历史，它对国家产生的深远影响一直延续至今，但几乎不受人们关注。大家都没有注意到，卡斯蒂利亚语是唯一一门用"拥有者"一词表示"叉子"的语言，因为使用该语言的文明人、城市人、那些规定语言规范的人，不能接受以一个农具的名字来称呼这样一种精致的餐具。

葡萄牙人有一种残忍的说法："葡萄牙就是里斯本，剩下的都只是风景。"那么如果把这句话放到西班牙，可以说西班牙就是马德里，剩下的则连风景都算不上。

现在的世界是城市化的，不仅从人口统计学、政治地理学方面来讲是如此，从概念上来讲也是如此。不必去美索不达米亚，在神庙的轮廓中寻找城市的影子，城市的典范——雅典，是城市文化的摇篮，但说到底，真正将城市发展并发扬光大的是古罗马帝国。罗马人在欧洲、北非和中东缔造了众多"小罗马"，创造出了一张城市网。帝国的灭亡就等于城市的败落。古罗马人退居乡村，逐渐已不识拉丁语的他们创立了封建制度——这似乎成了野蛮的代名词，虽然历史学家几个世纪以来都试图还原真相，却收效甚微。现在的人们依然用15世纪佛罗伦萨学者的语气讲述着中世纪历史，将之形容成残忍和血腥的时代。

中学老师讲过，13世纪左右，商贸恢复到了古罗马时代的水平，城市也随之开始发展，哪怕经过了1348年的黑死病，城市依然在不断壮大：大教堂越盖越高，汉萨同盟①的港口一片繁荣，犹太银行家群体也发展起来。创造了（或者说再次创造了）民主制度的阶层叫作资产阶级，从词源上来说，它是指在城市里居住的人。整个现代欧洲史以及一部分当代史都可以被视为一些越来越强大、自由的城市与日益贫困、教权主义横行的农村之间的斗争史。

作为浪漫与古典主义代名词的法国大革命并不满足于让农村地产主上断头台，而是希望通过法令直接消灭农村。1789年，在一片激情澎湃的氛围中，西哀士教士②向国民制宪议会递交了改变国家行政区划的提案，这一提案不仅简化了法国复杂的伯爵领地、侯爵领地、行省、公爵领地和边境侯爵制度，并且以一种快速的方式彻底抹掉了历史：废止传统的地名。他创造了81个以各自地形特点命名的省份。普罗旺斯、朗格多克、阿基坦、安茹、巴斯克地区、皮卡第这些名字被河流、山脉和方位所取代，也有一些省份直接以数字来表示，然而没有哪一届政府能让法国人对他们所属省份的代码产生归属感。后来，

---

① 汉萨同盟为12—13世纪中欧的神圣罗马帝国与条顿骑士团诸城市之间形成的商业、政治联盟，成员以德意志北部城市为主。

② 艾玛纽埃尔-约瑟夫·西哀士（Emmanuel-Joseph Sieyès，1748—1836），法国天主教会神父，法国大革命时期的政治理论家、活动家。

得益于车辆牌照登记制度，汽车工业竟完成了这个任务——人们通过车牌号的最后两位数，能够轻松找出同乡，也可以辨别出哪个是在外省活动的巴黎人。

直到1982年的行政区划等级诞生之前，①老法兰西一些古老的地名，都沦落到只出现在红酒的标签上，或是变成了某种巴黎的餐厅不屑于烹调的地方性食物的名称。这些名字还保留着当年农民们耕种过的土地散发出的香气和味道，它们曾背负着沉重的贡赋，却从国家的地图和行政管理中消失了。用数字作为省份名称是中性且实用的方法，但是用地形特点来命名则有着再明显不过的意识形态导向：它要的是永存而纯净的法国，一片未被践踏过的土地，那些冠着封建时代贵族姓氏的酒窖和农庄不该继续存在。

在新的国家结构中，以自由市民为代表的首都掌控了周边区域，并以进步的名义进行干预，各自情况不同的大区不再被

---

① 19世纪末，在古老的君主正统主义的推动下，法国的行政区划发生了改变，内容包括对旧地在名称和政治上的认可。共和党奉行坚定的雅各宾主义，自始至终反对任何分权的提案，坚持要以"省"（附属于巴黎、仅有行政管理权的单位）作为地方行政区划的核心。但自1945年以来，日益突出的地方意识不断试图对此进行突破。1982年，法国设立了由多个省份组成的大区，由经普选产生的大区议会管理。尽管与任何分权国家的大区相比（比如现在的西班牙），法国大区的职权一直以来都相当有限，但这一构造仍被视为君主制时期行省制度对巴黎的大胜。和省不同，很多大区都恢复了其历史旧称：普罗旺斯、诺曼底、布列塔尼、朗格多克、奥弗涅……这些名字从来没有从人们日常的语言里消失，但曾被放逐出国家的地图和行政管理。自2016年1月1日起，一项新的改革计划生效，大区被合并为13个，并被赋予了更多的政治权力。

作为整体，那些为争夺统治权而相互斗争的总督和领主也消失了。省制结构明确了一点，即法国就是巴黎，其余的都只是"风景"。这种风景早于专制统治出现，那里的河流和山脉未曾被凡尔赛宫的园艺家用矫揉造作的修枝剪触碰过。也许是作为补偿，国民议会制定出了一套共和历，规定法兰西第一共和国建立之日为元年元月元日，即公历的 1792 年 9 月 22 日，那一天同样也是秋分日。共和历的第一个月是葡月（葡萄采摘季），最后一个月为果月（水果收获季）。每一个周期都间杂着以对应该时节丰收的作物和气候现象来命名，如此一来就把农村融入了新法国，也去除了旧贵族或封建时代的糟糕余味。

　　在《资本论》第一卷，马克思阐述了资本的原始积累理论，①在《路易·波拿巴的雾月十八日》一书中，他使用了一个非常著名的比喻，后来演变成了一条与马克思本人无关的马克

---

　　① 马克思在阐述资本原始积累理论时所举的例子非常有名。英国农村经济的转型使得农村地产主得以投资工业，由此造成的影响是一些被剥夺了土地的农户流向城市。在题为《对农村居民土地的剥夺》的章节中，他写道："至于19 世纪盛行的方法，在这里以萨特伦德公爵夫人进行的'清扫'作例子就够了。这位懂得经济学的女人一当权，就决定对经济进行彻底的治疗，把全郡变为牧羊场，而郡内的人口在以往的类似过程已经减少到 15000 人。从 1814—1820 年，这 15000 个、大约 3000 户居民，被有计划地驱逐和消灭了。他们的村庄全部被破坏和烧毁；他们的田地全都变成了牧场。英国士兵们奉命执行此项任务，与当地人对抗。一位老妇因拒绝离开自己的小屋而被烧死在里面。……到了 1825 年，15000 个盖尔人已经被 131000 只羊所替代。"（卡尔·马克思：《资本论》第一卷）

思主义教义：农民就是袋子里放着的一个个马铃薯。[①]他想说的是，农民是自私的，没有能力组成阶级，他们就像马铃薯一样，不管被堆得多高，还是保持着自己的原样和独立性。农民可以形成群体，但无法构成整体，至少是无法构成有组织、团结一致的整体。

除了19世纪的空想社会主义者和无政府主义者，各路政治改革者们都把农村视为累赘。西班牙是一个直到20世纪依然以农村为主的国家，因此视农村为绊脚石的趋向就尤为严重。直至今日，西班牙过半的国土依然属于农村，但根据经济合作与发展组织的标准，80%的西班牙人都生活在城市里。"大伤痛"包含了一个国家在一瞬间完成城市化进程所造成的后果。在不到20年时间里，城市规模增长了两倍至三倍，内陆地区那些广阔至极、人烟稀少的国土却彻底荒芜，进入了地理学家所说的"乡村衰落周期"[8]。农村人口外流集中发生在1950—1970年，尽管从19世纪末期起，农村人口就不断向城市迁徙（也有一些人是从伊比利亚半岛移居至拉丁美洲），但在那20年间，上百万人背井离乡。各大首府人满为患，建筑工人短缺，没法在城郊修

---

① "每一个农户差不多都是自给自足的，都是直接生产自己的大部分消费品，因而他们取得生活资料多半是靠与自然交换，而不是靠与社会交往。一小块土地，一个农民和他的家庭；旁边是另一小块土地，另一个农民和另一个家庭。一批这样的单位就形成一个村子；一批这样的村子就形成一个省。这样，法国的广大群众，便是由一些同名数相加形成的，好像一袋马铃薯是由袋中的一个个马铃薯所集成的那样。"（卡尔·马克思：《路易·波拿巴的雾月十八日》）。

盖廉价房屋，最后，人们搭建的茅屋棚户把郊区挤得满满当当。在很短的时间内，农村被抛弃了，上千座村庄消失，剩下的成了只有老年人居住的地方，没有任何经济活动，缺乏最基本的公共服务。为了成全建设某座水电站的"功绩"，有几千人在国民警卫队队员的枪口下，被迫离开自己的家园，河水淹没了山谷，也淹没了山谷里一个个完整的村庄。我还没把同样是在那20年里，移民到欧洲其他国家和拉丁美洲的上百万西班牙人算进去，他们中的大多数人也都是从被毁掉的村镇走出去的。[9]那场"大伤痛"绘制出的风景，定义了这个国家，并且在其国民身上留下了深刻印记。西班牙无人村里只居住着极少数西班牙人，而另一个西班牙无人村则活在数百万西班牙人的脑海和记忆里。

在西班牙，城市与乡村之间存在的各种紧张关系都以一种罕见而独特的方式展现。有一大批文学作品从这场欧洲独一无二的"大伤痛"中获得了灵感。然而更为重要的是，人们获得了一种审视他人与自我审视的方式，这种方式在其他地方都极难理解。这是一种仇恨，一种自我仇恨。

太阳门广场是马德里的一个情感枢纽。尽管这里已不是商业和人们日常生活的中心，但这个广场依然是首都的心脏，它仍在跳动，随着游走在那里的扒手、混混、骗子的节奏，一如既往地跳动。近年来，来自世界各地的游客取代了马德里市民，在太阳门广场参观游览。这里是城市西班牙的最高成就，是国家的待客厅。共和国在这里宣告成立，抗击侵略者的战斗在这里打响。每年12月31日的晚上，人们也是在这里庆祝新一年的到来。

这个具有象征意义的地点同时又包括了另一个标志性地点——在太阳门广场上有一座于1967年建成的雕塑，它的具体位置变动过好几次，马德里人把它作为约定的碰头地点。这座雕塑是市政厅委托设计师设计的象征马德里市徽的作品。[10]实际上，它表现的只有市徽中央的部分：一只熊和一棵野草莓树，然而从来没有任何历史文献表明这是一棵野草莓树。按照纹章学的解读，熊和野草莓树的结合象征了13世纪时教会与市议会达成的契约。根据协定，前者得到了牧场的开发权，后者则分到了林地和狩猎权。这只抱着树的熊就代表这两种利益——林木与狩猎。[11]

支持这一说法的文献都是在这一事件发生很久以后才出现的，而非同时代人所写——纹章学的各种解读通常都有这个问题。所有和马德里市徽相关的资料都收录在18世纪撰写的编年史当中，然而它所记录的事件发生在13世纪，也就是五个世纪以前。[12]我认为没有哪个法官在审案时会认可这样的证据，但历史不是法庭，一些我们一直以来自认为来源可靠的资料，在外人看来却可能是缺乏验证的。就当史实的确如此吧，虽然我们还是不知道为什么熊要抱着树，而更奇怪的是，树的种类数不胜数，但为什么偏偏是一棵野草莓树。

由于马德里市政府对这个故事深信不疑，所以从20世纪60年代开始就在所有能种树的地方都栽上了野草莓树，如丽池公园、田园之家①……还有其他各种公园。这种树种既然是马德里的象征，那就必须要让人们在城里的各条街道上都能看到它的身影。幸亏他们没打算在每棵野草莓树旁边配一头活熊。但问题是园丁们很快就发现野草莓树长得极差，马德里的土质恶劣，很多树根本无法生根。

植物学研究也证实了园丁们的观点——马德里不是野草莓树的自然生长地。最终有人提出，这棵在市徽中出现的树可能根本不是野草莓树，因为马德里周边就没有这样的野生树种。普拉多博物馆和城北边有圣栎树，但野草莓树只能在高山上找到，甚至是要到了塞戈维亚②才有，它与中世纪时马德里城的管辖范围相距甚远。目前在市中心只有一棵树是个例外，它位于忠诚广场的丽兹酒店旁。[13] 这种拉丁学名为 *Arbutus unedo* 的树木自然生长在地中海沿岸，在欧洲和非洲都有分布，最喜悬崖峭壁。它和圣栎树一样是西班牙中部地区的典型树木。

毫无疑问，市徽中出现了一棵专属于其他遥远而荒寂地区的野草莓树纯属巧合。而这座象征着西班牙最大城市的铜质雕塑，就放置于全国最富有城市特色的太阳门广场。这座雕塑最

---

① 丽池公园（El Retiro）和田园之家（La Casa de Campo）皆为马德里市区的著名公共公园。

② 塞戈维亚（Segovia）是位于马德里北部的城市。

早的石质版本是在1967年建成的，正好是农村人口外流最严重的时期，大量农民涌入城市，寻找容身之地，而他们偏远萧条的家乡恰好是野草莓树的生长地。是的，这是偶然，但又是一种动人的巧合。一边是马德里园丁栽种失败的野草莓树，另一边是新马德里人试图在这个没有他们位置的城市里扎下根来。经过了这场"大伤痛"的西班牙农村，化为这座黑色的包铜石雕，矗立在首都跳动的心脏上。

　　一位作家在他的一本游记中写下了一段非常无情的文字，在他的笔下，残忍、严酷变成了个人风格。卡米洛·何塞·塞拉在《阿尔卡里亚之旅》①中写道，瓜达拉哈拉村镇里的小伙子们不愿意娶那些去马德里打工的姑娘。天知道什么人的手已经碰过她们了。[14]这是一个古老至极的主题，其源头可以追溯到《圣经》——巴别城的神话。

　　《创世记》叙述了人类在建造城市后是如何堕落的。他们抛弃了乡村简单虔敬的价值观，变得狂妄卑鄙。他们对暴君顶礼膜拜，被几千种不同的语言分隔开来。巴别城的传说一直在延续。城市代表着虚假、污染、罪孽、死亡，乡村则代表真实、纯净、美德、生命。虽然有些许细微的变化，但这一传说在不

---

　　① 卡米洛·何塞·塞拉（Camilo José Cela，1916—2002），西班牙作家，1989年获诺贝尔文学奖，《阿尔卡里亚之旅》（*Viaje a la Alcarria*）是其著作之一。

同的时代和社会都有回响，在西班牙也是如此。有趣的是，随着时间的推移，西班牙人调换了农村和城市的角色。尽管农民，还有其他很多来自政界、环保主义组织、宗教界的人受这一传说影响，一直都对城市生活极不信任，然而，还存在一个潜在的观念，即农村是未开化之地。城市面对农村，就是文明面对野蛮，与巴别城的传说相比，它的历史更短，与自由主义和进步思想的传播有关。西班牙是一个曾遍布征服者和抢掠者的国家，是一个穿越大洋去进行抢掠和屠杀的国家，所以，占国土面积一大部分的贫瘠土地，也就自然被视为荒蛮之地，在那里居住的也就是野蛮人。他们中的很多人是不会讲基督徒语言的土著居民，满口都是让人听不懂的方言，甚至依然信仰着巫术和异教。听到村民那样唾弃移居马德里的女性，卡米洛·何塞·塞拉大吃一惊（也有可能是粗鲁地大笑不止），而村民也觉得这位被城里各种堕落的罪孽浸淫的公子哥作家奇怪至极。

这一点在政治上也有所表现，因此常常会演变成战争或暴力冲突。比如卡洛斯派①对抗自由派，集权主义者对抗民族主义

---

① 卡洛斯派（Carlista，也称卡洛斯党、卡洛斯主义）是西班牙的政治派别之一。1833 年，西班牙国王费尔南多七世去世，因无男嗣而由长女伊莎贝尔继位。费尔南多七世之弟卡洛斯王子则依据萨利克继承法认为自己才是王位的合法继承人。支持卡洛斯王子的就被称为"卡洛斯派"，主要是旧贵族和天主教会中的保守分子，奉行保守主义的价值观。他们曾三次发动叛乱，史称三次卡洛斯战争。

者。20世纪60年代，在佛朗哥①政权新生代官员的推动下，国家的文化政策略有放宽。在这样的背景下，巴塞罗那广播电台开始播出当时唯一的一档加泰罗尼亚语节目——《乡镇来访》，内容与民俗文化有关。当时扩展区②的很多资产阶级家庭还完全没有融入加泰罗尼亚当地文化，在他们看来，这档节目就是农村人对他们的冒犯。什么叫乡镇来探访他们？是从哪里冒出了这些讲话粗鲁、举止土气、身上还散发着香肠味的农村人？作家弗朗西斯科·费列尔·雷林在《像我们家一样的家庭》[15]一书中写过这段轶事，那时候他还非常年轻，属于新生代作家，对他而言，从那时起，巴塞罗那的世界性终结了。

　　众所周知，民族主义者从来都不喜欢大城市。大城市的复杂性和任何整齐划一的设想都不相容。希特勒痛恨柏林，热爱巴伐利亚。他希望柏林像慕尼黑一样，而不是反过来。③他在

---

　　① 弗朗西斯科·佛朗哥（Francisco Franco，1892—1975），西班牙独裁者，1936年挑起内战，推翻西班牙第二共和国。自1939年内战结束至1975年去世，统治西班牙长达30多年。他执政后期，开始了一些较为开明的改革。他去世之后，西班牙开始民主化转型。

　　② 扩展区是巴塞罗那的一个区，位于巴塞罗那市中心，为老城区的扩展区域，于19世纪末20世纪初逐步建成。它的设计得益于由工程师伊尔德方索·塞尔达（Ildefons Cerdà）于19世纪下半叶提出的具有独创性的城市规划。在扩展区有许多经典的建筑。

　　③ 希特勒所实施的失败项目中最使人不安、也最能说明他性格的就是毁灭柏林，以废墟之上的日耳曼帝国的伟大首都作为替代品。纳粹德国的建筑师阿尔伯特·施佩尔为此设计了一个城市模型，但最终因预算不足而搁浅。有关希特勒的相关文献可读：Sánchez, Rosalia, "Germania, año cero", en *El Mundo*, Madrid, 8 de octubre de 2014.

《我的奋斗》里写道："如果柏林的命运和罗马一样，未来的几代人就会把犹太人的大型仓库和连锁酒店看作是我们的现代文明最有代表性的纪念物。"这算是一个极端例子，并且带来了毁灭性的结果，但这种思想在全世界各地的各个领域都有迹可循。民族主义先是在农村扎根，他们援引巴别城的传说，以各种反城市的言论在农民之间煽风点火（他们宣传的方式总是十分怪诞）。20世纪70年代末，西班牙划分自治区的时候，针对各大区的首府问题曾有过非常激烈的争论。各地的民族主义者认为规模最大的城市、传统上一直作为首府的城市并不能代表该地区的精髓。因为城市一旦多元化发展，本地的味道自然就淡化了，本土的精髓也就随之不存在了。还有一些自治区，为了避免一些规模相近的城市在角逐中发生冲突，就决定由所有人一起提名一座城市，但反城市的偏见在当时是非常有影响力的背景音。通常说来，这些自治区都选择了具有历史意义的二线城市作为首府。在民族主义者看来，宗教氛围浓厚的传统村镇代表着民族的纯正本质。因此圣地亚哥-德-孔波斯特拉①成为加利西亚的首府，但拉科鲁尼亚才是该地区的经济和文化重镇。梅里达是古罗马时期的重要城市（与罗马有关的历史自然

---

① 圣地亚哥-德-孔波斯特拉（Santiago de Compostela）是西班牙西北部城市、加利西亚自治区的首府。相传耶稣十二门徒之一的大雅各安葬于此，是天主教朝圣地之一，因前来此地的朝圣者络绎不绝，故而形成了一条著名的朝圣之路，即圣雅各之路。圣地亚哥-德-孔波斯特拉古城于1985年被列为世界文化遗产。

是不朽的、有影响力的、最根本的），所以它超过了卡塞雷斯和巴达霍斯，成为埃斯特雷马杜拉自治区的首府。或者像维多利亚战胜了毕尔巴鄂——伊比利亚半岛北部的工业重镇，成为巴斯克自治区的首府。在其他地区也有过类似的争论，比如在安达卢西亚和阿拉贡，民族主义者不肯接受塞维利亚和萨拉戈萨作为首府。那些年在阿拉贡曾经出版过一本小册子，其标题意味深长——《萨拉戈萨反对阿拉贡》[16]，书中拥护哈卡作为新自治区的首府，抵制变化多端且腐败堕落的萨拉戈萨。因为哈卡这座位于比利牛斯山山麓的城市是古老的阿拉贡王国的第一代王室所在地，故保留了阿拉贡的精华。最后，西班牙无人村就这样成了一个香水瓶。哪怕瓶中已空空如也，也因为密封得太好保存了之前的香气。

今天的西班牙已经加入欧盟，是一个现代化、完全融入了西方世界的国家，然而那些偏见难道不存在了吗？我认为还存在。偏见持续了几百年之久，"大伤痛"所造成的伤害太深，导致进入21世纪后，西班牙人的本质与状态是不相符的。西班牙仍需消化很多过去遗留下来的东西，但它的胃又太小。

在西班牙无人村游历，可以看到许多名人的姓氏。在高速公路的岔路上、在二级公路上竖着的某块路标上、在通往小村庄的指示牌上写着的都是村名，也是家族的姓氏，使用这些姓氏的人们从那里离开后就再也没有回来过。在人口众多、风情相似的欧洲，游历西班牙无人村的经历是绝无仅有的。极度荒芜的风景、裸露在外的土地、贫瘠的山脉、凄惨的村庄让人想到那个恒久不变的问题：谁住在这里，为什么？他们如何一个世纪接一个世纪地忍受着这样的与世隔绝，这样的烈日、尘土、怠惰、干旱甚至是饥饿。

　　这种景象在太阳门广场或格兰维亚大道①是看不到的。生活对我们个别人（极少数人，和那些在西班牙无人村留守的居民人数一样少）的优待，让我们得以从高处俯瞰这个国家。我出生在马德里，从我母亲这边来说，我是第四代马德里人，这在马德里这个由大量外来人口构成的城市里是比较少见的。而我父亲来自阿尔克斯德哈隆，那是索里亚的一个村庄。出于一些我至今也没搞清楚的原因，我父母走了和全国人民相反方向的路。我母亲原本已经在马德里有了不错的工作，有朋友和自己的生活，最终却没有在马德里定居，而是在阿尔马赞②的主广场上租了一间公寓。母亲说他们做这样的决定在当时看来是非常奇怪的，这个市镇本地的年轻人都跑去了马德里，几个马德里人却来到这里定居。我父母搬来的时候引来了所有邻居的围观，他们已经很长时间没有见过带着小孩的年轻夫妇来到这个地方。那是个漂亮的城镇，依然保存着中世纪的街道，但是冬

———————

　　① 格兰维亚大道（Gran Vía）是马德里市中心最繁华的大道之一。
　　② 阿尔马赞（Almazán）是索里亚省的一个市镇，属于卡斯蒂利亚-莱昂自治区，约有5000左右人口。

季会被白雪和大雾覆盖，气温从没有上过零度。不过当然了，一有机会，我父母就又将搬家车装满，搬去了瓦伦西亚沿海的一个村庄，我就是在那里长大。从文化上来讲，它和阿尔马赞比起来可能姿色平平，但是那里气候绝佳，春天的时候，空气中弥漫着橙花的香气，我和哥哥可以一连四个月在海滩上玩耍。

我们从来都忘不了内陆，常去索里亚的那个村庄探望我父亲的家人，我的外祖父还在阿拉贡一个非常接近卡斯蒂利亚的村里有一套房子。那些地方承载的情感重到让人难以承受，它们就是我的贡布雷①，在夏天里火伞高张，冬天里又冰雪严寒。那时的我是个在海边长大的孩子，所以一直不停地问，究竟为什么没有人住在那里。

我父亲的家乡曾经是马德里与萨拉戈萨之间的铁路枢纽。在蒸汽机时代，火车在那里装载煤炭，更换火车头。电气化以后，当地几乎所有的工作岗位都没有了存在的必要，那里就逐渐衰落了。我的祖母和我父亲的一个姐妹住在那里，维维姑姑——我们一直这样叫她，她单身，后来被火车倾轧而亡。列车因为没有在小镇的火车站设停靠点，所以行驶速度极快。她的死亡也象征着那个村镇的消亡，被再也不会停靠的火车席卷而过。维维姑姑学的是历史，喜好收集古罗马钱币。那里在罗

---

　　① 贡布雷是普鲁斯特所著《追忆似水年华》中主人公的家乡，原型是作者父亲的故乡伊里耶（Illiers），也是他小时候度假的地方。

马帝国时代是军事重镇，再之前是一座伊比利亚古堡，所以它一直以来极具考古价值。一天下午，维维姑姑拉着我的手去看古堡的废墟，对于那时六七岁的我来讲，她带我看的东西极让我震撼。"你看！"她站在土丘的最高处，背对着村子对我说道。我们面前是另一个砖石砌起的村子，屋舍拥挤在一起，街道倾斜。房子没了屋顶，街道上挂满蜘蛛网，山丘上尽是散碎的砖头。那里无人居住，火红色的砖墙似乎要被红色的山头吞噬掉。那是老村，或是村里破败的部分。它已经荒弃了。随着铁路通车，人们都搬去了火车站那边的区域。多年后去贝尔奇特①的时候，我想起了童年记忆里被夸大的场景。现在我知道了那片荒弃掉的街区比我当时印象中的要小得多。但那时的我觉得它广阔至极。

作为记者，我工作的一部分就是在西班牙无人村到处探访。为《阿拉贡先驱报》工作时，凌晨五点就起床，和摄影师钻进汽车跑上一两百甚至三百公里路，去某个遥远的小地方找故事，是我每个星期都要做的事情。这家报社的总部设在我居住的萨拉戈萨，这座城市大概有70万人口，是共有130万人口的阿拉贡自治区的首府。也就是说，整个大区的一半人口都生活在一座城市里，而其他的则分散在面积比荷兰还大的区域里

---

① 贝尔奇特（Belchite）是西班牙阿拉贡自治区萨拉戈萨省的一个市镇。1937年夏天（西班牙内战时期），贝尔奇特经历了血腥的战役，在战争中被毁。

（荷兰的人口大约1700万）。据经济合作与发展组织的区域划分类型，阿拉贡属于中间过渡区域①，兼有城市和农村的特点，所以它被视为西班牙人口结构中很有代表性的地区。它完全按比例复制了西班牙的人口统计图，标准得像从实验室出来的似的。

生活在这里，我可以感受到风景的广阔无际。萨拉戈萨是一座欧洲中等城市，虽然有自己的特殊之处，但总体上来说还是和与它同规模的城市很相似，如图卢兹、波尔多、博洛尼亚或布里斯托。然而，它被沙漠包围。如果萨拉戈萨人某个周日想外出郊游，他们必须要跑上两百多公里，因为周围什么可做的可看的都没有。在这样的公路上开车，一路上也见不到一个村庄和任何生命迹象，只有高架电缆，或是一些废墟，又或是地平线上一块奥斯本公牛的广告牌②，反方向车道几乎遇不到一辆车。

我能感觉到那些人想要离开自己空空荡荡的村庄的冲动，这些地方一周只有一次医生出诊，废弃的学校被当作仓库，房屋上阿方索十三世③的徽章至今还未被替换掉，因为那些房子从

---

① 经济合作与发展组织（OECD）区域划分法把所有的区域划分成三种类型，即城市主导区域、中间过渡区域和农村主导区域。

② 奥斯本公牛是奥斯本酿酒厂1956年设计的广告牌，为了推广该品牌，公牛商标被做成巨大的广告牌放置在西班牙各大高速公路旁。1994年西班牙颁布法令，为了避免分散驾驶员的注意力，禁止一切路边广告，但奥斯本公牛因其知名度与文化象征意义，最终得以保留。

③ 阿方索十三世，西班牙国王，1886—1931年在位。

那个时代以后就再也没有人使用过。在这些地方，酒吧相当于一种公共服务，一周只营业个把小时。手机没有信号，村长生活在距离一百公里外的城市里，只在周五的下午过来逗留片刻，行使自己的职责。冬天，村里就只剩下三两个老人，紧贴在火炉边，一发现什么陌生人就马上报警。一旦仅存的二三十个居民陆续离世，或是病重后被子女们接去城里，这些村庄就会消失，和以往很多村庄一样。

西班牙无人村里的居民感到自己被抛弃，政府任由他们自生自灭。很多人心有怨愤。过去，随着来自东欧和拉丁美洲的移民涌入，他们曾幻想过那种神话般的场景：村镇生命力旺盛，孩童满地，人流密集，因为只有移民来的年轻人敢于在那些地方安家。但事实上，西班牙无人村的居民从来没多起来过，甚至现在反而比过去人口更多。地理学家认为这个地区的人口在一百年间增长了10%—20%。将这一增长率和全国的增长率进行比对的话，甚至觉得有点可笑：在同样的一百年间，全国人口增长了230%。人口减少确实存在，这是已经被证实了的现象，但是农村之所以到处空空荡荡，更主要是由于人口的停滞，与此同时，城市人口却以粗暴的方式史无前例地增长着。这种失衡一直都非常突出，甚至在工业革命前的几个世纪就已经存在，而现在已无可挽回。

我大概应该给这个被我称作"西班牙无人村"的地区绘制

图表、编上序号。首先，最引人注意的就是这是一个没有海洋的"国家"。从地理上来看，它大致与梅塞塔高原和埃布罗盆地重合。但是我有时候也在这个范围的边缘地区游荡，偶尔也触及安达卢西亚、阿斯图里亚斯、加利西亚、加泰罗尼亚或纳瓦拉，但西班牙内陆，也就是西班牙无人村，由两个卡斯蒂利亚①、埃斯特雷马杜拉、阿拉贡和拉里奥哈组成。以欧洲标准来讲，这个区域的面积是比较大的。如果说在地图上看起来不大，是拜墨卡托投影法所赐——距离两极越近的地区，变形就越大，在地图上显示出的面积比实际的要大得多。欧洲北部国家实际上都比地图上显示的要小。比如芬兰，从地图上看，面积是西班牙的两倍，但实际上比西班牙要小三分之一。这是在绘制地图时，为了把地球弧度拉伸在平面上所做的修正。经线在近两极的地区比在赤道地区更密集，但世界地图上画的经线是平行的，所以地图拉伸了北部的国家，以便适应它们的坐标。如此一来，我们对世界的理解就出现偏差了，以为格陵兰岛比澳大利亚更大，实际上澳大利亚几乎是它的五倍多。西班牙位于欧洲的南部，所以也被地图扭曲了。西班牙看起来比德国面积小，但实际上要比德国大得多。欧洲在地图上被整体放大了，比它实际的面积要大得多，而非洲则比实际面积小了很

---

① 两个卡斯蒂利亚指西班牙西北部的老卡斯蒂利亚和中部的新卡斯蒂利亚，即历史上的卡斯蒂利亚王国所在地。

多。这难免让人想到，将球体表现到二维平面上的墨卡托投影法实际是帝国主义的产物。我也不能肯定这当中到底有没有欧洲中心论和帝国主义的影响，就像地图惯例将北半球画在上方、南半球画在下方（地球是一个球体，我们完全可以从反方向来看它，我们把北半球放在上方是因为习惯，但其实北也可以是南），或是把欧洲放在地图的中央（其实地图的中央也可以是日本或加利福尼亚）。另一方面，也很难说这是不是欧洲掌控海洋和陆地的那个时代遗留下来的，但不管怎么说，墨卡托投影法仅仅是一种绘制方法，让人们可以把地图装进口袋，或是印刷成册，无须到哪都拿着地球仪。然而，我们如果想对

坎塔布里亚海

阿斯图里亚斯　坎塔布里亚
巴斯克
纳瓦拉
加利西亚
拉里奥哈
巴亚多利德　萨拉戈萨
加泰罗尼亚
卡斯蒂利亚－莱昂　阿拉贡
大西洋
马德里
马德里自治区
埃斯特拉马杜拉　卡斯蒂利亚－拉曼恰　瓦伦西亚自治区
巴利阿里群岛
地中海
安达卢西亚　穆尔西亚
加那利群岛

—— 西班牙无人村界限
与西班牙无人村相似的人口稀少区域
⦿ 人口超过25万的城市

审图号：GS〔2021〕7682号

西班牙无人村范围图

大小和距离有一个准确的概念，就必须把上述因素考虑在内。我们有必要了解的是，如果一个国家距离赤道很近，那实际的距离会比地图上显示的要远；如果距离极地近，城市之间的距离就会比地图上的要近得多。

摩西带领犹太人出埃及，在西奈半岛的荒漠中流浪了40年，实际上那片荒漠还没有堂吉诃德①出门冒险的范围大。尽管如此，读者都还觉得这位绅士好像并没有离开自己的村子太远（尤其是在第一部里）。堂吉诃德的游历要比《出埃及记》更适合收录在圣经中，因为对比来看，后者的范围太小——西奈半岛比现在卡斯蒂利亚-拉曼恰地区的面积小20%。

西班牙无人村是一片广阔的地域，另外，在这个范围内是不存在城市的。我将马德里排除在外，因为马德里就像是一个黑洞，周围的一大片虚空围绕着它运行。按照比较严格的区域限定标准，西班牙无人村的面积总计有268083平方公里，没有海岸，海拔较高。这个区域占据了超过西班牙国土面积的一半，约占53%。有居民7317420人，占全西班牙人口（4650万人）的15.75%。只有一座人口超过50万的城市，即萨拉戈萨。第二大重要城市是巴亚多利德，有30万人口。其余人都居住在人口不到20万的中心城市。如果我们只统计那些户口登记在农

---

① 《堂吉诃德》是西班牙作家塞万提斯于1605年和1615年分两部出版的反骑士小说。叙述了堂吉诃德的三次冒险历程。在书的第一部中，堂吉诃德主要在家乡拉曼恰地区游历。

村的人（不包括省会和自治区首府），那就是4636050人。这也就意味着，每十个西班牙人中只有一人生活在这些地区。①

	面积（平方公里）	占总面积比例	人口	占总人口比例
西班牙	504645	–	46449565	–
西班牙无人村	268083	53.12%	7317420	15.75%
不含各省省会的西班牙无人村	–	–	4636050	9.98%

这说明在超过国土面积一半（53.12%）的土地上只有占总人口的15.75%的居民，如果去除掉各区域的行政中心，那就只有9.98%。换种说法，84.25%的西班牙人都挤在46.88%的国土上。西班牙的人口分布极为不均，大量人口集中在少数几个城市，而很大一部分土地是无人居住的。从天空俯瞰西班牙，它的人口分布就像一个甜甜圈，中空的环状中间又多加了一小块面包。那块地方就是马德里和它周围的卫星城，全国约13.7%的人口聚集在相当于国土总面积1.5%的空间里。这个数字接近于辽阔的西班牙无人村的总人口数，但他们的居住面积还不足无人村面积的3%。其余约70.7%的人口并不是集中生活在某一个点上，而是沿着海岸线分布。从巴塞罗那到穆尔西亚的马尔

---

① 除了特别标注以外，其余数据皆来自国家统计研究院和欧盟统计局，统计日期截止到2014年12月31日。

梅诺尔①附近，城市一座连一座，之间被未开发的海岸隔开，相隔的距离短到可以忽略不计。这个区域共有1410万人口。安达卢西亚共有840万人口，其中将近500万人都住在沿海地区。半岛北部地区的人口密度更接近于欧洲标准，核心城市人口众多，城市间的距离较近，这里有着发达的工业发展史，聚集了超过650万的人口。西班牙的其余地方则人烟稀少，且人口分布极为分散。

伊比利亚半岛夜景俯瞰图

在那些经常被西班牙拿来比较的欧洲国家是见不到如此奇事的。近几个世纪来总是被西班牙作为评判标准的法国，比西

---

① 马尔梅诺尔（el mar Menor）是位于西班牙东南部的穆尔西亚自治区的一处海岸性咸水湖，紧邻地中海。

班牙面积稍大，但人口密度要高得多，大约6460万人（比西班牙多38.9%）生活在只比西班牙大9.3%的国土上。

再看看其他兄弟国家。意大利面积为301336平方公里，只比西班牙无人村的面积大一点，相当于整个西班牙面积的五分之三。在这个范围内有6100万人，是西班牙人口的1.3倍（超出约30%）。英国情况就更严重了，国土面积242900平方公里，比西班牙无人村还要小（英国的国土面积还不到西班牙的一半），人口却有6350万。也就是说，比西班牙多1700万人，或者说超出36.6%。

与德国的比较则是最有说服力的。德国国土面积357021平方公里，相当于西班牙的70.8%，有8270万人口。也就是说，比西班牙多出3620万人（约77.85%），这些人生活在几乎只有西班牙面积三分之二的土地上。

	人口（万）	面积（平方公里）
西班牙	4650	504645
法国	6460	551695
德国	8270	357021
意大利	6100	301336
英国	6350	242900

西欧人口稠密，分布比较均匀。开车游历法国、英国或德国，所见到的就是延绵不断的民宅和村落。想在那样的条件下犯罪相当困难，因为几乎没有盲区和能避开目击证人的无人

区。在西欧，只有爱尔兰的人口密度低于西班牙，虽说西班牙的平均人口密度为每平方公里93人，但是这个数据完全无法反映出国家人口的真实情况。马德里的人口密度接近于每平方公里800人（马德里主城区甚至超过每平方公里5000人），和特鲁埃尔——西班牙人口最少的省份（每平方公里只有9人），完全无法相提并论。由于存在这种差异性，有些地区属于人口中等区，有些是密集区（当然无论如何还达不到人口过剩的程度），有些幅员辽阔的地区基本又是荒无人烟的。

　　产生这种独特性的原因很复杂，也不是本书关注的重点。我真正想强调的是，这种失衡是长时间积累的，是结构性的，社会的进步和富裕都无法修正，所以西班牙在很多方面都成了一个异于欧洲常态的国家。另外，可能也是受墨卡托投影法的影响，本国风景在西班牙人心中的形象也是辽阔荒芜的。有的地区会被大家叫作"西班牙的西伯利亚"，在一些地区的沙漠还有人曾经拍摄过美国西部片。伊比利亚半岛就像是一片次大陆，紧贴着欧洲本土的同时又和它分离，这种特有的地理位置让西班牙人觉得自己属于一个不能和欧洲相比的地方，无论是距离，还是计算标准，都大不相同。从其他方面来讲，西班牙和欧洲大陆其他地区又极为相似，但特殊性和差异如此明显，让人总是有一种"西班牙确实是个欧洲国家，但是……"的感觉。这个"但是"是什么呢？我们最好是从南向北跨越比利牛斯山，也就是从反方向来看这个问题。

当一个西班牙人开车驶入法国公路，然后进入比利时、德国、瑞士或奥地利时，有两点会引起他的注意。第一是风景，他会毫无过渡地从干旱进入潮湿气候，也就意味着植被从针叶灌木改换到草地。"绿色从比利牛斯山开始"这种话属于老生常谈，但事实确实如此，北部的云层总是被困在山顶，它带来的雨水只灌溉法国的那一侧。那里的风景才符合我们小时候听的儿童故事里对欧洲风光的描述。第二是村庄，村庄的风貌和分布的连续性。比起西班牙，法国、比利时、德国甚至意大利北部的村庄，都非常相似。首先，村庄十分密集，相互之间只隔着短短几公里，有的甚至毫无间隔，只用一条街标志着村界。虽然说这些村庄也算不上多么热闹——因为欧洲人在生活中本来就没那么喜欢在街头游荡，在某个周六散散步，去发掘一些惊喜也就足够了。一周中的一天，村里会举行农货集市。村镇上的牧场主和农户们会把他们的农产品带到广场来售卖。销售的所有东西都是本地自产的，有奶酪、红酒、面包、香肠、蔬菜、某个农场手工制作的各种类型的罐头、糕点……很多人在集市上进行日常采购，他们之间都是认识的，相互问候致意。说到这里就又发现了一个奇怪的现象：他们中有各个年龄段的人。再小的村子里，好像都有孩子、年轻人、不那么年轻的人和老年人居住。牧场主也可能是年轻人或中年人。各年龄段人士所占的比例会有所变化，但都不是以退休人士为主。为什么上述现象会让西班牙游客大感惊奇？因为小规模的农场在西班牙已经销声匿迹，那种类型的集市是不常见的，要么就是随着某个年度的节庆举办，或是和某种与健康营养相关的时髦主题有关。西班牙农牧产品的生产者都进行大规模密集型开发，为大型连锁企业供货，或是将产品大量出口。因此在西班牙，那种让一部分本地小生产者靠售卖自家的罐头和手工奶酪来谋生的场所是不存在的。在西欧相当普遍的农贸集市，在比利牛斯山南麓听上去就成了异域风情，就像那些村庄竟有年轻人居住一样，都是奇特的现象。在西班牙，村庄越小，就越难找到年龄小于50岁的居民。

我虽然这里说的是西班牙，但实际上指的是另一个"国中国"，是那个无人的西班牙。

村庄的风貌也大不一样。比利牛斯山北边的村庄外观更加规整，更加整齐划一，也更显得欣欣向荣。一道历史的缺口将两个区域隔开。长达几个世纪的荒弃和落后让西班牙农村只剩下一片片拥挤狭小的房屋。在卡斯蒂利亚、阿拉贡或埃斯特雷马杜拉，房屋都是互相堆叠在一起，建在斗折蛇行的街道上的。这有一部分是气候原因——这样的建筑方式可以更好地抵抗那让人难以忍受的酷热。另一方面是源于由来已久的贫穷。尽管战乱和革命接连上演，欧洲农村在两百年间还是得到了发展，而西班牙无人村几乎要到20世纪70年代才有了最基础的设施。梅塞塔高原上再富裕的村子，也比不上法国或德国的一个贫困村。在西班牙内陆地区，农村的规划是向心式的，而在欧洲大陆偏向于离心式。街道缠绕交错，形成了阿拉伯梅迪那式①的小迷宫，聚集的房屋构成了密实的村落，经常是围绕着一座峭壁分布。教堂的钟楼是该地的庆典举办地和政治中心，它就是油画《美杜莎之筏》②中的那根桅杆。每座房屋都想离它近一些，于是就聚集着建在一起，离周围的平原远远的，像害怕它似的。在欧洲大陆却恰恰相反，村舍和农场一般都沿着道路延伸。有时候想找到一个村子的中心并不太容易，因为整个村庄都和周围的田野融为一体了。西班牙无人村就像是在一片被征服之地上建起的防御堡垒，建造它们的人似乎十分忧心该如何抵御敌军，或是如何在敌人的土地上发展壮大。拉曼恰地区的村庄甚至都是半隐藏式的，房屋很矮，只有一层，仿佛不愿意在平原的地平线上露出头，像是一个埋伏在地上的士兵。与其说这里是欧洲农村，不如说更像墨西哥。村庄之外，空空荡荡，再无一物。法国的村庄则被一条条道路织成网状，诚如普鲁斯特笔下那条通往斯万家或是盖尔芒特府邸的小路③。那里的农村包括村庄和田野。而在西班牙无人村，村庄只是村庄，如

---

① 梅迪那（medina）指的是阿拉伯城市中的老城区，一般位于该城的核心位置，清真寺、伊斯兰学校、市集等重要场所大多集中于此。

②《美杜莎之筏》是法国画家泰奥多尔·籍里柯于1819年创作的一幅油画，现收藏于法国巴黎卢浮宫。此画描绘了法国海军的巡防舰美杜莎号沉没之后生还者的求生场面。画中的木筏支着一根桅杆，桅杆上的帆由床单所制。木筏在海上颠簸，筏上的难民们奄奄一息。

③ 在普鲁斯特所著的《追忆似水年华》第一卷中，叙述者回忆了童年时贡布雷的两条步行小道，一条通往斯万家，另一条通往盖尔芒特府邸。

果谁在夜晚还驻留在旷野里，哎！那可有他好受的。

在这个高度同质化（这一点甚至得到了遗传学证实）的大陆上，有太多特例。西欧的国家大同小异，国民也十分相似。一项遗传学研究分析了来自欧洲大陆所有国家上千人的样本，最终得出结论，欧洲人之间的差异非常小，尤其是欧洲西部。[17]在生物学上十分接近的个体，所建设的国家也非常相似，并没有什么好奇怪的。尽管语言不同，饮食习惯各异，但是从威尔士滨海一路到意大利的亚得里亚海沿岸，人们建造村庄的方式和生活习俗都大致相仿。那些致力于保护传统精华的人经常痛惜经济全球化抹去了大城市各自的特色，各大首都的商业街上都开着一样的店铺和跨国公司的分公司。事实的确如此，不过和曾经席卷欧洲的浪漫主义或哥特主义风潮，或是和更早以前罗马化带来的影响相比，这种同质化算是微乎其微的。一个中世纪的村庄，和周边的其他村落相比，会更类似于另一个国家中世纪时的村庄。国家和地区间的变化并没有大到消解掉欧洲本质的地步。面对一张印着欧洲某村庄街道的明信片，我们可能会疑惑：这是德国还是瑞士？是意大利还是法国？是英格兰还是比利时？然而，我们一看就知道它一定是一个欧洲村庄。

在西班牙无人村里，就不是这么回事了。它们不但和欧洲其他地方的村庄大相径庭，甚至各个地区之间在风貌上也有很大的差异。拉里奥哈大区赭褐色石头建造的村庄和梅塞塔高原上狭长、紧凑的白色村庄截然不同。阿拉贡或埃斯特雷马杜拉大区的一些村庄看起来就像是摩洛哥旅游业的宣传广告。在梅塞塔高原的很多地方旅行，会让旅人以为自己是来到了墨西哥。历史背景不同，与之相关的地理也不一样。西班牙，尤其是西班牙无人村，在欧洲属于一个奇怪的"国度"，是一个人们只会透过汽车车窗观察的地方。

这并不是说法国、英国或德国的农村没有经历老龄化和人口外流。这两个现象普遍存在于世界发达地区的农村，从第二次世界大战之后甚至更早以前便是如此，尽管从1945年起欧洲城市才开始在短时间内迅速发展。五六十年代的"婴儿潮"与老牌帝国的非殖民化，推动了来自非洲和加勒比地区的第一次移民浪潮（如果不是大批牙买加人于20世纪60年代在该岛国独立后移民至伦敦，世界流行音乐的历史会大不一样）。同一时期，整个欧洲的大城市都在大兴土木，建造了多个廉价住宅区，它们的外观如出一辙、令人压抑，但也为贫困的移民提供了住所，他们大多从农村出来，有的来自周边国家。欧洲西部很多地方的农村几近死去，英国的情况更令人痛心，国内经济的新结构让上百万农场主失去了活路。农村人口向城市的流动从19世纪末就出现了，对此至今已有了深入研究。

地理学家将这种现象视为农村的衰落，认为是呈恶性循环的发展模式。农业的机械化，使得需要的劳力越来越少。在农村无法就业的年轻人涌入城市，带来的结果是当地公共服务和基础设施建设的缩水，新成立的公司越来越少，因此工作岗位越来越少，不光是农业，而是所有领域的岗位都大为缩减，更多人尤其是年轻人需要外出务工。到最后，农村只剩下老年人，而如果农村不能提供基本的服务，比如良好的医疗条件，他们也会慢慢离开，搬去城市。如果不打破这种乡村衰落的恶性循环，那这片区域距离彻底荒弃只是时间问题。

西班牙和周边其他国家的区别在于，当这个恶性循环在20世纪五六十年代加重的时候，西班牙农村已经陷入了灾难性的处境，比法国或德国的农村糟糕得多。20世纪，西班牙农民生活的贫困程度在欧洲其他地方是难以想象的，所以这里的农村在面对人口外流问题时格外脆弱，不堪一击。

德国、法国和英国都曾试图挽救这种衰落，其中也有成功的例子，不但留住了农村的年轻人，甚至还吸引来了一些城市居民。虽说没能彻底恢复农村往日的生命力，但确实控制住了恶性循环。也就是说，有一些村镇又恢复了足够多的人口和优质的公共服务，以保持较高的就业率以及和城市相差不大的生活水准。英国著名的"乡村探路者"和"本土战略合作伙伴关系"是两个寻求英国农业替代发展新模式的项目；德国政府正在着手进行"区域激活计划"；加拿大的"农村透镜"项目非常成功，芬兰和荷兰也在推进类似的项目。所有这些项目都有一个共同之处，就是聚焦局部区域：不施行综合全面的解决方案，而是研究各地的具体情况，然后和当地的居民一起商讨出最好的出路，寻求投资和财政资源，在政府的支持下，农村人发展自己决定发展的产业，推进各种计划。[18]

西班牙没有具体的计划项目，但无论是农业部还是各自治区都在欧盟"农村地区发展行动联系计划"（缩写为Leader）的基础上量体裁衣。这一计划和上述几个项目非常接近，且在所有欧盟国家中推行，然而在西班牙收效甚微。

在昆卡与马德里的交界处，有一个名叫弗恩蒂杜埃尼亚-德-塔霍的村庄，住有居民2000人。从行政区划来讲，它属于马德里。弗恩蒂杜埃尼亚人是货真价实的马德里人，如果交通不甚拥堵，他们驱车45分钟内就能到达首都的市中心，但他们的村庄和马德里可谓天差地别。如村名所示，这地方位于塔霍河①沿岸，河道蜿蜒曲折。弗恩蒂杜埃尼亚村里有一座钟楼、一座已成废墟的城堡和一个方形的主广场。从各个方面来讲，这是一个典型的被广阔的褐色平原包围的拉曼恰村庄。

这又是另一个伊比利亚式的特例：人们刚一离开城市，西班牙无人村就会突然出现。从弗恩蒂杜埃尼亚向北沿着A-3公路行走30公里后，马德里工业区的高墙就拔地而起。交通网开始变得稠密，高速公路纵横交错，居民区此起彼落，卫星城和超大商圈接连不断，大型超市和所有那些大城市不可或缺、却不愿意建在市中心的设施这里都有，像垃圾站、废车场和仓

---

① 塔霍河（Tajo）是伊比利亚半岛最大的河流。

库。几乎不到30公里的便利的交通，就把弗恩蒂杜埃尼亚和巨大的城市怪物分隔开来，但是在弗恩蒂杜埃尼亚，人们在生活中似乎完全感觉不到这只怪物的存在。有一道确确实实存在的线——一道城市的分界线，划出了西班牙无人村的起点。这一分界不是循序渐进的，而是骤然发生的。阿尔甘达-德尔-雷伊①市的界标刚一过去，梅塞塔高原就恢复了它棕黄的色调，狂风和烈日是那里唯一的主宰，一直以来都是如此。离开弗恩蒂杜埃尼亚就进入昆卡省，那里距离马德里市中心只有60公里，而每平方公里只有12人，是整个欧洲人口密度最低的地区之一，甚至比芬兰还低，是北极才有的人口密度。弗恩蒂杜埃尼亚属于马德里自治区，但它的居民生活在另一个世界。

　　这样的反差并不是新鲜事。自从19世纪末，马德里开始发展成为欧洲重要的首都起，所有的西班牙游记都曾有过这样的描写。西罗·巴约②的游记从喧嚣的太阳门广场开始描述，说一走出首都就会看到平原上的那几座村庄，从而彻底走入乡村的平静之中。阿图罗·巴雷阿③就描写过，坐着那种通向周围村镇

---

① 阿尔甘达-德尔-雷伊（Arganda del Rey）是西班牙马德里自治区的一个市镇，距离马德里市区约22公里。

② 西罗·巴约（Ciro Bayo，1859—1939），西班牙旅行家、冒险家、译者和作家。他曾游历西班牙、欧洲和美洲，过着波希米亚式的生活，以细腻的风俗派写作风格著称。

③ 阿图罗·巴雷阿（Arturo Barea，1897—1957），西班牙作家、文学评论家和新闻工作者。

的载客马车一出托雷多大街，城市是如何一瞬间消失不见的。甚至何塞·马丁内斯·鲁伊斯[1]（即阿索林）或是塞拉，他们在游记中都强调过出城还没走几步，梅塞塔高原就冲撞到眼前的那种猝不及防的感觉。出城的线路或交通方式都不重要：只需要看看火车车窗外的风景，是如何从杂乱无章的繁忙景象变换为平原上那令人不安的空寂。今天，城市的规模变了，变得更大了，但是那种城乡间的过渡与20世纪的作家们所写的别无二致。不论从马德里的哪一个方向出城（可能除了通向瓜达拉马[2]方向的路），都像是跨入了另一个维度，忽然进入西班牙无人村。如果谁在路上睡着了，再一睁眼的时候可能会以为车已行过无数公里，或是已到了另一个国度。第二种猜测是准确的。西班牙无人村确为另一个国度。离开马德里即意味着方圆300公里内再也没有一座像样的城市了。欧洲大陆上再没有哪个首都像它这样被大片的荒漠包围。

随着西班牙1986年加入欧盟，移民潮终于稳定下来，西班牙无人村村民逐渐开始表达他们的愤怒，指责世人对此地的遗忘。他们认为欧洲的资金投入和"共同农业政策"（简称PAC）改革完全忽略了他们，加剧了他们原本就正在遭受的贫穷。索

---

① 何塞·马丁内斯·鲁伊斯，笔名阿索林（Azorín，1873—1967），西班牙著名小说家、散文家、戏剧家和文学批评家，是"九八年一代"的代表作家。

② 瓜达拉马（Guadarrama）是马德里自治区西北部的一个市镇。

里亚、特鲁埃尔和萨莫拉①算得上全欧洲人口密度最低的省份。这些地区的居民不断围在工会和市政府周围，要求出台计划，遏止当地人口流失，吸引年轻移民。他们要求提供优质的医疗服务，让老年人不用再被迫离开家乡，保证学校的运行，改善周边交通，打通公共与私人投资的渠道。他们学会了怎样协调配合组织抗议活动。每一次政府宣布因乘客过少停运某一条铁路线路，这些人的标语牌必会到场。每一所学校被关闭，或是某家公司威胁要把生产区迁走，他们也一定会赶到。他们学会了利用媒体进行宣传，进而逐渐引起了全西班牙人的关注。"特鲁埃尔生存""索里亚受够了！""萨莫拉论坛"这几个组织于20世纪90年代末在马德里多次游行示威，成功推动政府通过了扶助这几个省份的特别计划。但这些计划大多都毫无成效，或是收效甚微。

不过，至少在学术领域，这些计划确实促进了人们反思造成这种局面的原因和可能的解决方法。可能在马德里和各个大城市无法对此亲身感受，但西班牙人口结构的统计数据十分糟糕。这导致行政管理在很多方面都非常低效，也让国内很大一部分人都觉得自己在国家的发展过程中处于边缘位置，因为他们的问题在整个社会看来奇怪至极，并且也从来不会出现在议事日程上，这是非常不好的。

几年前，萨拉戈萨大学的一些教师组建了凯尔特伊比利亚

---

① 萨莫拉（Zamora）是西班牙西北部卡斯蒂利亚-莱昂自治区的一个省份。

乡村研究和发展学院，中心设在特鲁埃尔。他们提出了一个构思，希望能创造出一个新的地理学概念。他们划定了一个区域，比我之前绘制的范围要小得多，将其称为"凯尔特伊比利亚"，由现在的瓜达拉哈拉、昆卡、特鲁埃尔、索里亚、拉里奥哈、布尔戈斯以及卡斯特利翁和瓦伦西亚的内陆地区组成。他们受到了马里亚诺·伊尼格斯·奥尔提斯[①]的启发，这是20世纪初的一位人类学家，他坚持认为由于这几个省份的山区无人居住、与世隔绝，所以保留了罗马时代之前的凯尔特伊比利亚人的神话与仪式（那一区域其实也就是伊比利亚山脉，这是一片虽然低矮，但奇峰罗列的山脉，其中也不乏崎岖的谷地）。伊尼格斯的观点经常被胡里奥·卡罗·巴罗哈[②]和西班牙其他知名人类学家奉为经典。他在山区村庄的节庆中找到了一些远古的元素，从公元前1世纪几乎原封不动地保存到了20世纪。凯尔特伊比利亚就像一台冰箱，或是一组冷柜，保存着那段往昔，它只有过去，从未拥有过现在和未来。1924年，伊尼格斯写道："隔绝于那些狭窄的山谷之中，置身于一切革新潮流之外，那里的人们比谁都更清楚遗产的分量。从外表上来讲，他们完

---

① 马里亚诺·伊尼格斯·奥尔提斯（Mariano Iñiguez Ortiz, 1869—1952），西班牙医学博士、外科医生、历史学家、作家。他极富学识，是皇家医学院和皇家历史学院的通讯院士。

② 胡里奥·卡罗·巴罗哈（Julio Caro Baroja, 1914—1995），西班牙人类学家、历史学家、语言学家和散文家。他是著名作家皮奥·巴罗哈（Pío Baroja）的侄子。

全就是古典作家们描绘过的凯尔特伊比利亚人。那些深刻的印记保留在他们的道德和宗教秩序之中，无法抹去。从他们的习俗和传统中，我们可以窥见高耸的梅塞塔高原上那些古代居民们的所想、所感。"[19]

现代人类学也渲染了这种观点，这在当时欧洲的科学界很常见。人类学经常被民族主义思想污染——在各个欧洲国家想要互相开战的关头，他们就急需找到各民族具有标志性的、不朽的特点。凯尔特伊比利亚的居民从遗传学上来讲和欧洲其他地方的人并没有什么区别。他们和大陆上其他邻居一样，拥有混合的血统和文化。他们现在讲卡斯蒂利亚语（其中还有些人炫耀自己所讲的语言最为纯正，是城市里早已失传的），在那之前讲阿拉伯语、拉丁语、伊比利亚土语和所有那些曾在西班牙这片土地上流通过的语言。他们的传统受到了基督教的影响，在那之前也有伊斯兰教的影响，再往前，是朱庇特①和那些古罗马之前的神明。他们和其他西班牙人并无差别，却总被专门区别出来对待。或许是因为人们觉得他们在清冷的山谷之中，保存有未受玷污的伊比利亚之魂；或许是因为他们处于西班牙发展的边缘地区，因此被人们视为异域的蛮夷。

其实他们是再普通不过的西班牙人。唯一不同的是，他们

---

① 朱庇特是罗马神话中统领神域和凡间的众神之王，相对应于古希腊神话中的宙斯。

人数很少，分散在广阔、自己的同胞们从不关心的土地上。"凯尔特伊比利亚计划"就是针对这个每平方公里的人口密度不足8人的区域。在整个欧洲只有两个地区的人口密度如此之低：瑞典北部和拉普兰区——占芬兰北部一半面积的北极地区。

"凯尔特伊比利亚计划"的领头人是史前史教授弗朗西斯科·布里奥-莫索塔，他和其他该项目的推动者讲述了一段神秘的过去，即已经遗失的城市塞赫达。根据他们的研究，基于考古发现和古罗马历史资料，这是在古罗马时代之前西班牙最大的城市，比萨贡托和努曼西亚的规模都要大，但知名度要低很多。这里也发生过西罗马帝国对抗汪达尔人战争中最重要的战役之一。它大致位于现在的卡拉塔于①，影响力曾经覆盖前文提及过的各大省份。布里奥-莫索塔和他的团队花了数年时间讲述这段历史，试图构建出一个可以将这片山区进行整合的文化身份。他们甚至向联合国教科文组织申请将那里列入世界遗产名录，但是因缺乏支撑依据被驳回。

这些教授们的想法是将历史作为推动旅游业的引擎，但至今仍未成功。他们尽管获得了自治区在行政方面的支持和欧洲"农村地区发展行动联系计划"的资金支持，但是在30年时间里，他们并没有让那些村镇的情况有任何显著的改善。有少量移民迁来这里，缓解了一些村庄的状况，甚至学校一度也重新

---

① 卡拉塔于（Calatayud）是萨拉戈萨省的一个市镇，属于阿拉贡自治区。

开放，但是从整体上来讲，这依然是一片寂静无声的空间，寒冷、多风，对年轻的居民来说毫无吸引力。

从一定意义上来说，凯尔特伊比利亚的提案让我想起了法国作家米歇尔·维勒贝克的小说《地图与疆域》[20]。通过一场对当代艺术的反思，作者设计出一个反乌托邦的场景，把欧洲描绘成了一座主题公园：完全得去工业化，处在无法遏制的经济衰退之中，受制于新崛起的帝国，老迈的欧洲只能将旅游业作为唯一的谋生途径。法国变成了他国的新主人们在假期时游览的公园，展览着一些被理想化的过去。卖淫、美食和毒品成了经济的主导产业，一切都是为游客服务。法国成了主题公园，主题就是它自己。它永远光鲜亮丽，迎合着游客们内心的各种历史偏见，而游客只想观赏哥特式大教堂，品尝罗克福奶酪，和那些假装是印象画里的女郎或蒙帕纳斯的吉吉①们睡觉。在某些方面，欧洲一些首都城市的大型博物馆和商场已经和维勒贝克描绘的末日之景非常接近了。

没有人愿意像老人一样，只能手捧纪念册，每日带着伪装的伤感回忆着一段实际上从未发生过的往昔。将凯尔特伊比利亚列入世界遗产名录，或是创建连接法国和英国的"凯尔特之路"，皆是开给那些谷地人的空头支票，一度给了他们希望，他

---

① 蒙帕纳斯的吉吉（原名爱丽丝·普林，1901—1953），20世纪初期活跃于巴黎蒙帕纳斯街区，是红极一时的模特和众多著名艺术家的情妇和缪斯，同时也是歌手、舞者、画家等，被称为"蒙帕纳斯女王"。

们幻想着大批到访的游客，盘算着对历史资源的开发。但这些项目绝大多数都失败了。装饰有地方政府标志的指示牌生了锈，那些村庄也更加消沉，就像电影《马歇尔，欢迎你》①的结尾一样。吗哪②从未降临，孤独愈加强烈。到目前为止，还没有谁打破过这个恶性循环，它就像是一个漏水的排水口，没有人能成功塞上塞子。

那道把昆卡和特鲁埃尔两个省份分隔开来的山脉叫作世界山。这样一个被世人遗忘，可能算得上整个伊比利亚半岛上最偏远、最与世隔绝的地方，竟然有如此世界性的名字，委实动人别致。也许这样的地名也揭示了当地人逃离"捉迷藏"似的处境、向全世界展现自己的愿望。当然了，本书也无法做到这一点，并且也不打算去尝试。本书也不想变成地理学、人类学、社会学和历史学的学术专著。我的作品是文学性的，我审视西班牙无人村，是作为一个踏访过那片土地、了解它、深爱它的作家，我在那片土地上生活过，也在书本里读到过它。我要

---

① 《马歇尔，欢迎你》（*Bienvenido, Mister Marshall*）是1953年上映的西班牙电影，讲述了有一天，一位政府官员突然来到偏僻、贫困、被世人遗忘的维亚尔-德里奥小镇，他宣布马歇尔援助团不日即将到达本镇，要当地人以相应的规格接待好美国代表团。消息传开，全镇哗然。各个阶层、各行各业、各种派别的人纷纷做起黄金梦来，每个人都希望从美国人那里得到自己想得到的东西。然而美国人始终没有光临小镇，人们的幻想和希望都成了泡影。很快，维亚尔-德里奥小镇又恢复到昔日贫困而被人遗忘的状态之中。

② 吗哪是《圣经》中的一种天降食物。在古代以色列人出埃及后40年的旷野生活中，这是上帝赐给他们的神奇食物。

开始一场穿越时间和空间的旅行，在一个罕见的"国中国"里漫游。

　　我首先要回顾构成这片土地的神话。我是用极其宽泛自由的方式来使用"神话"这个概念的，我要探究那些构成了人们对西班牙无人村固有印象的比喻和原型，分析它们是如何影响这个国家的历史、社会和文化构成的。我更重视各种叙事，人们如何通过文学、艺术和电影看待这个国家。当然还有我个人的观点，这是基于过去无数个清晨的早起和我在那些最偏远角落的旅行。我的出发点就是"大伤痛"，即20世纪中期的农村人口外流，它所造成的直接影响至今依然存在。在下一章里，我会把西班牙描绘成一座幽灵之屋，且里面住的全都是真实存在、不可驱散的幽灵。就和读者在之前读到的一样，我会提出一些假设和异端的猜想。虽然我是从多个渠道获取到资料，但不囿于任何一门学科，也追求学术上的专业性。我是从一个幸福却无知的爱好者的角度来写这本书的。这些篇章里有猜想、有诗歌、有自由的文字，它们构成了这部作品，也构成了我的文学计划中一个愈来愈清晰的部分——去思考我的国家。下面我想请读者放松下来，自由地阅读这些文字，正如它们被写就时的那样。但愿我在写作时的一些胡言乱语能使读者在阅读中获得一些意想不到的惊喜，而不是认为全盘可弃。

　　但愿吧！

第二章

▼

▲

大 伤 痛

▼

寂静如沙一般，埋葬了座座房屋。房屋溃败了，也如沙一般消散。我听到了它们的哀叹，如此寂寞，如此阴郁，在风和原野里窒息。

——胡里奥·亚马萨雷斯《黄雨》（1988）

镜头放置在车头前方。随着火车的行进，车轨与枕木被吞噬，片头字幕出现，白色的字体像是画家的笔触。一开始，视线里全是耕田，后来通过连续镜头，画面变成了通向城市的铁轨，这是在一座大型车站里——阿托查车站①。配乐停了，镜头转向站台。主人公们从车上下来，这是一个戴着贝雷帽的乡下家庭，带着乡下人的土气，刚刚来到马德里。

在20年间，西班牙电影总是用这样的喜剧调子讲述相同的迁徙故事。这几乎变成了佛朗哥时期的著名幽默大师帕科·马丁内斯·索里亚的专属主题，再看看他主演的影片的标题就很有说服力了：《我不属于城市》（1966）、《旅游是个伟大发明》（1968）、《西班牙式外公》（1969）。这些电影全部是票房大卖的影片。但我上文提到的电影不是喜剧，而是一部剧情相当动人甚至有些煽情的电影。如果说马丁内斯·索里亚所表现的有关乡下人的幽默是丑化了成千上万来到大城市的农民，那刚才所说的这部1951年上映的电影，则属于少数拍得极美的。它以意大利新现实主义的方式讲述"大伤痛"

① 马德里阿托查火车站（Atocha）是西班牙最繁忙的火车站。

时代，并且兼有纪录片的特点。电影内容几近于社会批判，使用的镜头节制而客观，没有着重去突出某一点，而是让情节自然而然地发展。实际上还有些场景是用隐藏摄像机拍摄的，那些出现在镜头里的就是真正的马德里居民，是拉瓦皮耶斯区①街头的路人，他们完全不知道自己的影像之后会被众多电影资料馆修复，备受推崇。它就是《犁沟》。这部电影就像是一道奇异至极的裂缝，可以使专制政权的官方宣传四分五裂。影片讲述了一个逃离了农村的贫穷家庭，在拉瓦皮耶斯区的一个筒子楼安顿下来。1951年的拉瓦皮耶斯区还有地方可住，十年之后，就再无空余的楼房了，农民们只得开始自建棚户房。在《犁沟》里可以见到一些这样的房屋，但镜头拍的更多的是那个常出现在明信片里的、很有辨识度的马德里，是一个挤满了找不到工作的农村人的马德里，他们在售卖外国食品的店铺橱窗外垂涎三尺，被那些他们买不起的东西搞得神魂颠倒。在这样的马德里，姑娘们流落街头为娼；穷人们偷盗卡车货物，好拿去黑市上贩卖；小偷们尽可能地趁人不备下手行窃。没有幽默，没有痞气，《犁沟》唤起了人们对"大伤痛"的关注，表现出了农民的无依无靠，他们不卑不亢，向社会要求公正的对待。

---

① 拉瓦皮耶斯区（Lavapiés）是马德里最传统和最多元化的街区之一，人口密集。

　　《犁沟》不是佛朗哥想要展现的西班牙：他们容不下它，因为它表现出了农民，也就是西班牙无人村的居民，承受着超过他人的贫困。他们贱卖掉自己无人耕种的田地和没有电、没有自来水的房屋，凑够了去马德里的火车票钱和在那里撑上几个星期的盘缠，集聚在首都最肮脏阴暗的区域。当时有上百万西班牙人承受着这样的苦难。大城市尤其像马德里、巴塞罗那和毕尔巴鄂，其郊区挤满了进城的农村人，他们看上去和难民无异。在他们的背后，是那些无法再养育他们的土地。这样的故事为什么不被当时的专制政府所容？不仅是因为那种新现实主义的批判调子，也不仅是因为它揭露出了一个贫困的马德里。其他一些电影也触及过类似领域，但并没有因此被搞得声名狼藉，也不曾惹恼哪位部长。《犁沟》的问题在于它光是标题就直击了佛朗哥专制的底线。佛朗哥的"十字军"从一开始就致力于重建不朽的西班牙，鼓吹西班牙的精神财富（不是西方的）就在卡斯蒂利亚的乡村。佛朗哥在那里发展壮大，集结各方力量，建立了他的"新国家"（Nuevo Estado）的雏形。在布尔戈斯和萨拉曼卡，佛朗哥成了西班牙的考迪罗①，他承诺要终结鱼龙混杂、腐化堕落的马德里，以西班牙农民不灭的精神、天主教信仰、勤劳和力量重新复兴这座城市。

---

　　① 考迪罗（Caudillo）在西班牙语中通常指军政领袖或政权首领。考迪罗主义亦被称为军阀独裁统治，实际为军事独裁的一种形式。

西班牙农民群体在国家现代化和自由主义发展的过程中被彻底边缘化，而佛朗哥承诺要恢复他们的尊严。《犁沟》却说，这个宣称来拯救农民群体的体制抛弃了他们，抛弃了所谓的民族之魂，任由他们在拉瓦皮耶斯区的小巷里腐烂，他们的父母在棚户房中挨饿受冻，他们的女儿向阔佬们投怀送抱。那场要让农民——美洲征服者的后代、英勇的熙德①的子孙们崛起的"十字军东征"在哪里呢？他们的曾祖父是参加了公社起义②的社员，是赶跑了法国侵略者的土匪③，他们怎么反而沦落在拉瓦皮耶斯区阴暗的角落里与人械斗呢？佛朗哥政府允许人们谈论贫穷，允许痛惜和揭露穷人的现状，但是不可以触碰这个国家的中流砥柱，不可以说那个真正的西班牙正在逃离自己破旧的家园，正忍受着城郊那无休止的贫困，盼着自己不要死于饥饿。或许真想提及这个话题也未尝不可，但得用上点幽默滑稽的调子。

为什么《犁沟》能通过审查？因为它是不可审查的，它是

---

① 罗德里戈·迪亚兹·德·维瓦尔 (Rodrigo Díaz de Vivar, 1043—1099)，人称熙德 (El Cid)，是西班牙民族英雄。描写他生平的史诗《熙德之歌》与《罗兰之歌》齐名，是中世纪最重要的骑士文学史诗之一。

② 西班牙公社起义，也称洪达起义，发生在1520—1522年，是反对国王卡洛斯一世的封建帝制统治而爆发的一场席卷西班牙全国的起义。

③ 在西班牙人民反对法国侵略军而进行的民族解放战争 (1804—1814) 中，土匪这个群体发挥了重要的作用。

"旧衫派"长枪党①的核心团体——埃迪利亚派②推行的企划。他们是最早的一批军官。1937年4月，他们坚决反对佛朗哥推行的重组法案，认为自己遭到了背叛，佛朗哥所推行的"新西班牙"也只是换汤不换药。③这些人原本就享有特权地位，所以当时的政权无法让他们不发声。他们或是临时少尉④，或是佛朗哥武装叛乱的支持者，他们最早参与叛军，是"十字军"的英雄。佛朗哥曾亲自表彰他们在西班牙国家政权巩固初期所做的贡献。他们建立了国家的新闻传媒、宣传机器、外交关系。佛朗哥欠了他们很多人情。但是可惜，这些不听话的长枪党人依

---

① 西班牙长枪党成立于1933年，由何塞·安东尼奥·普里莫·德·里维拉 (José Antonio Primo de Rivera) 创立，是1939—1975年间西班牙的执政党及唯一的合法政党，这期间很多有野心的政治家都觊觎着在党内上位的机会，新加入该党派的成员被称为"新衫派"(camisas nuevas)，而在内战前就加入的老党员则为"旧衫派"(camisas viejas)。

② 马努埃尔·埃迪利亚 (Manuel Hedilla, 1902—1970) 是西班牙长枪党第二任总书记。

③ 1937年4月19日，佛朗哥签署法令，将正统派联盟 (Comunión Tradicionalista) 和西班牙国家工团主义进攻委员会方阵 (Falange Española de las Juntas de Ofensiva Nacional Sindicalista) 合并。这个组合的结果即为西班牙民族工团主义奋进会正统派长枪党 (Falange Española Tradicionalista y de las Juntas de Ofensiva Nacional Sindicalista)，是佛朗哥时代西班牙唯一的合法政党。在很多历史学家看来，通过这一重组，佛朗哥削弱了两个党派原本的实力，使之为他所用，一些正统派 (也称卡洛斯派) 和长枪党人拒绝接受这个新政党，认为此举是对军人的背叛。在长枪党人中，反对最激烈的就是马努埃尔·埃迪利亚，一些心怀不满的人士围绕在他身边，组成了党内的一股反对势力。

④ 临时少尉 (alférez provisional) 是西班牙独有的一种军职。该职位是在西班牙内战期间，为弥补军士短缺而设立的。

然忧心社会。他们听信了革命时期那些冠冕堂皇的宣传词，真心实意地认为这个"新国家"应该是一个赋予穷人正义、面包和工作的政权。他们不相信施舍，他们中有些人是平等主义者，甚至是雅各宾党人。没有哪个部长（甚至佛朗哥本人）敢让他们闭嘴，最好还是随他们去，哪怕其中某些人已经接近政治异见人士，距离反对派只有一步之遥。没人愿意触碰这个话题，去揭露这个政权的现状——体制并非坚若磐石，各派别间的关系也并不和谐。1951 年，佛朗哥依然还在消化轴心国覆灭的结局，试图找到获得美国援助的方式。在他的外交官和哈里·杜鲁门谈判的时候去压制自己阵营里不和谐的声音，是佛朗哥不能接受的。两害相权取其轻，所以《犁沟》被放过了。

这部电影还有一个"致命问题"：它是一部佳片、一部雄心勃勃的作品，它的创作者是有学识的聪明人。它不是一份宣传单，也不是一部情景剧。有两个加利西亚人参与了影片的策划。影片的情节，或者说最初的雏形是欧赫尼奥·蒙德斯构思的，他是一个老加利西亚主义①者，长枪党刚一建党他就在马德里成了一名长枪党人，从属于何塞·安东尼奥·普里莫·德·里

---

① 加利西亚主义（galleguismo）是西班牙加利西亚地区的思想流派，主要目标在于通过积极的宣传，恢复和保护20世纪以前加利西亚的文化和身份认同（如语言、文学、音乐、民俗、传统等）。开展这些活动的既有政府机构，也有私人团体。

维拉的派系。然而，真正勾画出剧情结构、丰满了影片情节的人是他的妻子娜蒂维达·萨罗，她那时是投资《犁沟》的雅典娜制片公司的总裁。萨罗的参与是使得何塞·安东尼奥·聂维斯·孔德答应执导本片的关键因素。《犁沟》背后的另外一个加利西亚人是作家贡萨洛·托伦特·巴列斯特，他打磨润色了蒙德斯的想法。他不是"旧衫派"，他是在战时加入长枪党的，并且一直和布尔戈斯社①有着密切联系。1951年，他已经疏远了长枪党的体系，但还没有与之公开决裂。他当时还不是知名作家，只是一个在体制内感到苦恼的知识分子，开始自问究竟为什么要留在那里。这部电影的导演何塞·安东尼奥·聂维斯·孔德——又一个独行侠，确实是"旧衫派"，他也是战争英雄，曾执导过一部极其卖座的爱国影片《巴拉拉萨》。

《犁沟》背后的长枪党人认为当时的政权已经完全屈服于他们曾经反抗的东西——它把西班牙变成了一个更自由的国家，随之而来的就是资本主义制度下的贫困和道德的腐坏。这是很多"旧衫派"人士常有的控诉，他们觉得自己当年走上战场是没有意义的，所有他们想要消灭的恶习不仅依然存在，甚至是大获全胜。尤其是自1945年起，佛朗哥政权孤立地存在于当时奉行结盟和民主的欧洲，他需要让纳粹的万字符改头换面，把

---

① 布尔戈斯社（Grupo de Burgos）是一个于西班牙内战期间，在布尔戈斯成立的文学政治团体。

轭与箭①束之高阁。

1959年，农村人口外流的摧毁性效应已经不容辩驳，佛朗哥在巴亚多利德接受授勋的仪式上发表演讲，充满感激地表示西班牙农村是他的"十字军"最坚定的支柱，是祖国最杰出、最崇高的守护者：

> 很多西班牙人，包括那些属于领导阶层的西班牙人，都以为西班牙仅存在于各个省会和城市里，而全然不了解我们的村镇，以及比村镇规模更小的地方的真实情况和需求——很多地方的生存环境都是非人的，他们也不了解我们国家的几大重要产业。而以上这些正是我们的运动要去拯救的，我们正在以无与伦比的创造力锻造一个伟大的全国计划，它即将在未来几年全面开展，为全体西班牙人的希望与福祉而服务。[21]

然而，这位考迪罗以救世主派头讲出的豪言壮语，却被他的政府以实际行动无情地粉碎。从未有任何一个独裁者像佛朗哥那样摧残着西班牙农村且未停止过。他助推了农村人口外流，造成了"大伤痛"现象，令农村与城市的失衡扩大到再也

---

① 轭与箭（El yugo y las flechas）是一枚可追溯至西班牙天主教双王——阿拉贡的费尔南多二世和卡斯蒂利亚的伊莎贝尔一世的徽章。它是双王以及后来的天主教君主统治的象征，代表着一个团结的西班牙和英雄种族的美德。轭与箭同时也是西班牙长枪党的徽章。

不可逆转、难以挽救的地步，直至今日，成百上千万的救助金、各种发展计划以及欧洲的农业政策都收效甚微。不仅如此，他还残酷地打破了农村人的生活方式，使他们的生活变得更加艰难。众所周知，佛朗哥十分热衷于建造水库，以便为不断扩张的大城市提供水源和电力储备。为此，许多原本有人居住的谷地被淹没，当地居民被赶出家园，申告无门。但凡有谁不接受征地，就会被国民警卫队强行拖出家门。佛朗哥急于把西班牙迅速发展成一个工业化国家，但他的经济政策摧毁了很多本就不堪一击的乡镇，那里原本就需要投资发展现代农业和实现基础设施的现代化。而面对生存困境，农民只得向城市迁移。那些无法转型为大规模生产和出口的农业生产品类如柑橘类水果、稻谷等，在短短几年内就消失了。佛朗哥去世后这种状况依然延续，直到20世纪80年代，欧洲共同农业政策才改变了整体的局面，振兴了多个此类产业。

佛朗哥从根本上表现出了对西班牙内陆地区的鄙夷，而这一地区原应是他深爱的"祖国魂"之所在。西班牙的第一座核电站（现在已被关闭）始建于1965年，位于索利塔-德-洛斯-卡内斯，隶属阿尔卡里亚，是西班牙人口最少的地区之一，其生态具有多样性和丰富性，塞拉最著名的作品之一《阿尔卡里亚之旅》就是以这里为背景的。当然了，不少发电站都建在富裕省份，但也有建在布尔戈斯和埃斯特雷马杜拉这种远离工业枢纽城市的地方。在那些规模极小的村落里，人们喜气洋洋地迎接着建设发电站的各种设施，因为这所带来的就业岗位能让他们不用挨饿。在安达卢西亚北部的安杜哈尔，毗邻梅塞塔高原的地区曾挖掘出铀矿，而直至今日，那被数吨混凝土深埋在地下的物质依然在释放辐射，严重影响着当地居民的健康。①佛朗哥政权出于发展工业的执念，建设了很多危险、扰民或是臭气熏天、对人体有害的工程，其选择的建设地点就在西班牙无人村。而一旦那些设备爆炸或引发当地人抗议，即便死了几个文盲农民，也不会有人在意。

这个政权从建立之初始即是如此。1938年，佛朗哥同意纳粹的秃鹰军团轰炸了卡斯特利翁省北部的马埃斯特拉斯戈的四个村庄，这是当时的纳粹德国在伊比利亚半岛上进行的战略和武器部署实验的一部分。[22] 轰炸没有任何军事目的，如同很多毁掉了若干乡镇的军事行动，而人们直到不久前都对此毫不知情。同年，内战中最惨烈的埃布罗河战役在塔拉戈纳省的特拉阿尔塔打响。这是一个位于内陆、贫穷且人烟稀少的地区，毫无战略意义。佛朗哥不仅没有听取参谋的建议，放共和军部队前进，把他们控制在西边几公里的地方，反而下达了收复每一寸失地的命令，令战事变得极为胶着，双方有两万余人战死沙

---

① "根据1964年的一些尿液化验结果，（安杜哈尔的铀工厂）职工们的尿液中验出了每升大约116微克的铀，而安全值应在0.8微克以下。"希内斯·多那伊雷（Cinés Donaire）在2008年6月7日的《国家报》（编辑于安达卢西亚自治区的塞维利亚）上这样写道："他们把一切都埋了，甚至树木。"2009年，数位法官受理了原工厂职工与其家属的诉讼。

场。而那片土地上只有寥寥几个村庄，它们远离主干道，毫无价值，但佛朗哥丝毫不为所动。1939年以后，佛朗哥创立了战争破坏区修复总指挥部，重建了数个战时被毁的村庄。但重建是有选择性的，那些具有象征意义的地点被一砖一石地修复了，而其他很多地方依然是一片废墟，成了那场惨烈内战留下的永远的纪念物。位于萨拉戈萨的草原上的贝尔奇特（距离戈雅的家乡很近，他在那里创作了版画《战祸》①）是最令人痛心的地方之一，在村庄教堂的废墟旁可以读到这样一行涂鸦："老贝尔奇特村，再没有年轻人围着你，再听不到我们父辈口中唱着的霍塔曲②。"

1950年左右，西班牙有三个省份的出生率创下了历史最高纪录，同时还有14个省份的人口陷入了地理学家所称的"连续沉降"。马德里、巴塞罗那和比斯开从19世纪中叶就开始接收从半岛各地迁出的居民。数以千计的农村人口在短时间内大量涌入，让这些地方拥挤不堪。西班牙的人口地图由此改变。农村迅速空置，与此同时，马德里、巴塞罗那和毕尔巴鄂的规模扩大了两倍到三倍。其他城市如瓦伦西亚、萨拉戈萨、塞维利

---

① 《战祸》是西班牙著名画家弗朗西斯科·德·戈雅（Francisco de Goya，1746—1828）在1810—1820年间创作的系列版画作品。戈雅出生于萨拉戈萨省的一个小村庄，名叫福恩特德戈斯。

② 霍塔（jota）曲是一种西班牙舞曲，发源于东北部的阿拉贡地区。

亚和马拉加也在同一时期扩大了很多，达到了原有面积的两
倍，但还没有出现另外三大城市那种人口集聚、贫民区林立和
贫困的现象。同时，所有的省会城市都在扩张。农民首先涌入
距离最近的城市。当那里饱和无法再容纳更多的劳动力后，他
们又开始寻找更大的城市。21世纪初期，西班牙掀起了一股地
产热，但这一次是与城市地皮投机和政治腐败有关，这一时期
建造的房屋完全不是为了满足住房需求。可以说西班牙的城市
实际上是新兴的，城市里的旧城区在过去几个世纪里都不曾改
变，最终却缩小成了城市里一个怪异的区域，且大多十分破败，
成为各种穷人和社会边缘人的容身之所。这里的城市大都是极
新的，是在1945年战后的废墟上建起来的。维也纳、布拉格、
柏林或华沙等城市或多或少都是按照战前的风貌重建的。[23]西
班牙（从理论上来讲）没有参加第二次世界大战，但是经历了
内战，许多重要城市遍地瓦砾，原先的城市面貌被打破了。然
而最大的改变并不是战争所带来的，而是1950年的农村人口外
流。西班牙历史悠久的古老城市只是形式上的，实际上大部分
城市和街道几乎都是新建的。

　　我们来比较一下1900年、1956年和1984年的马德里地图。
前两张基本没有太大区别，只是城市的形态有所改变（比如
1956年的地图上出现了格兰维亚大道，现在的西班牙广场周边
有了一些改变，北边和南边的郊区开始有所发展）。然而，1984
年的地图就截然不同了。城市面积几乎是之前的两倍，边界

开始向四周延伸，甚至比1950年版的边缘还要远得多；出现了高速公路，以及过去不存在的M-30号环线公路。仅仅过了30年，这座城市就变得让人认不出了。想在1984年版的中心区域辨认出之前几版的范围，那得完全靠猜。现在如果我们对中国城市的迅猛发展感到惊异，可能是因为忘记了我们也曾有过的历史。[24]

巴塞罗那和毕尔巴鄂也是如此，其他中等城市及各省的省会（当然，我指的是所有沿海地区）情况也相似，只是规模更小。西班牙的城市化经历了两种模式：20世纪五六十年代的发展主义模式和90年代至21世纪前十年的"住宅模式"（这是我自己创造的词）。

我居住的城市萨拉戈萨就是一个比较极端的例子。根据官方说法，萨拉戈萨是在公元14年由一些罗马士兵建立的。据说它最初是建在一个名为萨尔杜伊的伊比利亚村庄的废墟旁（或者是在废墟之上），这个村庄至少在公元前7世纪就存在了。这是谎话，一切镌刻在大理石或铜碑上的语句皆是如此。那个古老的萨拉戈萨的确存在，但是在1808年和1809年的两次法军围城时就已几乎被夷为平地。在那之前萨拉戈萨共有人口5万，几乎全部因战事丧生。哪怕不是死于拿破仑的炮火下，也因饥荒和瘟疫而亡。到了19世纪中叶，城里很多地方依然保留着当时的废墟。之前那座萨拉戈萨城留下来的，仅仅是几座文艺复兴时期的楼宇和五六座教堂而已。1808年以前的房屋少之又少，而在老城区以外，连1950年以前的建筑都很难找到（甚至在老城区里也不多）。从很大程度上讲，萨拉戈萨是在那十年间建成的。和很多西班牙其他大城市一样，它是一座在发展主义模式下建成的城市。它的风貌已出卖了一切。

同时，有14个省份经历过死亡的创伤，至今依然奄奄一息。韦斯卡、瓜达拉哈拉、特鲁埃尔、索里亚、阿维拉、昆卡、萨莫拉、布尔戈斯、莱昂、萨拉曼卡、巴伦西亚、塞戈维亚、卢戈和奥伦赛，实际上变得和荒漠一样。[25]这14个省份中，12个属于西班牙无人村，其余2个——卢戈和奥伦赛，也基本是在这个区域范围内。尽管我把加利西亚排除在外，但它其实也属于这个无人的国度。实际上，人口分布从未改变过。简单来说，只是差距变得更可怕了。城市与乡村的人口差距一直十分明显，自1860年以来的人口普查数据也能证实这一点。但是，20世纪中叶短短几年内发生的变化使这些裂缝变成了鸿沟。

民主给了这片空荡的乡村一个复仇的机会。通过选举法，那些已经被毁的果园和破败的村庄忽然就获得了地位。1978年宪法和选举制度让那些人口稀少的省份可以在议会选举中达到绝对多数。这个被遗忘的、被嘲弄的西班牙，这个净是土老帽、充满了犯罪和野蛮的西班牙，竟然获得了如此政治影响力，哪怕在19世纪的卡洛斯正统派时期，这都是不敢奢望的。

根据官方的说法，这样做是出于纠正比例计算系统的技术需求，用以防止那些人口稀少的地区无法获得议员代表。他们建立了一个以省为选区的模型，理论上来讲可以让如萨莫拉、特鲁埃尔和索里亚这样的地区受益，使其获得相应的议会代表席位，让其权益可以在中央政府里得到保护和捍卫。据分析，一个纯粹按比例来划分的投票系统会让西班牙农村在议会选举中彻底出局，因此他们核定了城市与乡村的缺口，令后者的选票发生了过度代表。也就是说，通过政治上的超比例代表，弥补这一地区在经济和社会上的无足轻重。具体来说，这是通过调整每个省份的议员席位来实现的。人口稠密的地区选票与议员席位几乎是按比例划分，但这一比例在人口稀少地区就被打破了。在小选区，斩获两到三个议员席位，选举系统就认定其获得多数。也就是说，得票最多的候选人所在党可以拿走多数乃至所有席位，其他人则彻底从议会中出局。他们也采用了余数法试图略做修正，把最后几个席位分配给得票数第二三位的候选人，但是在西班牙无人村，想找出两个以上有资格获得议员席位的候选人都是非常困难的。于是就产生了一个非常荒谬的结果：比如说，一个党派在索里亚获得了20%的选票，没有斩获一个议员席位，然而另一个获得了30%选票的党派就可以获得2个席位。这就是"第三条道路"①的诅咒，尤其是联合左

---

① 第三条道路又称新中间路线，是一种走在自由放任资本主义和传统社会主义中间的一种政治经济理念的概称。

翼①——西班牙的后共产主义政党联盟，它曾目睹过上万张分散在那些省份的选票成了无用之物，而其他民族主义政党得票数虽不过半，却拿到了两倍或三倍的议员席位。

正如我之前所说，用技术原因来解释，此举是为了不让西班牙无人村失去发言权，然而它实际的目的十分狡猾，且无人可以逃脱。正如一些政治学家所说，[26]选举法之所以如此规定，是为了保证议会多数席位的稳定，但这只是一种委婉的说法，实际上是为了确保民主中间联盟（后文简称UCD）②的不败地位，避免共产主义在众议院发展壮大。意大利自1945年起直到铅色年代③一直是这样操作的。UCD于1982年选举失利也不能说明这种模式是失败的，因为它尽善尽美地服务了那些代替UCD成为主要政治力量的其他党派，并最终惠及了工人社会党和UCD的接替者——人民党④的两党制。

UCD由阿道夫·苏亚雷斯组建，曾是佛朗哥主义的行政体系中最高效、意识形态属性最弱的组织，后来转变为一个代表中产阶层利益的保守政党。它的政敌视它为佛朗哥政权在技术

---

① 联合左翼（Izquierda Unida）是1986年成立的一个西班牙左翼政党联盟，一直由西班牙共产党主导，曾长期保持西班牙第三大全国性政治力量的地位。

② 民主中间联盟（Unión de Centro Democrático）是西班牙的一个选举联盟及政党，于1977年成立。因在1982年大选中惨败，于1983年宣告解散。

③ 铅色年代指的是意大利20世纪70年代前后的时期，当时左、右翼激进分子制造了多起恐怖事件，试图颠覆政治制度。

④ 人民党（Partido Popular）是西班牙第二大党，为中间偏右的保守党。

上所做的战略部署，用兰佩杜萨的话来说就是"改变一切，才能什么都不改变"①。的确如此，UCD领导层中的很多人都曾在佛朗哥政权任职，包括苏亚雷斯本人。比起多元化的城市，他们这些人更倾向于西班牙无人村的保守主义，因为在城市里他们的选票可能会被其他更进步的党派分流。他们相信这个全国人口最少的区域在选举中采用过度代表的方式对自己有利，时间也证明了他们当初的计算正确无误。UCD在1982年选举中的惨败另有原因。通过这种方式，在西班牙无人村的各省，两大党派（尤其是人民党）大大获益，在众议院获得了更多的席位，远超过按比例代表制的计算方法统计出的席位数量。他们只需要获得不到40%的选票，就可以控制全国。

　　相对来讲，农村选票比城市选票的分量要重得多。公民和选票之间不存在对应关系，比如一个索里亚人投的选票就相当于5.9个马德里人所投的选票。那么从政治上来讲，一个索里亚人比一个马德里人要更有权力，或者说一部分索里亚人更有权力——那些没有投给多数党候选人的选票是不作数的。

---

① 朱塞佩·托马西·迪·兰佩杜萨（Giuseppe Tomasi di Lampedusa，1896—1957），第十一代兰佩杜萨亲王，西西里作家，以自己唯一的长篇小说《豹》而知名。在本书中，老男爵法布里奇奥谴责他的侄子唐克雷迪加入了革命将军加里波第的军队，推翻了他们所属的统治阶级。唐克雷迪却反驳说："如果我们希望一切都保持原样，那么所有的一切都必须改变。"他不得不以指挥者的身份加入革命力量，以便在新的精英体系中保持他们家族的权力。这部作品传达的思想已成为政治科学上的重要理念：掌权者必须改变才能掌握政权。

这就是第二个鸿沟：大约半数以上的索里亚人有很大的权力，但其余约40%的人则毫无权力。[①]在西班牙无人村，人们只有两党制这一种选择。这个"国中国"有将近一半的居民都无法获得政治代表，在相关自治区的议会里也是如此。这样的制度安排只是令大党变强，使小党更加无足轻重。占有两个卡斯蒂利亚议会席位的党派寥寥无几，一般情况下，只有两个。

但是大多数农村地区的过度代表现象又是另一个陷阱。从未有人真正在国会里代表和捍卫人口稀少的省份的利益，因此制定这种规则的理念压根没有得到践行。还有一个原因，议院本身的结构设定就使得这是不可能完成的事情。议员们名义上属于一个选区，但实际上都以党派活动，遵从他们所在党的规则。索里亚选出的议员不会在议会为索里亚发声，工人社会党或人民党的议员也极少会因小地方的一些无足轻重的事件质询政府——这更像是民族主义者或地方主义者会去做的事。最终，议员去议会讨论国家问题，并不会为那些被遗忘的村庄发声，而所有的投票者也清楚这一点。所以大党，尤其是人民

---

① 在2015年的大选中，索里亚省共选出了两名国会议员（全国共350名），一个来自人民党，另一个来自工人社会党。该选区共有70718个选民，其中仅52210人真正行使了投票权（占73.83%）。人民党和工人社会党获得了32214张选票（62.48%），但拿走了100%的席位。其他党派获得了总选票的37.52%，但毫无收获。这意味着人民党和工人社会党只需要16107张选票即可在国会中获得一席之地。相反，在马德里选区共计3621374张选票中，仅116242人的投票没有获得席位代表（相当于3.21%，而索里亚省为37.52%）。那些获得议员代表的党派，获得一个席位基本需要92000—94000张选票。

党，完全是在利用农村的过度代表来扩充他们在议会的权力，而不会对现状带来任何改善，过度代表规则没有发挥任何作用。

这一问题也和自治区的结构有关，它使得大党的权力被分散，也促成了俚语里所称的"男爵"①的出现。一些在本地区很有权势的领导人（有的是一些深谙庇护主义②和裙带政治的新领袖）打通各种渠道，为自己的地盘拉来投资和援助，以换取过度代表的选票。这是一种长期存在的互惠：来自国家或欧盟的资金流使这些"男爵"得以维持关系网，同时也就保证了大党的票仓和在政府里的地位。只要大党的"男爵"足够强势，就能够维持选民基本盘，这些过度代表的选票就可以惠及他们所在的党，因此大党还会继续提供资金和援助。这是一种共生关系，它成立的前提条件就是农村选票的价值大于城市选票，并且投票制度能够保证不让与这场"以物易物"无关的其他政治势力分得一杯羹，打破已有的循环。只有进行投票改革，取消过度代表制度，才能终结这一恶习。一直以来它助长了西班牙的腐败和裙带政治，阻碍了新发展模式的落地，而只有这些新模式，才能真正和那种施舍式的投资，以及政治领袖和国家领导人之间的政治敲诈划清界限。

---

① 在政治领域，西班牙语中的"男爵"（barón）一词指的是在某个党派中极具影响力的重要人物，经常是手握该党派在一个自治区领导权的人。

② 庇护主义（也称侍从主义）指以交换商品或服务的方式来得到政治支持，在这个过程中双方常会有明示或暗示的交换条件。在选举中，庇护主义事实上就是选民以政治上的支持换取政府在多种公共政策上的回馈，属于"分赃政治"。

西班牙无人村用它那被永久废弃的形象，报复了这个扭曲的体制，它已经成了西班牙民主制度最大的绊脚石之一。然而几乎没有人想过打破恶性循环，大家好像对此漠不关心，哪怕是那些新成立的组织也是如此。一方面，这是因为西班牙无人村的一些居民觉得现有体制称心如意，保证了他们需要的公共服务和基础设施。他们已经习惯了"男爵"和马德里中央政府的这种关系，庇护主义对他们来说只是两害相权取其轻，除此之外他们也再无可选。没有这种体制为他们提供的工作岗位和资源，那些村子就真的什么都没有了。另一方面，是因为西班牙的城市人口和农村人口相比，实在是占据压倒性比重，哪怕加上现在已经十分庞大的过度代表，也很难改变当前政治势力之间的平衡。城市里的少数党哪怕在农村丢掉了选票，也足够组成具有影响力的团体。过度代表也无法确保多数党控制议会，只能说对它们有所助力，却不是万无一失的核心因素。一些主要扎根城市的政治力量可以让传统政党节节败退，如此一来"投票陷阱"就毫无用处了。[1]也就是说，这个体制固然腐化，且使一部分政党受益，但它毕竟还没到决定性和万能的地步，所以此项改革仍不是当务之急。我预感它还会继续存在下

---

[1] 2015年大选时即是如此。尽管人民党和工人社会党获得的席位超过了它们的当选基数，那些票仓主要在城市的新政治力量（"我们能"党和公民党）当选的议员少于比例代表制核定的当选基数，但人口稀少省份的投票还是不足以弥补传统政党的衰落。

去，主要原因在于当新兴政党也在西班牙无人村培植起势力范围，意识到过度代表带来的优势以后，更会失去改革的动力。这一制度牢牢抓住了一个矛盾：当政党觉得自己的利益被它侵害的时候，它们还没有能力改变现实，因为这个制度不可能给予它们所需要的支持，然而当它们终于成为多数党的时候，它们又不愿再进行改革了，因为它们也尝到了这一曾经伤害过它们的制度的甜头，靠它获得了权力。工人社会党在20世纪80年代时即是如此。而同样的事情又会在未来的日子里再次发生。这就是卡约先生的复仇，这是一场"现形记"的代价。

　　"我们这些城里的聪明人让那些家伙从驴子上下来，托词说骑驴已经过时了，而……而我们最终却让他们只能靠两条腿步行。拉里，你能不能告诉我，等到这个已经烂掉的世界里再没有一个人知道接骨木花用处的那天，这里会变成怎样呢？"[27] 在小说《卡约先生的选票之争》的结尾，[28] 维克多如是说道。维克多是工人社会党的议员候选人，他参加了1977年的选举，走访了所属省份最偏远的村庄，结识了库雷尼亚（这是一个仅有三个居民的村庄）的村长卡约先生和两名村民中的一个。米格尔·德里贝斯①的这部小说于1978年出版，恰好是在佛朗哥去

---

　　① 米格尔·德里贝斯（Miguel Delibes，1920—2010），西班牙著名小说家，曾获塞万提斯奖。

世后的第一次大选结束后不久、第二次大选前夕之间的这个时期。这是一部对话体小说，篇幅很短，略带有当时社会的狂热氛围，但这没能阻挡（或者可能是推动了）它成为这位作家最畅销、最受欢迎的小说之一，并被西班牙很多中学列为必读书目。

维克多开始了一场农村"现形记"。他走访省里人口最稀少、最偏远的村庄，开展竞选活动。到了库雷尼亚后，他发现这个几乎被荒弃的村庄里只有三个居民，而且他们互相从不说话。故事的高潮是他与村长的会面。村长卡约是一个年过八旬仍忙于料理菜园和各种农活的老人，他用怀疑与讥讽的语气回应来访政客的各种提案。慢慢地，访客停了下来，开始听他讲话。他们被卡约的世界吸引，被那种异域色彩，以及他们已经失去的质朴无华所吸引。这次会面彻底改变了维克多，他在小说的结尾处认清了一切，他对两个西班牙之间鸿沟的描述在西班牙文学史上实属少见："我们没能尽早地理解他们，而现在理解已再无可能。如今我们讲的是两种不同的语言。"[29] 卡约先生在会面一开始就已经把一切都讲清了（他总是什么都先于其他人知道）："我认为我们是无法互相理解的。"德里贝斯是一个老卡斯蒂利亚人，也是一名猎人，他习惯早起，喜欢散步，是个常穿梭于田间、与篝火做伴的人。只有他能度量出这两个世界的距离，因为他每日通行在这二者之间，深知再无办法修复两者之间的裂缝，因断裂已经太深。这是一个诊断，也是一个预言。西班牙无人村的问题没有解决办法，因为人们无法理解它，它属于另一个世界。

我之前说卡约先生的复仇，是因为选举系统让西班牙无人村里像卡约先生这样的人在名义上拥有很大的权力——是他们促成了议会中的多数党。但这毫无用处，因为他们并非手握真正的权力，而只是被利用的工具。维克多在小说的最后意识到，这个投票系统和他所在的党派完全不在乎那个无人的西班牙，却只想要利用它。他要反抗。"放过他们吧。他们不需要我们，"维克多如是说，"我们已抛弃他们几十年了，现在不能再用虚假的承诺和无法兑现的利益来利用他们了。"不幸的是，这种事的确在现实中上演着。维克多产生了这样的忧虑，但他只是个小说中的人物，现实中没有人为此忧心。这本书出版后的30年间，彻底得到了稳固的选举系统打着西班牙无人村的旗号，利用着它带来的选票，却永远对它视而不见。作为回报，"卡约先生们"只分到了一名医生、一家药店和几架给根本不存在的孩子们玩的秋千。其余的一切依然沉寂无踪。

德里贝斯巧妙的叙事技巧让读者看到了卡约那种孤寂背后的伟大。作者很怕把他笔下的卡约写成了一个体面人物，笼罩在隐士光环的智慧之中，但他也没给卡约描画上救世主一般的色彩，因为那样反而会不由自主地使之变成一幅讽刺画。德里贝斯的写法和他在其他很多作品中一样：依靠语言。这是他与其他作家的不同之处，也是《卡约先生的选票之争》之所以没有沦为一则寓意讨喜的小故事的原因。比如城市是肮脏的、喧闹的，到处是烟草的云雾缭绕，人们行色匆匆，空间狭窄幽闭；相反，乡村、山区总是和美德有关。小说的主人公深入荒原之中后感受到的那种诱惑力，如若不是出自这样一位大师充满魔力的语言，那这样的情节难免会显得稚嫩，难以让人信服。

比如这段话："*蛇形*的小巷两侧，还开着几条阴暗、盖着*干草屋*的*夹道*，屋底由坚实的橡树树干支撑着，泥泞的*短斜坡*常常是死胡同，被草垛或蜂墙堵住。……除了引擎轻微的嗡嗡声和*山鸦在陡坡*上阴森的叫声之外，是彻底的寂静。"[30]（斜体是我本人加的）我再举一例，还请读者别有压力："卡约先生在前领路，他们拐进屋外的一个角落，钻进一条长满了*狗牙根和马兰头花*的小路。左手边，在厚厚的*稗草丛*中，能感觉到有水流经过。"[31]文章中精致的词汇、古语和方言夹杂在一起，德里贝斯驾驭着他那丰富的语言，就像是德鲁伊①运用他的草药学知识熬制汤剂，而读者在那腾腾升起的蒸气中会感到微微的眩晕，昏昏欲睡地进入了一个只有卡约先生才熟知的世界，山鸦在叫什么，它们又在哪里？什么是干草屋？蜂墙又是什么？作者用一些古词来称呼那些城市读者很难见过或接触过的东西，让他们陷入一种意识混乱状态。

破解码已经丢失，交流已不再可能。若想要再次互相理

---

① 在凯尔特部落中，德鲁伊不仅是僧侣，也是医生、教师、先知与法官。

解，就需要学习语言，从头开始。在极短的时间内，农村人口外流的维度之广、影响之深远，任何一个西班牙人都不可能没有察觉。在马德里和巴塞罗那郊区新建起来的大量贫民棚户区让人感到窒息和抑郁，与之相关的作品有路易斯·马丁-桑托斯的小说《寂静时代》和前文提到的电影《犁沟》。农村的景象比城市更令人悲哀——上千座村庄空空荡荡，只剩下一些连旅费都凑不齐的倒霉鬼，还有一些村子永远地关闭了。德里贝斯的小说就是在这样的背景下创作的，除了《卡约先生的选票之争》，他的其他几部经典作品也是如此。马丁-桑托斯和德里贝斯的小说直到不久以前都还是中学必读书目。几代西班牙人都读过这些书，它们总是出现在大书店的书架上，有着各种不同的版本。德里贝斯作品的普及也得益于其大获成功的电影改编。因此我在本书开头描绘的西班牙无人村的范围是不准确的、武断的，这个区域真正的边际比我标记出的范围还要广，但这不重要，因为西班牙无人村是一张想象的地图，是一片文学概念上的疆土，是一种意识状态（不一定是改变了的意识状态）。与探讨身份与记忆的其他问题一样，我们需要从一位东欧诗人的经历来分析。所以请大家原谅我在这本与梅塞塔高原、卡斯蒂利亚不断纠缠的书中，突兀地讲述一下亚当·扎加耶夫斯基的故事。

扎加耶夫斯基幸运地（或者说是不幸地）出生在1945年的波兰。实际上，他不算出生在波兰，或者说他的确出生在波兰，但那个地方现在已不属于波兰：他出生的时候，利沃夫是一座波兰城市，但是他出生仅四个月后，波兰的国境线左移，它就变成了乌克兰国土。居住在那里的所有波兰人都被苏联士兵逐出家园，押送至格利维采，这座城市之前是德国领土，属于东普鲁士。在格莱维茨（这是它的日耳曼语名字）居住的德国人也被驱逐到新国境的另一侧，于是从利沃夫出来的波兰人便住进了德国人留下的空房子里。扎加耶夫斯基在格利维采这座工业城市里长大，身边都是普鲁士风格的建筑和街道，但实际上他"住在"利沃夫，那座已经消失的美丽的波兰城市。当他小时候与祖父、父亲一起在格利维采散步时，他发觉他们实际上并不是真正地走在这座城市，而是走在利沃夫的街头：

> 就这样，我跟着祖父一起走在格利维采街头（其实是他在散步，大部分时候我只是陪着他），但事实上，我们两人走在两个不同的城市。我那时候是个老成的小孩，记忆还只有一颗榛子那么大。我可以肯定，我走在格利维采街头，走在两座装饰着沉重的花岗岩女像柱的普鲁士现代主义风格建筑之间，我就一定是在我所在的地方。而祖父虽然就走在我旁边，实际上却行走在利沃夫。我走在格利维采，他走在利沃夫的街道上。我面前是一条很长的大道，如果在美国，它肯定会被命名为"主街"（Main Street），但它实际上有一个很讽刺的名字：胜利大道——在经历了那

么多次战败以后竟然取了这样的名字！这条路连接了一个很小的主广场和一座也同样很小的火车站，然而祖父是在利沃夫的萨皮耶大街上漫步。然后为了换换环境，我们走进勇敢者公园……，而他很自然而然地是身处于利沃夫的耶稣会花园。①

扎加耶夫斯基的祖父就是西班牙上百万个祖父的写照。他们在马德里、巴塞罗那和其他城市的街区里散步，但实际上是走在自己的记忆里，走在那现已不复存在的街道上。随着农村人口外流，西班牙无人村也被搬到了城市，停留在那些进城者的心里。扎加耶夫斯基称自己是一个"无家可归者"，这个归类也适用于成千上万的西班牙人，他们在大城市里长大，却受到了家乡传说的熏陶，哪怕那些村庄早已不复存在。他们都曾见过自己的父辈、祖父身在格利维采，心却行走在利沃夫。继承家族精神财富的人通常会同时摇摆在两种态度之间：抗拒抵触与推崇备至，这种矛盾使得他们更清醒、更具思考能力。西班牙无人村存在于家族传说中，也存在于文学里。因此它不是一个区域，也不是一个国家，而是一种意识状态。

某一个周日，我们一群人漫步于阿拉贡的山区，这里被称

---

① 亚当·扎加耶夫斯基：《两座城市》，可参考花城出版社2018年版。

为前比利牛斯山，是比利牛斯山脉最南边的山麓，山峰的海拔高度不高，却是一样的陡峭和冷峻。我们中有人知道那里有一个荒弃的村子。"这地方真奇怪啊！"我们说道。我们把车停在村口，小心翼翼地在废墟中穿行。这个村子叫鲁艾斯塔，生锈的路牌上写着"此地危险，如有意外自己负责"。这则警告真是乐观，它以为这个村还有什么可以坠落伤人的东西。那些屋墙已熬过三十载山区的严寒仍未坍塌，恐怕也可以抵挡得住世界末日吧。房屋主人们是本着永久使用下去的目的来建房的，他们把墙打造得无比坚实，最终结实得甚至超过了他们原以为会永恒存在的村庄。但他们这样想也很有道理！这个村庄经历了中世纪的战乱，熬过了阿尔曼索尔①的征讨，在这片土地上屹立了几千年，但区区一道征地法令就将之彻底终结，那之前的一切又有何意义呢？在发展主义的模式下，一座城市只用两天时间就能拔地而起，目光短浅的市长和建筑工人急于建设街区，以安置那些"骄傲的采油橄榄工"②。但鲁艾斯塔的房屋不一样，它甚至能抵抗得住最后的审判那一日。它不仅是给人避寒的容身处，更是可以传承的遗产。建房所用的石块，本以为可

---

① 阿尔曼索尔（Almanzor，939—1002）是摩尔人统治西班牙时期的一名穆斯林军事家、政治家，具有过人的军事才华。

② "骄傲的采油橄榄工"出自西班牙著名诗人米格尔·埃尔南德斯的名诗《油橄榄工人》，也称《哈恩的安达卢西亚人》，也是哈恩省歌的歌词。哈恩省为西班牙最重要的油橄榄产区，有"橄榄油之都"之称。这首诗歌颂了采油橄榄工人们的勤劳与奉献，而"骄傲的采油橄榄工"是此诗中十分知名的叠句。

以永无止境地代代相传，它代表着时间，具有历史意义，却想不到最终的命运是荒弃和成为废墟。

那时候我是一个未成年的小伙子，是个狂热的电影迷。看完维斯孔蒂①的电影《豹》后，我震惊到说不出话来。试着读兰杜佩萨的同名小说时，却觉得兴味索然。走在鲁艾斯塔荒草丛生的街道上，躲避着坠落的石块和碎砖瓦砾时，我脑中出现了波特·兰卡斯特说的那句"世上的盐"②。可悲的是，鲁艾斯塔人原以为永远会存在下去的这一切，却在一夜之间被强迫消失。阿尔曼索尔没能驱逐这里居民的祖先，佛朗哥在20世纪60年代却仅用一纸文书就把鲁艾斯塔人赶出家园。再也没有生命的迹象可以给人用来想象。我走在路上，认真地寻找哪怕一丝痕迹：一个玩具、一盒雪茄、一张婚礼照、一件衣物……但是什么都没有。三十载山区的寒冬，确实太长了，没有什么回忆

---

① 卢奇诺·维斯孔蒂·迪·莫德罗内（Luchino Visconti di Modrone，1906—1976），意大利电影与舞台剧导演，出生于米兰，对第二次世界大战后的意大利电影有着相当重要的影响。由他执导的电影《豹》改编自朱塞佩·托马西·迪·兰佩杜萨的同名小说《豹》，以19世纪中期到20世纪初的西西里岛为背景，描述岛上一个贵族家庭最后的日子，借此带出复兴运动怎样改变了西西里岛上的生活。

② 电影《豹》中一句著名的台词。主人公亲王在表达他对西西里岛发生的各种变化的不满时，对比了贵族和农民的命运，感叹贵族的衰落，以及新兴资产阶级登上历史舞台："我们是豹、是狮，取代我们的却是鬣狗、胡狼。但所有人，豹、胡狼、绵羊，都认为自己是世上的盐。""世上的盐"是《圣经·马太福音》中耶稣对门徒所说的："你们是世上的盐。盐若失了味，怎能叫它再咸呢？以后无用，不过丢在外面，被人践踏了。"盐，象征洁净、智慧。

能在这些没有屋顶的房子里残存下来。鲁艾斯塔彻底被抹去
了，我甚至很难区分自己到底是身处街道上还是房屋内部，一
切都掺混在落石和杂草之中。我想象鲁艾斯塔还是一个村庄的
时候，在那里长大的人们，他们是传统的，也是骄傲的，他们
遵循在几百年间渐渐消失的习俗，深信自己属于一段永不消逝
的历史。这种想法可能令人压抑，但同时也是一种安慰。无论
是使用的物品，还是人们不断提及的"一辈子"和"永远"。在
这里一直都是如此。"一辈子"，使用如此绝对的字眼的人是不
接受任何改变和不确定性的。他们畏惧气候、干旱、灾害和森
林里的猛兽，为了抵御这一切，他们盖起了石质房屋，也把它
传给了自己的子孙。"仅用了四年时间，藤蔓和蛀虫就毁掉了一
个家族百年间的心血。"胡里奥·亚马萨雷斯的小说《黄雨》的
叙述者和主人公索萨斯家的安德烈斯这样说道。

　　"哀涅野依然存在。"这是此书的开篇第一句话。作者在提
醒读者，虽然书中讲述的事件是虚构的，但这个村庄是真实存
在的。激起了我好奇心的，是这个句子使用的时态：陈述式现
在时①——看起来像是笔误。《黄雨》的故事发生在阿拉贡自治
区的比利牛斯山区，讲述了一个小村庄里最后一个居民的最后
几年。作者的下一句是："这个村子自1970年起就再也无人居

---

　　① 西班牙语中的陈述式现在时指的是说话时正在进行的行动，或是现在的
特征和状态。

住。"那么然后呢，它现在存在吗？难道不是说"哀涅野曾经存在"更好？一个没有了居民的村庄还算是存在的吗？在参观考古遗迹的时候，几乎从没有人用"拜访"这个词，而只是说"去往"。如果目的地是废墟，则可以用"考察"，如帕伦克、庞贝。废弃的城市不拥有现在，陈述式现在时是说不通的。为什么胡里奥·亚马萨雷斯在书中以这么笃定的话语"哀涅野依然存在"来开篇？他解释说这是因为"那里的屋舍仍在"，但是建筑不足以证明哀涅野现在还存在。这不是实体性存不存在的问题。哀涅野确实存在，就像名为《黄雨》的这本书真实存在一样。它存在，一如西班牙无人村存在于曾居住在那里的居民的记忆里，以及他们给子孙讲述的家族传说里。这是一种想象中的存在，因此，它无可辩驳地、确确实实地存在。

《黄雨》出版于1988年。很多年后，2015年12月7日，当我正在准备本书的第一版时，胡里奥·亚马萨雷斯在《国家报》上发表了一篇题为《磨坊》的文章。[32]他在文中讲到哀涅野的磨坊被修复的事情——磨坊是小说中最重要的场景。①"那么好吧，可能会有人说，有谁关心这种消息，至于刊登在这样一份全国发行、每天有那么多事要讲的报纸上吗？"亚马萨雷斯

---

　　① 小说《黄雨》讲述了村里的磨坊关闭后，村民们纷纷离开，另谋生路，最后只剩下一对年老的夫妻。妻子因衰老和孤独自杀后，老人与小狗相伴，仍守在这个他从出生起便没有离开过的家。在他生命的最后一夜，老人忆起一生的种种经历，而离家的儿女、逝去的亲朋也如鬼魂般纷纷造访。

自问自答，"西班牙有上百个村庄和乡镇成了荒野，变成了露天的坟场、无人居住的荒漠，与此同时，还有人担心自己的回忆也会从此坍塌，哪怕只是想要保留一些世代相传的非物质遗产，比如他们当地的方言或是古老的习俗、节庆，这就是一个大新闻，于我而言要远比大部分出现在全国性报纸上的新闻重要得多。"[33] 露天坟场、无人荒漠，这是冗余的讲法——坟场原本就是露天的，荒漠之所以叫荒漠就是因为那里空无一物、一人。在被抛弃了45年后，磨坊被修复了，也说明哀涅野依然存在。虽然这只是象征意义的举动，不可能让这座村庄重新有人居住，但也表明它依然活在人们的记忆里。从某种程度上讲，这要归功于这部小说。保存于记忆里是人类所知的最强大的储存方式。

20世纪80年代，西班牙正值铁克诺音乐①流行，国家也最终完成了欧洲化，这时候发生了一件事情。在佛朗哥去世11年后的1986年，西班牙加入了欧洲经济共同体，彻底与过去决裂。不会再有乌纳穆诺、奥特加、马拉尼翁，②也不会再有哀伤的马查多。各种大事接连筹备，奥运会、高速铁路、高速公路网。整个国家都在施工。欧洲要求进行现代化建设，给西班牙提供了上百万比塞塔的资金，促成了这一切的完成。

---

① 铁克诺音乐（Techno）也称"高科技舞曲"，是一种电子舞曲，发源于20世纪80年代中期到晚期的美国密歇根州底特律。

② 皆为西班牙重要思想家。

不够高效的工厂被关闭，渔船进行了现代化改造，尤其是农业标准化得到了发展。浏览一下当时的媒体，人们脑海中会立刻浮现出一种伊比利亚式的讽刺和离经叛道。那种不屑一顾的处事风格和对乐观主义者所持的怀疑态度，是受到了堂吉诃德的影响。这一系列改变的深度和速度令人眩晕，对于习惯了享受漫长饭后时光的佛朗哥时期的中产阶级来说，整个国家的节奏太快了。因此在80年代末，在书店和影院刮起了一股怀旧风。众所周知，怀旧是对恐惧的一种温和且克制的表达。

《黄雨》的大获成功就发生在这样的背景之下。这部小说激活了人们某种细腻的情感，它很久以来就隐藏在很多家庭的起居室里。1988年的西班牙人看到的是不久的将来，是欧盟扩大所能带来的光明前景，但还有上百万的国民依然注视着过去，认为那里有一个失落的国家，没人愿意为它发声。他们从那里走出来，看着它最终只沦为一个加油站、一件工程师们在设计新的高速公路时需要解决的测绘方面的麻烦事。因此他们非常感恩有这么一小部分作家愿意把目光投向那些似乎再也没人愿意多看一眼的地方。

这是很冒险的。西班牙文学的主流是胡安·贝内特[①]一派，

---

　　① 胡安·贝内特（Juan Benet，1927—1993），被称为西班牙20世纪下半叶最有影响力的作家，尤以小说最为著名。

到处是托马斯·伯恩哈德①的拥趸，推出这样一本忧郁的乡村小说就等于完全将自己置于被同行和批评界嘲讽的风险之中。风俗派、风情派、乡土饮食派、地方保护主义……马德里和巴塞罗那的知识界可有的是绝妙方法来嘲讽乡土小说家。然而，《黄雨》就像一股电流，击中了所有那些家庭中沉睡的心弦。它超越了所有时髦的思潮和对现代化的吹捧，实现了所有文学作品都企盼达成的愿望——直抵读者的心灵。这部小说讲述了哀涅野最后一位居民生命的最后几年，但实际上讲的是西班牙所有无人村的故事。它令读者想到了故乡，不知自己安睡过的摇篮已变成了什么样，从而激起了他们心中的末日之感。他们回想起了自己或是父辈的村庄，与哀涅野或鲁艾斯塔的残砖瓦砾之间建立了某种隐秘的联系。

1987年，在那本书出版前一年，何塞·路易斯·库埃尔达执导的电影《有生命的森林》上映。影片改编自文策斯劳·费尔南德斯·弗洛雷斯[34]②的同名小说，小说挖掘了加利西亚神话中的元素，将之与城市观众联系起来。

1988年出版的赫苏斯·蒙卡达的《拖缆之路》[35]是另一部

---

① 托马斯·伯恩哈德（Thomas Bernhard，1927—1993），奥地利小说家、剧作家、诗人。他的作品被誉为"第二次世界大战以来最重要的文学成就"，被认为是战后最重要的德语作者之一。

② 文策斯劳·费尔南德斯·弗洛雷斯（Wenceslao Fernández Flórez，1885—1964），西班牙新闻记者、著名小说家。他对故乡一直充满眷恋和热爱。

大受欢迎的作品，小说用加泰罗尼亚语写成，开启了梅奇嫩萨①
及其周边地区的起源学研究。这个位于阿拉贡东部的地带也是
一片被人口迁移和沉寂主宰的土地。

1989年，何塞·路易斯·库埃尔达的另一部作品《破晓，
这不是小事》[36]上映。虽然这部电影的反响不如上一部（甚至
遭到了不少差评），但是通过电视放映的方式，最后变成了一部
非主流电影。此片结合了超现实主义和乡村主义，有许多人们
熟悉的笑点、无厘头的话语，通过引发观众的大笑，勾起了好
几代人的回忆。片中有一套能令观众会心一笑、百感交集的情
感体系。在荒诞的背后，是那些地方独有的老式措辞和夸饰风
格，勾起了千万西班牙人的家族往事。这次感到伤感的不是那
些离开了西班牙无人村的人，而是他们的儿女、孙辈。《破晓，
这不是小事》的幽默和台词中带有的隐秘而亲切的东西，那便
是孩子从祖父母和父母口中常听到的调子，那个沉睡的国度也
由此显现出来，那里的居民虽然已经搬迁至城市，却并没有完
全接受新的生活。

这一主题继续发展下去，到了90年代变得更加突出。1991
年，安东尼奥·穆尼奥斯·莫里纳凭借其鸿篇巨制《波兰骑

---

① 梅奇嫩萨（Mequinenza）是西班牙阿拉贡自治区萨拉戈萨省的一个市
镇，位于三条河流的汇合处。

士》[37] 获得了行星小说奖①。该作品探讨了作者与位于哈恩省农村的故乡之间的牵绊，打动了很多离开农村进城求学和工作的年轻人的心，作者在小说中隐而不晦地表现的对故乡又爱又恨的矛盾情感，逃不过任何一个读者的眼睛。

　　胡里奥·亚马萨雷斯 1955 年出生在莱昂省的贝加米安，这座小村庄今天已经不复存在。何塞·路易斯·库埃尔达 1947 年出生在阿尔瓦塞特，虽然他在马德里长大，但他把所有的作品都献给了故土的山区。赫苏斯·蒙卡达 1941 年出生在梅奇嫩萨，他在自己巴塞罗那的公寓里创造出了如《百年孤独》中的马孔多②一样的故乡，那是属于他独有的、荒诞的世界（书中充满了阿拉贡地区特有的幽默：索马达③），而读者们在其中辨认出了自己的家乡、祖父母生活的村庄。安东尼奥·穆尼奥斯·莫里纳 1956 年出生在哈恩省的乌韦达，也就是他作品中提及的"马赫那"。

---

　　① 行星小说奖（Premio Planeta de Novela）是西班牙文学奖，自 1952 年起由西班牙行星出版集团（Grupo Planeta）专门颁给西班牙和拉美作家尚未付梓的小说，是西班牙出版界重要的文学大奖之一。从奖金上来讲，它是仅次于诺贝尔文学奖的世界上第二有价值的文学奖，获奖者可获得 601000 欧元奖励。

　　② 马孔多是加夫列尔·加西亚·马尔克斯的小说《百年孤独》中描述的一座虚构的城镇，是布恩迪亚家族的故乡。

　　③ 本书作者在自己的博客中提到，"somarda"一词是阿拉贡地区的一个古语词，在西班牙语里没有对应的词汇。它指的是阿拉贡人独有的一种讽刺调侃方式：极有分寸地拿他人取笑、故意曲解话语本来的意思，甚至可以用一两句话就精辟地概括那些哲学家们需要用长篇大论来探讨的复杂议题。

所有这些人所创造出的乡村故事完全是受到了拉丁美洲的魔幻现实主义和威廉·福克纳的影响。实际上《破晓，这不是小事》中最经典的一个笑点就是一个人物抄袭了福克纳的《八月之光》①，被抓后警队头儿指责他道："您难道不知道我们村里人读过福克纳的所有书吗？"[38] 从某种程度上来讲，这些作品确实很有魔幻现实主义的味道，也像福克纳笔下虚构的约克纳帕塔法县，但还是和前者更为相似。魔幻现实主义在本质上就是将对农村的想象进行神话性的升华，它诞生于城市，面向那些正在经历着巨大变革的城市读者。农村外流的人口形成了拉丁美洲的特大城市。加西亚·马尔克斯在本土以外大获成功是因为他的作品满足了欧洲和北美读者对拉丁美洲的某种固有偏见——难以理解的异域风味、让人中途弃读的冒险小说。然而，它在拉丁美洲大受欢迎是因为墨西哥城、波哥大、智利的圣地亚哥甚至布宜诺斯艾利斯的读者在其中读到了某种熟悉的东西，这种牵绊或许没有西班牙的那样深刻，因为这些城市的中产阶级读者并不是经历了农村人口外流的人的子女，而是欧洲移民的后代，但它测定出了民族主义和土著主义的集体想象物，与无根的城市生活之间的距离。因此，《百年孤独》是一座桥梁，或者说它释放出一股电流，直击那些已然沉睡的敏感

---

①《八月之光》是美国作家威廉·福克纳的第七部长篇小说，完成于1932年2月19日。

心灵。

与魔幻现实主义派一样，80年代末90年代初在西班牙也出现了一批眷恋乡村的作家，他们创造的故事没有远离当下的现实。他们写那些消失的村庄、往昔的生活或是古怪离奇到令人难以置信的场景。然而，他们讲述的那个世界是和人们有共鸣的。他们是出生在西班牙无人村的作家和电影工作者。他们讲述这片土地的故事，实际上也是在讲述自己，讲述自己的童年与乡愁。他们的作品似醒酒瓶，瓶中葡萄酒的馥郁芬芳停留在几乎所有西班牙人的味蕾之中。这是一个遗失的国度，它和那个崭新的国家无关，和奥林匹克港、格调十足的餐厅和高速铁路无关，但它是家族之魂中鲜活的记忆，正如扎加耶夫斯基的书中所写的那般。这些西班牙人在大城市长大，但他们心灵最柔软之处、他们真正的母语、儿时听过的睡前故事、专属于祖母的方言，全都属于那个已经空空荡荡的西班牙。在这些书和电影里，这片土地再次出现，它的存在变得无可辩驳。他们生活在城市，但又行走于消失的村镇中。这个国家可以用20年时间从乡村型社会转变为城市型社会，但还需要经历好几代人，才能彻底习惯这种变化。人们抛弃了乡村，但乡村还在他们身体里，还在他们子女、孙辈们的心中。因此胡里奥·亚马萨雷斯的《黄雨》开篇即言："哀涅野依然存在。"它从来没有消失过。

1995年，电视开始成为乡村主题的主角。那一年，何塞·安东尼奥·拉博尔德塔开始主持西班牙国家电视台的一档系列纪录片《背包里的国家》。在那之前，他只是阿拉贡的一个创作歌手，主要写一些抗争性主题或是类似70年代民谣的歌曲。节目组跑遍了西班牙那些极为偏远的村庄，拉博尔德塔以他的亲和力获得了观众的喜爱和村民们的信任，哪怕最古板的村民也向他敞开家门，邀他为座上宾，一同享用各种分量巨大的肉菜炖锅①。贫困、荒弃和无人居住的农村成了他歌唱作品中最有力量的主题，比如这几句极为知名的歌词："老太太，我总是记得你/坐在那门廊上"；"我们与这片土地一样/柔软如黏土/坚硬如磐石"；"他们说东方有大陆/人们在那里劳动谋生/他们说向西是埃尔蒙卡约山/他彷如一位不再施予庇护的上帝"。甚至他还有一首题为《聋子塞维里诺的沉思》的四行诗，收录在1975年的一张专辑中，可以被视为《黄雨》的诙谐版前身："我们过去有一百个居民/现在只剩下俩/堂②弗洛伦西奥，他是主子/也是个可靠的仆人/堂弗洛伦西奥现在住在韦斯卡/这里就只剩下我 /还有一只疯羊、一支风笛和一面鼓/有一天我抓起羊、小号和鼓/就去了萨拉戈萨 /我要去那里做街头公告员。"

　　《背包里的国家》持续播出了五年，培养了忠实的观众群体，拉博尔德塔也因此成了极受欢迎的人物。这档节目本质上

---

　　① 肉菜炖锅（puchero）是西班牙一道典型的家常菜，各地的做法不同，但大多以肉、腌香肠、蔬菜和豆类炖煮而成，尤其以分量大、热量高著称。

　　② 西班牙语中，在男子名字前加"堂"（don），表示尊称。

有非常明显的民族志考察目的，几乎可以算是一次民俗学研究，但真正重要的是它让人们重新发现了那片土地的风景，使人们抛开傲慢或是同情，一视同仁地对待农村人。他不打算解放农民，也不想着拯救他们，他不去纠缠那些老生常谈，也不乱开粗野的玩笑，而只是简简单单地把他们展现出来。拉博尔德塔讲话言简意赅，节目的旁白则极富叙述性。他待人极有分寸，也不拐弯抹角（有时候他和被采访者甚至只通过一些单音节词来沟通，有时被问起菜肴如何，他会诚恳地夸赞并且视线不会离开自己面前的餐盘），他的立场与态度让很多西班牙人感激不尽。拉博尔德塔没打算给这些当地人传授诗歌，或是列举出农村的各种怪异丑恶现象来吓唬城里的小姐们。他只是在那些村庄里漫步，吃点东西，和某个人简短地聊几句，在某座罗马式教堂前稍做停驻，然后又继续前行。这样简单的形式以前从未有过。大概唯一能批评的点就是节目那种打卡式的风格或是民族志考察式的设计，这可能会打破节目本身讲述的东西，使之看上去成了博物馆的陈列柜。但是从整体上来说，节目组还是很好地规避了这种风险。不管怎么说，这是个极微小的缺点，瑕不掩瑜，毕竟在漫长的历史进程中，投向西班牙无人村的那些目光里尽是鄙夷、仇恨，黑色故事和残酷的丑化是一直以来的基调。这部分内容我会在本书接下来的几个章节里来回顾。

　　《背包里的国家》恢复了自由教育研究所和"九八年一

代"①那种标志性的远游——他们相信爱国主义要靠双脚走出来，要脱离20世纪初作家们所写的散文里那种存在主义、宗教和政治的神秘论。虽然一般来讲好东西是要靠争取才能得来的，但他们毫不费力地就把它搬上了荧幕。

这还不够。两个西班牙之间的鸿沟太深，也许永远无法消除。随着时间的流逝，西班牙人离他们在农村的根越来越远，构成那片土地记忆的家族传说也在消散。但从某种意义上来讲，这让它又变得更有力量了，因为传说的故事愈含糊，传说才愈加神秘。日期、姓名和具体信息都丢失后，反而更容易获得捆绑新身份的可能性。实际上，重新和一个谱系模糊的家族搭上关系，把故事设定在某个不为人知的地理空间，要比考据出某个村子里某些年里具体的某个家族要简单得多。因此，文盲可能连几大福音书都认不全，但他的宗教信仰比对福音书做过深入研究的学者要坚定得多。童年是一个人最强大的故土，但父母和祖父母的童年意义远不止如此。西班牙无人村永远不可能被填满，未来几年内人口趋势若没有彻底的变化，则意味

---

① 1876年，西班牙成立了自由教育研究所（Institución Libre de Enseñanza），标志着自由主义思潮开始传播，知识界强烈要求学术思想自由，要求摆脱腐朽的政权和教会的干预。"九八年一代"（Generación del 98）是"1898年一代"作家群的简称。1898年，西班牙在美西战争中惨败，面对国内社会、经济及政治上的危机，有感于对国家现状及对未来的忧虑，当时一群年轻一代的作家兴起了一股新的创作思潮，反对腐败的君主政体，提倡具有民族风格的西班牙艺术。他们被称为"九八年一代"。代表作家有乌纳穆诺、马查多、巴罗哈等人。

着会出现更大面积的荒弃和无人居住的区域。随着上千个村落的消失，那里的传说会逐渐变形，却也愈发强劲。"大伤痛"的伤痕还会持续下去。在那么多个世纪里，人们望向乡村的目光都残酷如斯。这出自一种强大的惯性，也许是千年间形成的传统所致。西班牙无人村的游客大多是异域风情的探索者，或是幻想拯救印第安人的传教士，极难有人逃脱这个模式，但拉博尔德塔的乡村漫步是一个例外。

在接下来的几章里我要回顾一些对西班牙无人村的偏见并分析其根源，它们多以负面传说的形式存在：黑色和犯罪的西班牙，贫穷和蠢笨的西班牙，干旱、崎岖、丑陋、反动的西班牙——这都是恐异症造就的观点，没有人真正观察过对方，没有谁尝试去理解所见之物，而是直接将之置于自己的先验逻辑中。这其中的一些观点是近期才出现的，且至今依然存在。它们形成了西班牙人对这片区域主观臆断的陈腔滥调，而所有这些错误观点都尚待驳斥。

第二部分

无人村的
传说

第三章

▼

▲

厌 烦 情 绪 理 论

▼

如果朝臣把在宫廷中获得的热忱与激情带回家中，那他不如居家勿出，因为在孤独中，热忱与激情是最致命之恶习，会令人的意志更加薄弱。

——安东尼奥·德·格瓦拉修士《鄙权贵，颂乡村》(1539)

一想起法戈，我眼前就浮现起这样的画面：雪地上有很多足迹，一家店铺门前挂着一条写有"法戈不是纽约"的标语，西班牙国家电视台的一位女记者对着镜头强调自己现在正在"法尔格"。她念错了地名，但错得很"对"。皑皑白雪，一座偏远的村庄，一场犯罪——电影《冰血暴》①的编剧科恩兄弟肯定会喜欢这个故事。

法戈的雪地上有很多脚印，有一群人之前把广场搞脏了。可以看到足迹汇集成许多条路，朝着各个方向散开，但没有一条通向在那个2007年1月住在这座村庄的31名居民的家（如今这个数字更少了，根据最新的户口数据，现在这里只剩下25人）。所有这些脚印都属于电视台和广播台的记者、摄影师、摄像师和技术人员，他们的人数远远超过了本地居民的数量。本地人全都躲在家里，门窗紧锁。村里酒馆的正门上也挂着"法戈不是纽约"的那条标语。要是想驱散一下一月里的寒气，记

① 由乔尔·科恩和伊桑·科恩1996年执导的电影《冰血暴》（*Fargo*）是一部黑色喜剧（或者说是一部具有喜剧色彩的黑色电影），故事发生在北达科他州和明尼苏达州中间的荒漠地带，临近小城法尔格。2014年播出了一部基于此片的电视剧。法尔格象征着一些极寒地区农村的偏僻与孤独。

者们就去旁边一个叫安索的村子，那里的咖啡馆还开着门，街道上也有行人。很多人都认识死者，毕竟法戈小到甚至只能算是一个附属村。记者们手持麦克风到处追着村民采访，在商店门口围堵他们，心急如焚地想为三点档的新闻节目套到几句话。

我离开那地方，去找我的摄影师。我十分沮丧，他们管我们叫食腐动物，在街上和酒吧里冲着我们咒骂，我们在很多人家门口碰了一鼻子灰，还有人几乎带着哭腔说我们和兀鹫一样，恳求我们快走，还他们清静。我同意他们的话。我只想喝杯咖啡。我们以这种方式踩脏了这个仅有31名居民的村庄广场上的白雪，让我感觉不到任何光荣之处。哦不，实际上是30名。其中有一人被发现死在了村子以南几公里的一处悬崖上，身上被猎枪打中。国民警卫队勘察了犯罪现场，法戈的所有村民都是嫌犯。

2007年1月12日，法戈的村长米格尔·格里马和其他几个村的村长赴哈卡城参会后，在回家途中遭到谋杀。法戈是一个多山的小村庄，坐落于安索山谷中，是比利牛斯山脉中段最偏僻、海拔最高的村庄之一。那是一个夜晚，天寒地冻，山谷里落了雪。有个人在公路上等着他，就像过去劫道的土匪一样，车子横在道路中央。他被迫从车里下来，对方用一把当地猎人们惯使的霰弹枪朝他开了火。第一枪没有致命，格里马试图朝山坡下逃，但袭击者跟着他，又开了几枪，最终要了他的命。

凶手叫圣地亚哥·马以那，但最初那些天大家都还不知道。对这些跑法戈新闻的记者来说，马以那是唯一一个肯和媒体沟通的村民。他在家里接待记者，请他们喝咖啡，告诉他们米格尔·格里马是个恶霸、暴君，搞得村里民不聊生，村民们没法和谐相处，全村人都恨这个村长。国民警卫队把他带走问话的时候，他的心理防线崩溃，交代了罪行。

　　法戈是个非常小的村庄，挤在一个十分狭窄的山谷里，有史以来大多时候都与外界隔绝。和比利牛斯山脉的很多聚落一样，这里也经历了严重的人口流失。在山区，一条公路建成后唯一的作用基本就是帮助当地居民外迁，而从来没有新人口迁入。法戈这么一个偏远的小地方，居民数量从来都寥寥无几，还被夹在安索谷地和纳瓦拉大区的隆卡尔山谷中间，它能一直存活下来反倒令人奇怪。向北8公里左右就是安索，再之后，就什么都没有了。方圆20公里内都仅有山和森林。直到20世纪中叶，春天里还会有熊出没，但它们还来不及祸害羊群，就被谷地的猎人打死了。所以，熊的数目越来越少。最后，羊也没了，熊也没了，但猎人们还在。所以村民家中有武器丝毫不奇怪。国民警卫队开始对米格尔·格里马被杀案进行调查后，做的第一件事就是请当地合法持枪的村民上交自己的来复枪，拿去做弹道分析。

　　这件事从一开始就让我着迷的是，死者和凶手都是"新农村人"——这是一个从20世纪90年代开始流行的时髦标签，用来形容那些过久了城市生活后搬迁至农村定居的人。他们专门挑选已经废弃或是接近废弃的村落，有时候是好几家人同时搬去——一帮朋友幻想着去那里建立一个世外桃源。他们中的很多人都是生态主义运动的成员，还有一些只是单纯地向往乡野生活。但他们的共同点是都憎恶城市，深信在农村、在深山之中、在那遥远之地，一如在瓦尔登湖畔的木屋①中，有远远高于城市的生活方式。

　　新农村人成了一个极为异质化的群体，给他们贴上某种刻板标签是不公平的，但他们的确有一个共同之处，就是排斥城市所代表的一切。城市里净是罪恶和虚假，阻止人们享受生活原本应有的热烈和快乐。他们中有思想虚无缥缈之人，也有脚踏实地派；有深思熟虑之人，也有头脑冲动者；有新时代运动②的追随者，也有平凡无奇之辈。他们大多是自由职业者，有律师、医生，当然还有建筑师。他们的优势在于有能力买下一块地皮并设计自己的住宅。[39]

　　凶手圣地亚哥·马以那和死者米格尔·格里马都是萨拉戈萨人。他们在20年前来到法戈定居，并成了朋友。法戈村31个居民中，一部分是从城里搬来的。有一些是因为这里有亲戚，但还有一些则完全是被当地壮美孤寂的群山吸引来的，就像在

---

　　① 亨利·戴维·梭罗（Henry David Thoreau）的《瓦尔登湖》于1854年出版，描绘了作者在马萨诸塞州的瓦尔登湖畔的生活，他在自建的小木屋里独居了两年。在美国文化中这就是对"快乐的人"（beatus ille）主题的礼赞。

　　② 新时代运动（New Age Movement）起源于20世纪七八十年代西方的社会与宗教运动及灵性运动，涉及的层面极广，涵盖了神秘学、替代疗法，并吸收了世界各个宗教的元素以及环境保护主义。它对于培养精神层面的事物采取了较为折中且个人化的途径，排斥主流的观念。

很多其他地方一样。此案发生前几个月，我曾去过一个叫塞拉布罗的地方——一个由新农村组织重建的村庄。这个村的主体在20世纪70年代时就荒弃了，几乎所有的屋宇都成了废墟。90年代时，人们开始重建一些房屋，并逐渐搬迁定居于此。一开始，这里只是很多人的假期住所。后来，他们开始常住。去之前我一直以为会在那里看到一帮自得其乐的嬉皮士，每个人扛着锄头，开垦着自己的纯生态菜园，在松林的树影下读着梭罗的书。但我万万没想到，那里竟是一片敌意深重的土地。该项目的推动人，也是第一个在当地建成房屋的人，已经搬回了萨拉戈萨，并且很久都没有再踏上这个村庄的土地。他对我说，他害怕。"怕什么？"几天后我如此问他。"怕他们。"他回答道。

一个熟悉情况的当地人给我做向导，他向我介绍村子里所有的工程，他们是如何给这里通上电、通上网络的，他们把柴火存放于何处……快走的时候，一个神色孤僻的男人站在自家菜园里打了个手势叫我过去，原来他从头至尾都在暗处观察着我们。他把我带到他家房屋后面，这个房子紧连着森林。"你什么都别信，"他对我说，"这里有事情发生，我们已经厌倦了。我们满怀憧憬来到这地方，但这纯粹是个噩梦。我们互不讲话，而冬天就要来了，我觉得我再也受不起又一年的雪季了。你可以在文章里写，就说我一有机会就要赶快离开。"

几个月后，第一场雪落下之时，一个同事问我："嘿，你之前去那个村做过一次报道对吧？""是啊。"我回答道。"嗨，你

看看他们把关系处成什么样了，"同事说道，"那里有个房子着
火了，国民警卫队认为是有人故意纵火。房子里的人逃出来
了，真是奇迹。"我忽然想起了那个说害怕住在自己家的男人，
想起他说一有机会就要赶紧离开那里。他们害怕其他人，害怕
冬季，也可能是害怕他们自己。

　　我去过很多偏远地区，也在那里遇到过从城市里搬来，然
后建起自己理想中漂亮房屋的人。这些人很多都表示自己生活
在偏执的恐惧中，总认为角落里有一双眼睛盯着自己。一位住
在特鲁埃尔山区庄园里的女性到附近的人家都得经过几公里的
森林小径，在经历了和市政厅的一次小争端后，感觉随时生活
在威胁之中，正在考虑买上一把猎枪。一位雕塑家为了不让我
饿着肚子上路，一面在火上煎着鸡蛋，一面充满悲伤地向我抱
怨说那栋房子和曾经的乡村梦毁了他的生活，他理解妻子离开
的决定，他自己要不是因为把钱全投在了房产上，也早逃了。
这成了一栋他不愿意住，也不会有人想买的房子。我也见到过
在农村过得很幸福的人，但是很少。每当我们喝完第一杯咖
啡，他们逐渐忘记是在和一名记者谈话后，几乎所有人都表示
后悔，有的人说自己生活在恐惧之中，难以成眠，总觉得冬季
的某个夜晚会有人破门而入，了结他们的性命。

　　也许我运气不佳，碰到的都是些倒霉蛋，他们不能代表这
场回归乡村运动的最终失败。我也没法给出准确的数据以证明
我的观点。也许只是巧合，但在经历了这么多次"巧合"后，

我终于明白他们眼中透露出的错乱迷茫，正是那种在只有几个人居住、周围几公里内空空荡荡的村庄里度过了几载寒冬的人所独有的。

心理学给出的解答一向十分骇人。最著名的就是感官剥夺理论。从20世纪40年代起，行为主义者进行了人体实验，研究与外界隔绝对精神正常之人的影响。1961年，一个叫温妮弗雷德·凯尔姆的25岁加拿大女护士参加了其中一个实验。她被关在一个黑暗的房间里长达八天半时间，不能换衣服、刷牙。很快，她就开始在清醒状态下做梦，连续几小时不停地哭泣，并出现幻觉，深信自己的男友在一次意外事故中身亡。这名护士创造了纪录，因为接受这项实验的大部分人都坚持不到三天。一段时间后，凯尔姆发表了一份报告，坦言自己用了很长时间才从这次经历中恢复过来，但后遗症依然存在。[40]

以这些研究为基础的感官剥夺理论不仅在心理学领域大受欢迎，还为各大情报机构提供了各种极为实用的方法。英国警方利用这一理论来对付爱尔兰共和军。与外界隔绝和感官剥夺是两种非常重要且有效的方法。一个黑暗无光的房间比直接使用血腥的暴力更能摧残人的意志。

凯尔姆经历的这种禁闭算是一种纯粹的感官剥夺，但其实相关体验的范围很广泛，很多不同的情境皆可被视为社会隔绝，其对人类心理方面产生的影响都值得研究。有人观察了南极洲的科考人员或是空间站的宇航员之间的相处，以此来定义感官剥夺的症状与特点。同时也有人研究了在海上长时间航行的海员、夜班巡逻员、森林管护员，当然还有那些偏远和人烟稀少地区的居民。从理论上来讲，缺乏外界对感官的刺激会对个体产生破坏性的后果，重则引起幻觉和精神病，轻则导致妄想症、人际关系谵妄症（这是妄想症在内向、缺乏自信和极为敏感的人群当中出现的一种精神病的变体，患有谵妄症的病人认为所有人都在勾结，合谋与他作对）、不受控制的易怒或是深度不信任。[41]

现代心理学偏向于以另一种方式来解读这个问题，即用厌烦情绪理论，它更具有跨学科视野、更有趣、也更具建设性。加拿大神经科学家詹姆斯·丹克特认为，无聊情绪引发的后果和大脑受到损伤是一样的。准确来讲，这种影响更接近于脑损伤病人在服用了大量药物后的状态。丹克特认为内啡肽的大量释放和必要的镇静剂摄入，压制了大脑的奖赏功能和快乐机制的活跃度，使病人的性格发生了改变。因此受到过颅脑损伤的人更容易染上毒瘾、从事某种极限运动或是变得行事鲁莽妄为，好比说之前他们可能只需要一杯咖啡就能兴奋起来，现在就需要三杯。他们要寻找更强劲的刺激，因为只有那样才能重新激活大脑中的快乐机制。[42]

这位神经科学家猜测厌烦情绪严重且持续时间长的人群有比较相似的大脑结构。一旦他们陷入厌烦情绪的回路中，就需要非常强力的情绪刺激才能逃出。这只是一个假设，并没有得到验证，但是研究人员得出的结论竟和一些作家所作过的假设一样，这实在令人不安。厌烦情绪是一个自20世纪50年代起经常出现在欧洲和美国小说中的主题。一些大人物的行为动机就是要逃离生活中那难以忍受的无聊。然而有一点是确定的——他们很少有人住在小村庄里。

法戈周围几公里内什么都没有。可以当作参考地标的安索村有456名居民。在方圆50公里以内没有超过500名居民的村镇。最近的电影院距它有100公里，位于潘普洛纳市。想进城里找点娱乐就得去哈卡，需要驱车50多公里，且路况不佳。想逛逛街、看场展览或是去超市买些食物填满家里的冰箱，就得长途跋涉了。冬天，人们需要给车轮绑上防滑链，伴着大雪甚至是暴风雪前行。孩子们每日去安索的学校上学也得走这样的路。在城市里一次散步就能解决的日常采购，在法戈不但需要做详尽的计划，还需要筹备物流。所以那里的人很少出门也是能理解的，就像熊一样，他们几乎处于冬眠状态，备着充足的柴火，暖暖和和地窝在家中。但哪怕是居家生活，他们也要比在城市里的公寓更无聊，因为大多数小村庄没有有线电视，能接收到的广播频道很少，还经常受到干扰，网速也非常慢。

冬日的与世隔绝和孤寂对法戈这场犯罪究竟有何种程度的影响呢？他们因为过于无聊所以开始与对方为敌，互相仇恨，甚至要以谋杀来终结他人的性命。村里人之前发生了冲突，因为村长开了一些大家认为不公正的罚单。酒吧老板抱怨夏天时在店外摆几个露天座位要交的露台税高得惊人，因此在店铺门口挂出了"法戈不是纽约"的标语。包括后来的凶手在内的一些居民认为，村长在法律和行政上的步步紧逼击碎了他们的无政府主义梦想，他们来到这深山里就是为了清静自由，可不是为了继续被城市管理中那些连烟囱高度都规定好的条条框框所纠缠，或是操心到底哪里允许停车。在圣地亚哥·马以那决定开枪终结一切的那个夜晚，法戈村里的31个居民之间还有各种争端悬而未决，但是在任何一个城市人看来，没有哪件事严重到了值得诉诸暴力的地步。说到底，都只是一堆鸡毛蒜皮的小事。是寒冬放大了人们受到的欺辱的程度？如果最近的电影院是在几条街开外，而不在路远迢迢的潘普洛纳，那米格尔·格里马是否就能免于一死？城市的各种娱乐有助于情绪释放是毋庸置疑的。与好友共进晚餐、推杯换盏对日常压力的化解作用绝对不容小觑。也可以去健身房泡上一小时，或是花一下午时间去购物。米格尔·格里马之所以会丧命，是不是因为附近连个吃点"塔帕斯"①的酒馆都没有？

　　几乎所有接触了这个案件并创作了相关作品的作者都持相似的观点。记者卡尔雷斯·波尔塔还没去法戈前就写了一部由真实案件改编的小说《托尔》，讲的是比利牛斯山莱里达地区的一个村庄里发生的一系列谋杀案，和法戈的事件非常相似。[43]

---

　　① 塔帕斯（tapas）指的是正餐之前作为开胃菜食用的各种小吃，是西班牙饮食中不可或缺的一个重要部分。塔帕斯的种类繁多，一般分量较少，经常作为喝酒聊天的小菜，也可以组合起来作为一顿完整的正餐。

实际上他对米格尔·格里马的这桩案件感兴趣是有原因的——他当时正在完成的博士论文就是研究在偏远乡村的环境下，人们共居的不可能性。[44] 赫苏斯·杜瓦[45] 和埃杜瓦特·巴约那[46] 分别是《国家报》和《阿拉贡报》报道犯罪事件的记者，他们也在各自的书里从相同的角度解读了这个案件。压抑、漫长的冬季，与世隔绝的生活，让人变得难以忍受。法戈就像是一次社会心理学实验，但这场实验的结果是太糟糕，还是好过头了？在实验室反而很难复制出如此完美的实验条件——无尽头的寒冬，日复一日地对着相同的几张脸；扫雪机循着单调且完全重复的路径，每天在固定时段清扫公路；公路上行驶的，永远是相同的那几辆车；所有人都互相认识，没有任何新鲜事，直到夏天，游客们到来。

我继续回到2007年1月法戈广场上的那个清晨。当地居民甚至邻村安索的人都受够了记者的存在。那时候我认为这种厌恶是由于我们侵犯了他们的隐私，以及枪杀案所造成的伤痛，但现在我怀疑他们对记者的抗拒背后还有些别的原因。他们尤其抗拒电视记者，电视记者们总是开着配置了天线接收器的面包车招摇而至，举着"长枪短炮"，手持麦克风，上面还罩着颜色鲜艳的话筒罩。跟他们相比，我可以算作是低调又体面的记者了，因为我的全副武装仅有一个笔记本，我可以和摄影师合谋，让他站在另一处，然后我谨慎地上前，和当地人闲谈几句，让他们无法察觉自己暴露在镜头下。这样我就和其他人区别开来了，自认为比那些围着安索和法戈嗡嗡叫的"大苍蝇"要好得多，不像他们那样去骚扰每一个大胆跨出自家大门的当地居民。但我也没有太多可以自我安慰的理由，因为我和其他记者做的是一样的事，也许因为我确实认为这是一种"食腐"行为，所以那时候我没有意识到一件在今天看来显而易见的事：法戈的居民觉得丢脸。不是因为私密之事被公开，而是因为自己的琐事被曝光在聚光灯和无数人的目光之下。忽然间，那些剑拔弩张、绝无转圜余地、无法解决的冲突看起来都可笑至极。"法戈不是纽约"在本村的语境下的确有它的意义，但在三点档的电视新闻里听上去就变得不值一钱了。我认为有些法戈人就像正在打架的孩子被大人们撞见后的样子。父亲进入房间维持秩序，他问发生了什么，孩子们虽然细数着受到的欺辱和事件的前因后果，但同时也意识到这场架打得实在是毫无意义。那些在几秒钟前看上去还不可忍受、严重极了的争端，在大人们要求他们口述经过的时候，就变成了可笑的荒唐事。孩子的羞耻感转眼即逝，兄弟姐妹之间可能一分钟后就和好，继续玩耍。但对于成年人来说，事情就要复杂得多了，另外，在各国文化中都存在着责怪向外报信之人的传统。可恶的记者，他们口中这样说着，心里也这样想着。该死的摄像机，给全世界展示我们那些鸡毛蒜皮的小事，让大家都看到我们这是有多滑稽。

厌烦理论还有一点令我不安，因为它和现实完全对得上。当某个对人类行为的解释听起来让人非常信服时，我们就必须对它产生怀疑，因为看起来可信的理论很多时候只是用一种漂亮的讲法来表达偏见。真实可信是一种叙事风格，它可能使叙述看起来可信，却不能保证被叙述事件的真实。这是为了让故事言之成理的一个必要条件，因此，这只是一种演绎。但这种演绎的形成不仅取决于叙述者的意愿和读者是否买账，实际上它在一种文化背景下运行，而这一背景是由各种定式思维和人们不言而喻之事组成的。读者可能会赞成前文的观点，因为它和我们对于偏远地区生活的印象非常相符，但大部分读者可能从来没有在那样的地方待过哪怕是一个下午。我们完全可以想象出那些倦怠、倒塌的屋舍、那种千篇一律的生活带来的绝望和完全缺失的激情，这些已足够我们炮制出一篇故事，讲述这些元素最终如何引发暴力事件。我们都看过这样的书和电影——山姆·佩金法的《稻草狗》、大卫·林奇的《双峰镇》，还有西班牙国家电视台女记者口误提到的科恩兄弟的《冰血暴》。一个小型群体的暴力，一群人被兽性支配，再混合酒精与毒品（这一条应该不符合法戈的情况），漫长的黑夜和雪季，这是我们所有人都希望听到的故事，因为我们已经听别人讲过太多次。

2007年1月的那个清晨，法戈广场上布满了记者的足迹，因为这里发生了一场特殊事件。然而在西班牙有上千个像法戈一样的村庄，有12000多名西班牙人（虽然不能说数以万计，但也确实有那么一万多人）居住在和法戈一样的环境里，但也只是在法戈，发生了有人在公路上埋伏并用猎枪杀人的事件。

那么为什么没有出现上千起类似案件呢？为什么在国内其他山区里的某个村镇没有出现一样的事情呢？犯罪案件实录中确有类似的案子。2010年1月19日，有人杀害了马丁·阿尔贝特·维尔方德恩，并把他的尸体和汽车藏匿在奥伦赛市贝丁区的一座山里。四年后，他的遗体被发现，调查由此开启。维尔方德恩和法戈的格里马及马以那一样，是新农村人。他是荷兰人，因为爱上了这里的风景和生活方式，所以定居在了加利西亚自治区内陆的一个小村庄，这里只有两户人家。邻居之间的冲突不断升级，这个荷兰人受到了各种死亡威胁，所以他决定一直随身携带一个摄像机。在他拍下的一段录像中，犯罪嫌疑人对他说："你现在已经肥到可以被宰了，我这就来取你的命。"[47]

　　这个故事也能和山姆·佩金法的电影对得上。噢不，我还是更地方主义一点吧，它和洛尔迦①所写的悲剧《血的婚礼》很像。这部剧作取材于阿尔梅里亚省一个真实的案件。但是，我还是要再次重申，这也是一桩孤立事件。在西班牙无人村有很多非常小的村庄，但只在个别几个地方发生过谋杀案。

　　毫无疑问，人们之间冲突和紧张的关系普遍存在，而这又会被周围狭小的空间放大到不可忍受的地步。在城市里，一切都被稀释了，一件事的重要性也就降低了。争执和冲突不一定

---

　　① 费德里科·加西亚·洛尔迦（Federico García Lorca, 1898—1936），西班牙文学"二七年一代"的代表人物，是20世纪最伟大的西班牙诗人、剧作家。主要作品有诗集《吉卜赛谣曲》《诗人在纽约》，戏剧《血的婚礼》等。

会导致犯罪，一定要有其他非常特殊的因素介入，才会使得一个人扣动扳机。这是法戈自有人居住的1000年以来唯一一次上了头条，登上了全国的各种新闻报道。西班牙无人村只可能在全国性报纸的犯罪专栏上占到版面。所有我们能接收到的有关那些地区的信息都是负面的，所以它们很容易遭受"黑色传说"①的污名。在大家的想象中，那里令人窒息，骇人之事轮番上演，这是因为我们对其的认知都与可怕的事件相关：他们残暴地杀人，而且总是因微不足道的小事大开杀戒。

西班牙各类致人死亡犯罪的犯罪率属于世界较低水平，法官们一年会对大约1200名犯下此类案件的人员作出判决，但其中有一半是因疏忽所致（即交通肇事、豆腐渣工程引发的意外等）。比如2014年，对谋杀犯罪所作的判决仅244项。这个数字对于一个4600多万人口的国家来讲不算多。没有数据表明西班牙农村的谋杀率要高于城市，相反亦无。总之，西班牙人不是一个暴力的民族，谋杀只是偶然事件，不能算作是社会问题。然而，一片与过去的暴行有关的黑色阴影依然笼罩着那里。不可否认的是，从历史上来看，西班牙农村曾经是暴力且危险的，但是早在几十年前这样的陈词滥调就已经毫无意义了。有些极为骇人的犯罪事件的确发生在西班牙无人村，并被用艺术

---

① "黑色传说"（Leyenda negra），即一种持续的、利用有偏见的报道、资料乃至杜撰的史料针对某一国的历史研究。

的手法呈现，前有洛尔迦的戏剧《血的婚礼》，后续又有很多案件被改编成了电影和电视剧。我这一代人是看着"鲁特"的电影和皮拉尔·米罗的《昆卡的罪行》①成长的，这两部电影经常在西班牙国家电视台播出。我父母那一代人（同时也是这几部电影发行的年代）最常阅读的报纸是《案件》——这是一份六七十年代在西班牙非常流行的周报，此报的病态之处在于它格外关注在农村发生的各种谋杀案。

但是没有哪个案件比普埃尔托乌拉科的屠杀案更骇人听闻。这个案件发生在1990年8月26日的埃斯特雷马杜拉自治区。那天傍晚，安东尼奥·伊斯基耶多和埃米里奥·伊斯基耶多两兄弟带着猎枪出了门，冲着他们在街上遇到的人无差别射击。九个村民被杀害。国民警卫队花了整整一天才最终将他们逮捕。一时间，伊斯基耶多两兄弟的模样令全国一片哗然。他们与所谓的农村人形象相距甚远：二人咕哝着一口别人听不懂的卡斯蒂利亚语，满脸凶相，好似穴居人。更可怕的是，他们的两个姐妹，一副虔诚卫道士的模样，全身黑衣，总是同时开

---

① 《鲁特：为生命而跑》（*El Lute:camina o revienta*）是一部1987年上映的西班牙电影，基于真实事件改编。影片讲述了一个外号为"鲁特"的年轻人，在抢劫了珠宝店并导致一个保安死亡后，被警方缉拿并判处了重刑，他受到了严刑逼供，终于在一次转运的过程中成功逃跑。鲁特的逃亡和他对佛朗哥政权的反对使他变成了一个反抗压迫的平民英雄。《昆卡的罪行》（*El crime de Cuenca*）是由皮拉尔·米罗执导、1979年上映的一部西班牙电影，改编自20世纪初发生在昆卡省的真实事件。

口讲话，看上去跟连体婴似的，有一些研究者指出她们二人是这场屠杀的唆使者。这是一次积怨已深的复仇，很多村庄里都多次上演过类似的戏码，多因土地纠纷或天知道什么缘由而引发家族间的仇恨。说起来，这种情节在十几年后被卡洛斯·萨乌拉①搬上荧幕，影片名透着十足的圣经味道——《第七天》。

普埃尔托乌拉科在西班牙早已是"未开化的农村"的近义词。这一案件发生在1990年，对西班牙来说，这是一个很特别的年份。佛朗哥去世15年后，这个国家已完成了现代化建设，工人社会党领导的政府正在寻求国际上对这个现代国家的认可。西班牙人有史以来第一次认为自己生活在一个正常的、先进的欧洲国家。1989年，被视为国民作家的卡米洛·何塞·塞拉获得了诺贝尔文学奖。塞维利亚正在精心筹备世博会，意图改变这座安达卢西亚自治区首府长时间以来被压抑与边缘化的形象。奥运会和世博会都将于1992年在巴塞罗那举办。1992年可以说是西班牙的梦幻之年，它将彻底甩掉历史上落后和贫穷的帽子。像《案件》一样的报纸要么已不复存在，要么就是几乎没了读者。大学里挤满了"婴儿潮"年代出生的孩子，他们苦学英语，希望能在海外有所建树。伊斯基耶多兄弟给猎枪上膛后走上街头，他们的枪声让整个国家从沾沾自喜的小憩中惊

---

① 卡洛斯·萨乌拉（Carlos Saura，1932— ）是一位享有国际知名度的西班牙电影人、摄影师、作家。他曾将洛尔迦的戏剧《血的婚礼》搬上大荧幕。

醒。那个黑色的西班牙又回来了，甚至比从前更加血腥残暴，原来现代化和民主依然难以企及。对很多人来说，他们两兄弟的面孔意味着痛苦和羞耻，就像在提醒着人们，伊比利亚的原罪绝不是只靠少许设计感和一点当代艺术就能被抹去的。

偏见是在人口流失之前就存在的。1933年1月，一个名叫拉蒙·J.森德尔的年轻记者生平第一次乘坐飞机，穿越了整个伊比利亚半岛。他目瞪口呆地望着眼前那如棕色地毯一样的土地，呈现在面前的一切彻底改变了他对自己国家的认识。即使是现在，每个从马德里巴拉哈斯机场乘机起飞的乘客看到的也是同样的风景。眼前一望无际的荒地令他沮丧，那确确实实是一片陆地上的海洋，和他的诗人朋友口中吟诵的一模一样，也和乌纳穆诺那帮过去的老古董们笔下所写的毫无二致。森德尔乘坐的飞机向南飞行，朝着塞维利亚而去。他想比其他记者同行更快赶到，甚至想比军方还早。他想看到还未加清扫，依然血流成河、尸横遍地的屠杀现场。他的目的地是加迪斯省的一个小村庄卡萨斯-维耶哈斯，无政府主义者刚刚在那里发动了一场暴乱。当时的安达卢西亚农村十分动荡，这只是诸多骚乱中的一次。反叛的农民围住了一共有12名警员驻守的国民警卫队营地。一支增援队伍从邻村赶来，警员被顺利解救。他们认出了这次暴动的头儿，一个叫"六指"的人。一支由国民警卫队队员和突击队员组成的行动队将他家的茅屋团团围住。就像西部片里演的那样，他们用来复枪和机关枪把屋子扫射得千疮百孔，杀害了他全家。但警员们还觉得不解恨，决定要报复所有参与了此次暴动的农民。他们挨家挨户地搜寻可能藏匿的无政府主义者，然后把这些人拖到"六指"的茅屋前，让他们观看他和他老婆、孩子的尸体。警员们逮捕了12个农民，随后就在这间茅屋前处决了他们。森德尔此次前去，就是要作为记者报道这场严重损害了共和国左翼政府形象的屠杀。因为表面上看起来，这些杀人犯是遵从了安全总局的指示。[48]

到达当地后，森德尔面对的是一个贫穷的村庄，它仿佛是受到了惩罚，深陷荒弃、残酷与贫困的命运中已达几百年之久。他轻而易举地就把这次的屠杀事件解释为地区性的愤怒情绪的爆发、一场伊比利亚式的犯罪、一种西班牙野蛮地区特有的现象，这也是当时政府的固有做法——一边指责农民的野蛮，一边以更为残暴的方式对待他们。一段时间后，还是同一个森德尔，写下了一部有关内战期间农村仇恨的经典小说——《为一位西班牙农民奏响安魂曲》[49]。森德尔也出身于农村，他的家乡地处阿拉贡和加泰罗尼亚交界处一个偏僻且干旱的地区。他的文字中带有悲悯，尤其具有一种政治上的同情，但同时他也深信伊比利亚土地上固有的残暴无情的特质。在农村这个空间里，一切都被激化了，原始的情绪打破了文明的原本的节奏，而无论是受害者抑或是刽子手，都臣服于同一片土地滋生出的那种由来已久的暴力。

西班牙的一切罪恶都来自那片无人区，这一观点是不公正的，却旷日持久地存在。每一起发生在农村的犯罪，比起发生在城市里的相同事件，在报纸上引起的反响总是更加强烈。当年的洛尔迦就明确地分辨出了这种现象的根源，故而写出了希腊悲剧式的调子。

在法戈时我感觉非常奇怪，因为作为记者，我和其他同行碰在一起工作的机会不多。我去过很多之前处于半荒弃、后来被一些多少类似于新农村人的群体重建起来的地方，但我去那里从来都不是为了搜寻坏新闻。那些地方是很多游记、历史遗产与废墟的组成部分，是一群"怪人"靠自己打拼生活的地方。对我来说，西班牙无人村一直是一座蕴藏各种故事的富矿，而很多人以为它已被废弃。这反而是件好事，因为我可以毫无顾忌地在那里开采，不必担心其他人会来此地寻觅故事。我之前所写的文章和新闻报道在故事发生地所属的那些自治区很受好评，但我认为这些故事的主人公不会理解我对他们的兴趣，他们回答我的问题、站在那里让我拍照只是出于厚道，为了不让这个客气的小伙子难堪，毕竟他起了个大早，跑了那么远来和他们见面。

西班牙无人村缺少一个对它图景的真实描绘。那些有关无人村的故事只是取悦了一些不在那里居住的人，且迎合了两种偏见：黑色西班牙和幸福田园生活。第一种偏见在电视新闻上尤其明显，第二种则存在于米其林指南中。地狱和天堂之间，没有中间地带，要么是杀人犯，要么是僧侣修士。不过，如果碰到了功力深厚的编剧，就完全可以既是杀人犯又是修士。

在一些人的想象当中，西班牙无人村就是佩科斯河西岸①。国民警卫队花了一天时间才在巴达霍斯省的山里抓到伊斯基耶多兄弟，而且在追捕过程中有两个警员差点丧命。那些地方有点像童话故事里的森林，到处是女巫与恶狼，而法律很难发挥作用。这一点是因为西班牙的无人村从来无法为自己发声，而总是屈从于别人的讲述。

一年后我再次回到法戈。唯一的犯罪嫌疑人圣地亚哥·马以那正在等候审判。2009年末，他被判处20年监禁。酒馆门前已没有标语，雪地上也没有脚印。村子看上去空空荡荡，只有一个老人，一年前就是他拄着拐杖像赶马蜂似的驱赶前来采访的记者。我和他以农村人惯常的方式互相打了招呼，他从头到脚打量着我，这是农村人看到外人时独有的审视方式。那里寂静无声，冷冷清清，有几扇窗透着灯光，三两根烟囱里升起了炊烟。在这里，只能从各种迹象中搜寻人的存在。我猜测法戈的村民还住在那里，不受任何干扰地生活在他们的谷地里，仿佛冬眠一般。雪花簌簌地飘落，我再次感觉自己急需一杯热咖

---

① 在电影《夺命判官》（*The Life and Times of Judge Roy Bean*）中，保罗·纽曼饰演的男主角听说西部的边陲之地没有法律，便决定以"佩科斯河西岸的正义"为信条自行执法。

啡。我想那些人选择了这种与世隔绝的生活，也就是接受了这样的寂静。也许他们想远离讲述和记录，就像有些人从来不愿意照相一样。他们不愿被别人讲述，也拒绝在黑色西班牙和幸福田园生活的刻板印象中对号入座，但他们也不打算开口讲述自己的故事。那位老人走进家门，插上门闩，仿佛外面的世界关在了门外，已彻底远离。

西班牙无人村的很多居民都是自愿留在这里的。别的地方的生活要舒服得多，但他们不愿离去。甚至有些老人的子女坚持要接他们走，但他们绝不离开自己的村子。当然也有被困在这里的人，阻止他们离去的原因可能是手上的土地卖不出足够搬迁的价格，也可能是因为自己的房产、工作、田产……但有相当一部分在这些地方过冬的人本可以搬去城市，可他们不走，坚持留下。如果这种边缘化的生活是他们自己的选择，那我猜测也是他们选择不将自己的故事放在镁光灯下。那些想成为主角的人会去竞选总统，或是在所有盛席华筵的照片中亮相。那些退居乡野的人（或是一直在那里生活，从没想过搬往别处的人）置身于方圆50公里都寂寥无人、被群山环抱的地方，是在表明自己坚定不移的心意，誓要获得真正的平静。

但他们不会得偿所愿。对世人而言，他们所象征的"他者"可能是一个需要战胜的敌人，一个需要驯服的恶魔，或是一个等待被救赎的悲惨之人，无论是什么，他们总是一个需要被外界干预的存在。我想到了发生在西班牙一个地区的故事，它的经历是整个西班牙无人村历史的缩影和隐喻，象征了这个国家"有人"那一半与"无人"这一半之间一直以来的关系。那个能让所有西班牙人如条件反射般回想起那段野蛮过去的地方，叫拉斯乌尔德斯。

▲

第四章

与 外 界 隔 绝 的 部 落

▼

"这里？"他说道，"可恶，这地方和拉斯乌尔德斯一样！"

"你去过那？"

"我没有。见鬼，你也没有，他也没有，没有人去过。所以我才说这里和拉斯乌尔德斯一样。这么说吧，拉斯乌尔德斯就和《资本论》一样，人人都在说它，但从来没有一个人了解。"

——米格尔·德里贝斯《卡约先生的选票之争》（1978）

1933 年 12 月的一天，准确的日期无从得知，大概是在圣诞节假期之前的那段时间，一群人聚集在马德里格兰维亚大道的新闻大楼门前，出示了请柬，乱哄哄地走进大楼。他们都裹着厚实的大衣，互相握手，拍拍对方的背，致以拥抱。他们之间或多或少都认识。在场的应该有拉法埃尔·阿尔维蒂，如果费德里科·加西亚·洛尔迦在首都的话他应该也会去，还有大学生公寓①里一些年岁稍长的活跃分子和其他一些代表共产党的知识分子及无政府主义者，他们个个神情严肃。激情的年轻人很快就抱成一团，躲开那些在场的老夫子，比如可能会有从不远处的《太阳报》编辑部过来的何塞·奥特加·伊·加塞特和格雷戈里奥·马拉尼翁医生。街角处有一位从韦斯卡来的先生，正和人开着狡黠的玩笑，炫耀自己是个无政府主义的煽动分子，但神情中透露出紧张和期待——他是拉蒙·阿辛。所有这些手持入场券的人前来参加的是一部投资了两万比塞塔的电影

　　① 马德里的大学生公寓 (Residencia de Estudiantes) 建立于 1910 年，是 1876 年成立的自由教育研究所推动下的产物。1910—1939 年这里成了西班牙最重要的文化中心之一，是很多青年学者生活和聚会的地点，他们中的很多人后来都成为西班牙著名的文学家、艺术家，其中最杰出的就是电影导演路易斯·布努埃尔、诗人费德里科·加西亚·洛尔迦和画家萨尔瓦多·达利。

的试映会，而他正是这部电影的制片人，投资所用的钱是他中彩票得来的。几年前，他向一个同乡许下过这样的诺言："路易斯，我要是中了彩票，就给你钱拍那部纪录片。""坏运气"真的砸到了他头上。1933年12月的那个夜晚他们孤注一掷。"路易斯，"他坚持道，"你要推进电影的事，要找到市场，我可不想让那些杜罗①都打了水漂。"

当天试映会上最重要的来宾就是格雷戈里奥·马拉尼翁，他是共和国最早的重量级人物，是那个时代在西班牙最受敬重、最具影响力的人物之一，同时也是拉斯乌尔德斯理事会的主席。1922年，他写过一篇有关卡塞雷斯省②糟糕的卫生医疗状况的研究报告，且陪同国王阿方索十三世于同年4月去当地考查。如果马拉尼翁喜欢这部电影，他也许就会给国家部委写一份评价积极的报告，以免影片无法通过审查。电影能否成功在影院上映，获得经济回报，完全取决于这次在新闻大楼举办的私人试映会的结果。因此拉蒙·阿辛比导演本人更加紧张。

路易斯·布努埃尔走上舞台，向观众做了礼节性的致辞。接着，放映机启动。音响中传出了勃拉姆斯的交响乐。舞台另一侧，布努埃尔手持麦克风，伴着背景音乐现场为电影《拉斯

---

① 杜罗是西班牙曾用货币比塞塔的一种俗称，5个比塞塔就是1个杜罗。
② 拉斯乌尔德斯就属于卡塞雷斯省（Cáceres）。

乌尔德斯》做旁白讲解，那时候影片还没有加上后来出现的副标题：无粮的土地。很可能他当时是没有剧本的，只是即兴讲解着那些他早已烂熟于心的场景。

这部电影时长半小时，影片第一个场景和我们今天看到的版本很像。镜头从萨拉曼卡省的拉阿尔韦卡镇出发，深入位于卡塞雷斯省内的拉斯乌尔德斯山谷。前面的几个场景展现了拉阿尔韦卡的一个盛大节日，当地的小伙子骑在马上，砍掉了几只公鸡的脑袋。这里是文明之边境。镜头向南游走，穿过荒芜的拉斯巴图艾卡斯山谷，画面里出现了一些废弃的修道院和神殿，动物和植物装点着断壁残垣。观众已走进原始的地界，但还算不上野蛮的程度。接下来几分钟的场景展现的是贫穷的村落，还有饥肠辘辘、衣衫褴褛的人们。布努埃尔解释说他们长期处于饥饿状态，患有甲状腺肿大、疟疾——他用的正是马拉尼翁医生的文章和报告里的术语。在一条河边，几个孩子正用河水把硬面包块泡软。布努埃尔讲解道这是他们唯一的食物，而这条河是一个传染源。接下来，场景转向一所学校，导演在麦克风里介绍说它和别的学校没有什么两样。孩子们在这里学习几何，学习语法。当然了，和其他地方一样，他们也接受道德和宗教教育。也许导演当时正用余光偷瞄马拉尼翁所在的座位，想知道这一点会不会让他不舒服，毕竟他的电影之所以这样拍，就是想表明拉斯乌尔德斯的问题和有没有人传教无关。虽然没有明说，但他想表达的就是那里的居民不是野蛮人，他们仅仅是极端贫穷的人，但这可就不是拉斯乌尔德斯理事会主席所认同的观点了。马拉尼翁吁了一口气。然而下一个场景估计也不会让他心情变好，那就是最著名的驮着蜂窝的驴的场景。驴在走路时踩了空，蜂窝摔裂，飞出的蜜蜂叮咬着驴的身体，它的脑袋在镜头前痛苦地摇来摇去。看过布努埃尔前两部电影的人应该很熟悉他这种"恐怖派"的风格。镜头似乎很享受拍摄驴痛苦的画面，从一开始对着它绝望的头颅，转成拍摄它布满了蜜蜂的躯干和一些全景镜头。观众席上出现一阵窃窃私语，有人嘟囔着"真恶心"一类的感叹词，矫揉造作的则直接捂住脸。马拉尼翁调整了一下坐姿，神情严肃。不管是在那场婴儿葬礼的场景里，看到孩子的尸体顺着河水漂走，还是在看到当地大量患呆小症和侏儒症的人的时候，又或是看到那个在自家门前因病不断打战的农民时，马拉尼翁的表情都没有任何变化。影片中没有一个欢愉的场景，不给人喘息的机会。在新闻大楼装饰艺术风格①的环境里，面对着观众席上全国最优秀的知识分子和都市精英，电影将一系列畸形、死亡和贫穷浓缩于这令人痛苦的30分钟里。虽然12月的马德里寒气逼人，但有一部分来宾甚至想离场去格兰维亚大道上透透气，看看街上的圣诞彩灯，以及店铺和酒馆里出入的人群。他们这些人也绝不

---

　　① 装饰艺术风格（Art Deco），是20世纪二三十年代风行于全球的一种装饰设计风格，也译作"装饰派艺术""艺术装饰风格"等。它以分明的轮廓、几何的形体、阶梯状的造型等为特点，是介于新古典和现代主义之间的一种风格。

会在影片结束后奋力鼓掌，留下和导演握手致以祝贺，赞他一句天才。

布努埃尔跑去找马拉尼翁，请他通融让此片通过审查，但其实所有人都猜得到结果——他拒绝了。"为什么总是要展现丑陋难堪的那一面？"这位大人物问道，"我可是见过拉斯乌尔德斯小麦丰收的场景。为什么不拍一拍拉阿尔韦卡的民间舞？那可是世上最美的舞蹈。"布努埃尔在他1982年的口述回忆录里这样描述当时的场景。他还补充道："我回答马拉尼翁，每个国家说起自己的国民，都会说他们的舞蹈是世上最美的，而这种爱国主义是廉价的、可憎的。说到这我再不愿多讲一个字，立刻转身离开，然后电影也就一直被禁了。"[50]

这只是布努埃尔所讲述的此次事件的众多版本中的一个。他在60年代末给他的朋友马克斯·奥夫讲的是另一个版本。他说马拉尼翁本人并没有去参加1933年那场试映会，在场的其实是政府里"那些已经疯狂了的激进党"。他指的是在"黑市赌场事件"中深陷贪腐丑闻后失势的亚历杭德罗·勒罗克斯①。在那之前，勒罗克斯和他的追随者原本是西班牙自治权利同盟（CEDA）所组成的右翼政府的中坚力量。布努埃尔在与奥夫的

---

① 1934年6月，一些企业家与政客联合举报时任共和国总理亚历杭德罗·勒罗克斯（Alejandro Lerroux）及其亲属，以及激进党的许多重要人物参与了违法赌场的经营，并从中获取抽成的重大腐败案件。这次事件终结了勒罗克斯原本如日中天的政治生涯。

对话中透露，国民教育部部长菲利贝尔托·比利亚洛沃斯是
《拉斯乌尔德斯》遭禁的罪魁祸首。这个说法比较可信，因为比
利亚洛沃斯是萨拉曼卡人，很可能会觉得这部电影在影射他。
根据他讲述的这个版本，比利亚洛沃斯在受到牵连下台后，布
努埃尔向马拉尼翁求助，然而后者还是用类似前文的言辞拒绝
了他。但这次电影导演的驳斥又有所变化，让对方大吃一惊：
"您讲话可真像勒罗克斯派的某位部长啊。"[51] 如果这是真的，
布努埃尔可真算得上是一个百发百中的神枪手。对于杰出的马
拉尼翁医生来说，没有什么比被拿去和民粹主义者、和那伙从
巴塞罗那污秽小巷里出来的痞子相提并论更让他受辱的了。勒
罗克斯人称"帕拉莱尔大街①上的皇帝"，因为他在政治生涯初
期是靠操纵巴塞罗那底层阶级如皮条客、码头工人等群体壮大
得势的。他身上涵盖了马拉尼翁厌恶的一切特质。

这个版本唯一的问题在于它和研究这部电影的学者，比如
西班牙电影资料馆馆员哈维·埃莱拉[52]（他算得上是最了解这
段历史的人）所绘制出的时间线不符。我不知道事情的真相是
否如我所写的那样，我只是将这些专家悉心搜集整理的资料在
这里进行了一些戏剧化的诠释。

拉蒙·阿辛于1936年8月被法西斯分子杀害，[53] 他没能目

---

① 帕拉莱尔大街（Avenida de Paralelo）是巴塞罗那的一条街道，从19
世纪末到20世纪70年代，这里是巴塞罗那著名的娱乐休闲中心，有数量众多的
剧院、夜总会和演艺场所。

睹这部他用彩票奖金买单的电影最终成为一个神话般的存在。这是电影史上最令难以置信的神话之一，因为直到20世纪70年代末，这部电影几乎只在地下放映过，观众仅100人出头，除此之外就只有一场十分低调的官方试映会。但是有很多人讨论它，写与它有关的文章。没有人真正看过这部电影，人们只知道它讲述的是西班牙黑色和赤贫的一面。他们知道（这一点就更糟糕了）这部电影在法国上映过，法国的报纸上曾登过一些有关该片的文章，那位非常知名的法国化的共产主义者路易·布努埃尔①曾在很多国外的讲坛上谈论过这部电影，抹黑了西班牙的形象。1940年，他已经开始流亡，应哥伦比亚大学邀请，在纽约给学生们放映了这部电影。放映前他说道："我拍这部电影的初衷是客观真实地展现我看到的事，我不会去自己诠释，更不会编造。"[54]

在当今的电影评论界，哪怕是那些把布努埃尔几乎捧上神坛的评论家也承认这部影片仅是一部"自称"的纪录片。学者们目前的观点比较统一，他们用半是考究、半是俏皮的语气，评价说这部电影是一部虚构片，却偏偏都是真话。比如研究这部电影的最资深的专家之一、马德里西班牙电影资料馆里这部电影的修复者和保管者——哈维·埃莱拉是这样说的：

---

① 原文为法语，西班牙语名"路易斯"（Luis）在法语中对应的名字为"路易"（Louis）。

不是说这部电影在撒谎，而是说布努埃尔呈现出的真相（现实）不符合人们通常所理解的纪录片的真相（现实）的准确度和纯净度，而且人们对于"表演"和"演绎"一类的相关词有十分严格的界定，哪怕说你表演和演绎的是真实的事件；另外，不能有一点"虚构"的迹象（这个是关键），这个概念也是布努埃尔本人拒绝的，就像他自己说的，他"绝不会去编造"。纪录片只能是对现实的重建，也就是说，拍摄的场景必须是真实的——这一点的确如此（也是最主要的），不能是假造的。[55]

这段话试图（笨拙地）理顺一直以来最困扰路易斯·布努埃尔追捧者的问题之一，这个问题主要表现在两个方面：如果说导演想拍的是一部客观的纪录片，不带任何个人解读和虚构，那为什么整部电影从头至尾都是编造出来的呢？另外，如果他的目的和专家们所称的一样，即以虚构的方式得到一种电影式的，或者说带有故事情节式的真相，为什么无论戏里还是戏外他都如此坚称这是一部可信、客观的电影？有一种光鲜又传统的方法可以回答这个问题，那就是——他是一个超现实主义者，你还能怎样要求一个超现实主义者呢？但我认为奥夫的解释最佳，有一次他曾这样评价这位与他有诸多共同之处，又因一些原因而疏远的朋友，他写道："我们最根本的区别在政治方面，他（布努埃尔）更在乎正义，而不是真实与否。但我不是。他到底是不是共产党人，这个问题与我无关，我不知道，我也不在乎。毫无疑问，他曾为共产党人效力，他最好的朋友都曾经是或现在是共产党人，于他或于我而言，这些人都是非常重要的朋友。"[56] 所以要在这样的背景下来理解《拉斯乌尔德斯》，对布努埃尔来说，正义大过于真实，且他为共产党人效力，任何一个30年代的知识分子都一定能领会这一说法的含义。

如今，后现代的观众已经学会在玩世不恭和讽刺调侃的钢丝上行走，而不至于坠落深坑，我们可以接受各种对这部电影宽容且微妙的解读，尤其可以接受一种去政治色彩的解读。我们可以脱离时代的背景，体会将《拉斯乌尔德斯》和《黄金时代》《一条安达卢西亚狗》（皆为布努埃尔导演的作品）连接在一起的内核。然而，20世纪30年代的观众被困在那个极端政治化的欧洲，如果布努埃尔说他拍的是真实情况，那造成这一切的罪魁祸首可得被推上太阳门广场的绞刑架。

那时的人们寻求的是一种可以瞬时引发激进情绪的东西，就像非政府组织用濒死的非洲儿童的特写照片寻找合作伙伴。和很多这种类型的宣传物一样，这部电影中出现的形象几乎无一与它自称的时间和地点相对应，《拉斯乌尔德斯》里没有一个人真正死去，连那只驴都没死。也许那只从悬崖上跌落的山羊是死了的（因为不止一只羊曾那样坠崖），或是那些在拉阿尔韦卡镇被砍头的公鸡。然而我们都知道，那个在葬礼上随河水从一个村子漂流到另一个村子的婴儿没有死。那个据说在电影拍摄完不久后就夭折的小女孩其实非常长寿，一直活到了1996年。那个不断打战的男子也只是在表演而已。我们也知道，影片的选景是具有偏向性的，布努埃尔故意挑选了那些最偏僻贫寒的村舍，比如埃尔加斯科。他避开那些热闹繁华的村镇，忽略任何一个对这个国家有利的角度，比如综合服务所、让一些家庭不再在饥饿线上挣扎的养蜂合作社，以及那些致力于消灭甲状腺肿大和疟疾的医务所。其实我们都知道，布努埃尔当时不得不把团队带进拉斯乌尔德斯高地最深处，因为只有这样才能找到足够贫困、配得上他这部纪录片的场景。

一直以来评论界将这部纪录片归为以下两种类型：一是法国式和布努埃尔式的超现实主义，二是西班牙式的现实主义，我不确定这种分类是否得当。这两种分法互相补充，但绝不兼容。就相当于安德烈·布勒东①和弗朗西斯科·德·苏巴朗②的关系——布努埃尔的电影从根本上来讲不就是这样吗？我认为大家基本没有考虑其他流派的影响，也许是因为它们不够上档次，不适合为电影评析所用。1929年的秋天，一部首先在美国

---

① 安德烈·布勒东（André Breton，1896—1966），法国诗人、评论家、超现实主义创始人之一。他和其他超现实主义者追求自由想象，摆脱传统美学的束缚，将梦幻和冲动引入日常生活，以创造一种新的现实。

② 弗朗西斯科·德·苏巴朗（Francisco de Zurbarán，1598—1644），西班牙宗教画家，创作多以宗教题材为主。布勒东和苏巴朗虽然生活时代与创作风格截然不同，但都曾对布努埃尔有过重要影响。

和欧洲其他国家大获成功的电影《南海白影》在马德里上映。路易斯·布努埃尔可能是在马德里格兰维亚大道的首映式上，抑或是在30年代的多次重映中观看了此片，也有可能是1928年在巴黎看的，那时候他正在那儿筹备电影《一条安达卢西亚狗》。

1952年，《电影手册》①向100位导演征询他们最喜爱的十部电影，不限年代。布努埃尔排出的第七位就是《南海白影》。这时距他第一次观看这部影片已经过去了23年或24年，而他依然视其为自己一生中看过的最好的电影之一。30年后的1982年，他再次在自己的口述回忆录《我最后的叹息》中提起这部电影："要说我最喜欢的电影，我认为是英国的《死亡之夜》，这是一部集合了多个鬼故事的电影，还有《南海白影》，我觉得它甚至比茂瑙的《禁忌》还要好。"[57] 他一直记着这部电影。但令人意外的是，一些将《拉斯乌尔德斯》奉若神明的评论家竟然很少注意到这部电影。

这部电影的拍摄过程很能说明问题。米高梅电影公司买下了弗雷德里克·奥布莱恩所著游记《南海白影》的版权。这不是一本小说，而是类似日记的东西，其间还夹杂着一些作者对自己在马克萨斯群岛上生活的思考和描述。导演罗伯特·弗拉

---

①《电影手册》（*Cahiers du Cinéma*）是一本法国电影杂志，1951年由安德烈·巴赞等人创办，其在电影史上占有重要地位，每年都会评选在法国上映电影的"年度十大佳片"。

哈迪受邀将之改编为电影，读过这本书后，他不禁怀疑工作室把它买下来只是因为这个标题，丝毫没考虑过书里既没有情节也没有阴谋，什么都没有。尽管如此，他还是答应了，因为他认识这位作家，相信一定可以从书中找出点什么不错的东西。弗拉哈迪是20世纪20年代电影界最权威的人物之一，他是《北方的纳努克》的创造者，被视为纪录电影的发明人。他凭借对景色的处理、对人物细致入微的观察，很快成了一位邪典导演，被神秘的冒险光环所笼罩。在投身电影行业之前，他曾在加拿大铁路上工作过，靠着双脚走遍了哈德森湾那些人迹罕至、冰天雪地的地方。《北方的纳努克》的诞生就始于这种开拓精神。但是米高梅电影公司想到他，是因为他刚拍完《莫阿纳》，这是一部超级制作，为了拍摄当地居民的日常生活，他在萨摩亚住了一年半时间。因此他非常了解南海。还有谁比他更适合拍有关这片海域的电影呢？但是米高梅内部并不都这样认为，因为他们把同公司的另一位导演也塞了进去（在那个时代，电影工作室有自己编制内的演员和导演）——W.S.范戴克，他曾在格里菲斯的经典作品《党同伐异》中担任助理导演，在业界以严格遵守规定期限和预算而闻名。这就是说，他和拖拖拉拉的"艺术家"弗拉哈迪完全相反，因此后者认为这是在他身边安排了一个听命于上级、一心只想攀高枝的人。

他们相处得非常糟糕，在电影制作的任何细节上都争吵不休。弗拉哈迪想和家人搬去波利尼西亚的大溪地住一年来拍摄，范戴克想用常规的舞台布景和各种短镜，这样迅速且高效。弗拉哈迪到处探索这座岛屿，寻找它的精华和独一无二的取景处，浪费了不知多少胶卷。拍摄中途，弗拉哈迪辞去职务，返回了加利福尼亚。工作室在看到范戴克的拍摄和预算计划和他们之前预想的高度一致后，决定给予他完全的信任，让他留在大溪地继续负责拍摄。弗拉哈迪认为要是这样，甚至完全没必要带团队去那里，只需随便在哪个影棚里立上几棵棕榈树，打好光，一切就成了。范戴克的名字最终在《南海白影》的演职人员表中是作为唯一的导演出现的，他讲述了一个很中规中矩的故事。一个美国医生被派去那片群岛，他是文明世界的使节，代表着那里的无耻、贪婪和腐坏，他闯入了一个原始的天堂，毁掉了那里土著居民质朴和纯真的快乐。这绝对不是一部映射反帝国主义思想的电影，而更像是现代社会在失去了与自然的纽带后发出的一声叹息。可以说弗拉哈迪想成为梭罗，而范戴克则想成为曾讲出"高贵的野蛮人"的卢梭①。他们两个都没有做到，但是弗拉哈迪和自己的榜样更为接近。《南海白影》大获成功后，到了30年代，范戴克又以《泰山》所向披靡。

　　弗拉哈迪在另一部与波利尼西亚有关的电影《禁忌》中再

---

　　① 法国哲学家让-雅克·卢梭曾提出"高贵的野蛮人"这一概念，他认为，人在自然状态下天性无私、崇尚和平、无忧无虑，而贪婪、焦虑以及暴力等许多负面事物都是文明的产物。

次失败，最终该片由茂瑙接手，这就是那部布努埃尔口中劣于《南海白影》的电影。弗拉哈迪离开了好莱坞，去伦敦寻找更好的发展。接下来他又被多部影片的制片方辞退，度过了黑暗的几年后，终于在描述爱尔兰岛屿生活的影片《亚兰岛人》中重新获得认可。自此，他执导了多部伟大的影片，不仅极有名望，且自由自在，一直在妻子的陪伴下四处旅行。1950年，他凭借一部讲述米开朗琪罗生平的作品获得了奥斯卡最佳纪录片奖。一年后，也许是在好莱坞获得的荣誉已无以复加，在所有电影工业巨头的一片惋惜声中，弗拉哈迪去世了。奥森·威尔斯——大概可以算作是他最出色的徒弟，也是让"虚构纪录片"走得更远的人，评价弗拉哈迪是电影界最好的两三人之一。为纪念弗拉哈迪，哈德森湾一座寒冷的小岛就以他的名字命名。

与此同时，范戴克凭借《泰山》斩获了上百万美元票房，影片中那种"高贵的野蛮人"的思想在《南海白影》中就已初见端倪。我觉得有趣的是，虽然奥森·威尔斯为弗拉哈迪的形象正名，称他为纪录片语言的创造者，将他奉为恩师，还遵从着他的教诲拍摄了许多著名的"虚构纪录片"（其中包括《公民凯恩》《赝品》等），但路易斯·布努埃尔在拍摄自己的"虚构纪录片"时，他想的不是弗拉哈迪在拍摄不同人种时的敏锐性，而是范戴克那种粗糙的异域风情。

布努埃尔构思和拍摄《拉斯乌尔德斯》的那几年里，有两种意象非常流行：失落天堂的异域风情和怪兽。精神分析学直接把这归因于1929年恐怖的股市大崩盘和法西斯主义的扩张，是人们对一个衰落的、行将崩塌或已经崩塌的社会的夸大。西方人在对自己的科技文明感到震惊的同时，也发现那个包裹在闪光招牌和条条公路上的文明是如此易碎。他们知道自己被黑暗所包围，他们在城市中所拥有的幸福会轻而易举地被摧毁。就像当下，如果说僵尸系列片和后启示录小说的大为流行是我们感知到的一个即将毁灭的世界的映象，那么30年代则是怪兽和野蛮人在人类文明触及不到的地方、在遥远的密林中窥探着城市。有时候，故事讲的是一个文明人航行到了地图上的空白处，在那里开启了冒险；还有时候是一个野蛮人闯入了城市，但所有这类故事里都隐藏着对外来、畸形和骇人事物的恐惧——它与我们相距甚远，和文明的美、和谐背道而驰。仅仅在1932年，也就是《拉斯乌尔德斯》拍摄的那一年，就上映了《畸形人》、《莫尔格街凶杀案》、《泰山》的前两部、情节惊心动魄的《最危险的游戏》《亡魂岛》《红尘》《蛮女天堂》《吸血鬼》（这部电影被《德古拉》的光环笼罩）等电影。1931年，《德古拉》和《弗兰肯斯坦》公映，1933年上映了《金刚》的前两部。我觉得布努埃尔不一定看过所有这些片子，也有可能一部都没看过。但那时候马德里和巴黎的电影广告牌上几乎画满了各种怪兽、变形人、巨猿和猿猴杀手、吸血鬼和迷失在丛林里的孩子，去往神秘而危险的边境之地，那里到处是充满敌意的土著人、邪恶的精灵或是充满威胁的森林。

　　布努埃尔是超现实主义者，是城市人，是巴黎人，也是从这个国家最粗犷的地界走出来的阿拉贡人，他比谁都更能抓住所处时代那种嬗变、微妙、模糊和多元化的元素，他最终得以体验在野蛮世界中冒险。《拉斯乌尔德斯》使用经典的方式展现了一场由文明走向野蛮的旅程，电影选择的拍摄路线就揭露了它的目的。在那之前，几乎所有旅行者都是经过南边的拉斯乌尔德斯低地到访该地，但这部电影的团队是从卡斯蒂利亚大区最偏远的地方——拉阿尔韦卡镇开始拍摄的，他们不是一点点地深入这个地区，而是利用画面极为突兀的转变。镜头刚一离开那座典型的中世纪小城拉阿尔韦卡，就立刻穿过拉斯巴图艾卡斯的荒漠，那是一座无人居住的幽深山谷，废墟已经预示着恐怖的到来。最后，他们终于找到了怪兽——当地的土著居民，那个与外界隔离的部落，在一个现代的西班牙，它躲在所有人的目光之外。正如具有人性而多情的金刚、《南海白影》中的当地人、《畸形人》中马戏团里的怪胎，甚至像弗兰肯斯坦造出的怪物被畏惧他的村民们追赶一样，出现在布努埃尔镜头下的那些拉斯乌尔德斯人慈眉善目，激发人的同情。

　　要让这种同情变成观众的感同身受，就得让令人痛心的场面轮番上场，而且要做到极致，就像乞丐靠展示自己的残肢来募集施舍。布努埃尔采取的是所有流浪汉与好莱坞制作人都驾轻就熟的方法。《拉斯乌尔德斯》也许展现了布努埃尔早期的超现实主义风格，从中也可以找到西班牙绘画中现实主义传统的影子，但它尤其是一部那个时代极对大众胃口的异域冒险片。
从形式上来看，它是一部宣传性纪录片，却拥有和《人猿泰
山》相同的想象力。

从根本上来看，布努埃尔在《拉斯乌尔德斯》中的确遵循
着一种传统。他之所以这样拍摄，是因为有一种"拉斯乌尔德
斯传统"庇护着他，就像沿刚果河而上搜寻库尔茨上校的人一
样。①早在1846年，帕斯卡尔·马多斯在《西班牙及其海外属
地的地理、数据、历史词典》中这样定义拉斯乌尔德斯的居
民："堕落且冷漠的种族""西班牙文明的污点""野蛮人""道
德败坏之人"，[58]巨人、侏儒、逃犯、食肉动物、魔鬼崇拜者、
泛灵论者、畸形人。据说整个地区没有一本书，也没有任何可
食用之物，这都是20世纪上半叶报纸上日常谈论的话题，也是
经常出现在政治辩论中的议题。每个正直的西班牙人都曾在公
开场合为拉斯乌尔德斯痛心疾首，不止一次地呼吁拯救西班牙
其他的"拉斯乌尔德斯"。它成了衡量贫穷的标准，但这样的贫
穷并非独一无二：可以说所有地区都拥有自己的"拉斯乌尔德
斯"。向中央政府提诉求时，领导和权贵们不断援引这个地名来

---

① 此处指的是约瑟夫·康拉德的一部中篇小说《黑暗的心》，全书围绕海员
马洛讲述他早年在非洲刚果河流域行船时的一段经历展开。核心是一个叫库尔茨
的白人殖民者的故事，一个矢志将"文明进步"带入野蛮的非洲的理想主义者如
何堕落成贪婪的殖民者的故事。在接近库尔茨的过程中，作者借马洛之口向我们
描述了一副令人感到压抑的非洲大陆腹地的图景。这本书探索了人潜在的、固有
的黑暗面，涉及了殖民主义、种族主义、野蛮、文明等多个主题。

讨论自己治下的贫困地区。拉斯乌尔德斯一直是那个偏远的角落，是国家永远到不了的地方。它是有待被发现的土地，是野蛮的地界，有些人甚至连卡斯蒂利亚语都不会讲，因为他们从来没有过教师。那里急需人们去传教，将之融入西班牙和基督教的文明之中。1932年，也就是这部纪录片拍摄的同年，政府捣毁了一起反对共和国的阴谋。一名极右翼分子因煽动叛乱罪被起诉，对他的惩罚是流放。将他流放何处呢？拉斯乌尔德斯。1932年的西班牙政府（一届左翼政府，工人社会党在政府中所占比重相当之大）竟然把那片谷地当成了伊比利亚半岛上的西伯利亚，可以用来流放政治异己者。对此，只有一个西班牙人发出了反对的声音。

　　米格尔·德·乌纳穆诺①经常四处游历，据说只要学校的工作能抽出三天假期，他就会"用蔬菜揉擦脸颊"，他感到必须去拉斯乌尔德斯看看了。他的朋友、法国人莫里斯·勒让德——未来的马德里委拉斯开兹之家②的院长是一位非常了解这一地区的专家，多次坚持要作为向导陪同乌纳穆诺前往此地。距离萨拉曼卡大学这座最高学府如此之近的地方竟存在这样的蛮荒之

---

　　① 米格尔·德·乌纳穆诺（Miguel de Unamuno，1864—1936），西班牙著名作家、哲学家，"九八年一代"代表作家，20世纪西班牙文学的重要人物之一。曾任西班牙最古老的公立大学萨拉曼卡大学希腊语和文学教授及校长、立宪议会议员、全国教育理事会主席。
　　② 马德里委拉斯开兹之家是一所法国文化机构，致力于在法国之外进行西班牙研究。

地，校长先生自然也想深入山区探访一番。身处祖国神圣的土地上，骑在骡子背上的乌纳穆诺欣喜若狂。1914年8月，他记录了在这个地区的一次远游，得出了以下结论：情况没有那么严重；或者说可能很严重，但还没到令他震惊的地步。他的足迹曾经遍布半岛上那些最陡峭崎岖之地，四五间破屋烂房或是几个衣衫褴褛的孩子可吓不倒他。当时整个国家到处是脏兮兮的孩子，而饥饿在山区又常常发生。他一穿上草鞋，满脑子就都是传说、神秘和警告。那里的状况没有他预想的差，所以也难怪他轻描淡写地做出评价。再加上轻描淡写本来就是他的风格。他自诩为伟大的旅行家，从不装腔作势，什么条件和环境都能接受。他夸口自己有什么就吃什么，不管在哪里都可以席地而睡，斥责那些城里的公子哥们只知道抱怨饮食差劲，或是睡在稻草上有多么不适。他们还想怎么样呢？那可是农村啊。

伴随着一种不可置信的感觉，他从南边，即拉斯乌尔德斯低地开始了旅行："我一直急于进入真正的拉斯乌尔德斯，也就是那个我们听到过好多次的拉斯乌尔德斯，他们说那里的人几乎只会吠叫，身着动物皮毛，还会躲避……文明人！"[59]人们都说拉斯乌尔德斯连一本书都没有，但堂米格尔有一天晚上就睡在一个"用连载小说的彩色封面"装饰的房间。他们在从卡维索到拉斯梅斯塔的道路一侧发现了人的粪便，旁边还散着几张报纸。拉斯乌尔德斯有书和报纸！哪怕说都是以垃圾的形式，被拆解成了墙纸或是回收用作卫生纸，但确实有人把书和报纸带到了这迷雾的中心。[60]说到旅途中遇到的诸多不适，乌纳穆诺只指出了那些他认为确实存在的问题："我在拉斯乌尔德斯的四个晚上换了四张不同的床，但全都舒适、蓬松又干净。"[61]要知道乌纳穆诺只想睡在祖国神圣的土地上，舒适和安逸都是多余的。拉斯乌尔德斯没有传说，没有那些只会吠叫的人，也没有亲手弑子的母亲。他在那里看到的和他在西班牙其他山区见到的别无二致。路遇一些孩童，他与旅伴夸赞了孩子们出色的拼读，由此可见老师把他们教得很好。有个老乡听出了勒让德的外国口音，还表现出了对法国的兴趣，更让两位旅行者惊喜的是，他甚至知道法国位于地图何处。"可怜的拉斯乌尔德斯人！但是……野蛮人？他们绝对不是野蛮人。有关我聪明的朋友、西班牙的热爱者勒让德的这件事不是什么奇谈，但有一点是真的——拉斯乌尔德斯人是我们祖国的光荣之一。"[62]

那是1914年，当时的拉斯乌尔德斯还没有公路，完全没有政府管辖，也从没有国王到访过。而布努埃尔在1932年去的拉斯乌尔德斯已相当不一样，那时候当地已经有了一些基础设施，政府公共投资也发展了十年。然而乌纳穆诺说情况没有那么严重，布努埃尔却觉得非常糟糕。

没有人可以逃离拉斯乌尔德斯的传说，它是一个幽灵，能俘获那些提笔写下与之有关文字的人。所有人都觉得它是一块化外之地，不愿受到它的影响。就连莫里斯·勒让德本人在他那部不可超越的佳作中也是如此评价的："在任何其他地方，土地都盼着人逝去，好占有他的尸骸，这里的土地却是直接将人捉住活埋。"[63]这句话仿佛是作者在某个时刻受到了暗色调绘画的启发而写就的。他继续写道："就这样，在穿越了拉斯乌尔德斯的孤寂后，忽然就到了一个有人居住的地方，那是个很典型的村庄，四处一个人影也没有，只能猜测也许有人存在，因为那些人至今还被困在土地的束缚中，不得自由。"[64]这段文字仿佛是恐怖电影里的画面。白人探险家在土著朋友的陪伴下深入黑暗之中，空气里的敌意久久不散。那是一种难以捉摸的东西，就像是史蒂芬·金的小说。大地中有种从远古就存在的东西在吞噬着人们，把他们变成僵尸。勒让德汗流浃背，惴惴不安。他的向导伊格纳西奥大叔是拉阿尔韦卡的一个村民，负责在这个地区给他引路，帮他把当地那些野蛮人的方言翻译成标准西班牙语。伊格纳西奥大叔就充当着"良善印第安人"的角色。这指的是半开化的印第安人，人们一只脚跨进欧洲世界，另一只还留在自己出生的世界，靠自己的能力获得了双方的信任。当勒让德看到了"一个苍白的家伙，因疟疾而面呈菜色，长久以来深陷贫穷，衣不蔽体，他静默无声，周围的风景也是一样，那从史前至今亘古不变的风景，更显得他好似沧海一粟"[65]，他深感恐惧，靠向伊格纳西奥大叔身边，这是他在拉斯乌尔德斯旅行期间的保护者，他万事都依赖这位向导。据说伊格纳西奥大叔也利用了他们之间的这种关系，这种利用也许是无意识的。他来自拉阿尔韦卡，这里在政治和经济上都控制着拉斯乌尔德斯，至少在1833年以前一直如此。在这一年，根据西班牙推行的新行政区划，拉斯乌尔德斯被划入卡塞雷斯省，拉阿尔韦卡则归属萨拉曼卡。[①]伊格纳西奥大叔和很多拉阿尔韦卡人一样，冬季里会把自己养的蜂巢放在拉斯乌尔德斯。他一直以来受到的教育就是鄙视这个南部的邻居，瞧不起那里破旧的村落、破衣烂衫的人们和野蛮的习俗，大多数拉阿尔韦卡人在这一点上都是一样的。伊格纳西奥大叔认为拉斯乌尔德斯人就是这大地上的渣滓。无论勒让德多么想以地理学家客观的眼光或是人类学家的科学严谨去审视一切，在某些瞬间他还是感到那里的土地和那些一脸菜色的畸形人要将他吞噬，他

---

① 1833年，由哈维·德·布尔戈斯设计的西班牙行政区划开始生效，该方案将全国分为49个省份。除了加纳利被视为独立省之外，其他各个区域的划分一直沿用至今。这次规划是在1822年一项方案的基础上衍生而来，涵盖了更多省份（卡塔赫纳、比埃尔索、哈蒂瓦、卡拉塔于）。哈维·德·布尔戈斯受到了法国省份制的启发，他设计的省份区划制度创造出的是权力集中的政府，由中央政府任命的领导人组成。然而，他的划分标准更加遵循传统的区域界线：好几个互相接壤的省份都是依据该地区长久以来的辖区来划分，也许正是因为这个原因，这些省份才在后来的自治区制度下得以保留。然而，省份制想要用理性和高效的精神来摧毁传统的行政系统，因此除了个例以外，所有省份都选择了它的省会名作为省份的名称，所有的公共服务设施也都集中于这些地区。为了界定每个区划的范围，一个很实用的标准推行了：一个省份最偏远的村镇不能超过距离该省省会一天以上的行程（以19世纪初的交通工具为标准）。虽然该设计受到了民族主义者的强烈质疑，还有一些人认为省份制度是一种过时的划分方法，但这一方案是西班牙区域规划史上最伟大、最影响深远的贡献之一，在西班牙国土规划形成方面起到了决定性的作用。

自然而然地偏向于亲切可靠的伊格纳西奥大叔，完全接受了他那番"土著皆为恶徒"的言论，哪怕他自己矢口否认。有很多学者深信这位伊格纳西奥大叔混淆了勒让德的视角，导致他把那些极具阶级性（几乎算得上是种族主义）的偏见全部写进了自己的社会科学研究中，照搬了拉阿尔韦卡人历经几个世纪、口口相传的那种优越感和鄙夷不屑。这就好比说一个人类学家或记者想要通过胡图族向导去了解图西族，或是借助塞尔维亚向导去了解克罗地亚人、通过以色列人去了解巴勒斯坦人。

乌纳穆诺和勒让德对远足有着相同的热情。勒让德把堂米格尔看作是不知疲倦的最佳旅伴。早在1909年，他们二人就曾一同游览佩尼亚弗朗西亚山和萨拉曼卡省南部，那时就有人和勒让德说起了拉斯巴图艾卡斯，还有那里一块隐藏在山脉之间的神话般的地界。次年春天刚一到来他就动身前去。自1910年到著作出版的1927年，他曾多次到访拉斯乌尔德斯，其中有几次是和乌纳穆诺一起。拉斯乌尔德斯取代了他对所有其他议题的兴趣，把他变成了一个极富热情的拉斯乌尔德斯迷，比西班牙原本已经数量不少的拉斯乌尔德斯迷还要更热忱几分。这样一个原始的、如"高贵的野蛮人"理念所描述的地区实在令他着迷，而它居然就在距离他朋友所在的萨拉曼卡仅一日路程的地方。

勒让德曾好几次把拉斯乌尔德斯的山系地貌描绘成一片石

化了的海洋。崇山峻岭就是那些飞溅散逸的浪花，突然被某位神明按下了遥控器上的暂停键。这种说法不是他独创的，乌纳穆诺、阿索林和马查多都曾用过这样的比喻，甚至在聂鲁达的作品里也出现过，它在诗人之间不断口口相传。西班牙内陆的梅塞塔高原就是一片海洋，或者说是一片陆地之海。人们一直使用这样的比喻，它也的确恰如其分地展现了那种极为干旱且远离任何海洋的风景。它道出了水手们在海洋上感知到的那种遥远距离，那种四下唯有海水的寂寞。勒让德、乌纳穆诺、阿索林、马查多和其他很多人一样，刚一走进这样的风景中就感觉到了孤寂——痛苦的孤寂。在一种无穷尽的荒蛮之中，无论望向任何一个方向都眺不到文明的边界。这也是使徒或传教士在宣讲布道时感受到的那种孤独无靠。勒让德可能是借用了他的朋友乌纳穆诺所使用的比喻（很有可能是无意的），但自从在巴黎的青年岁月起，这位信仰天主教的知识分子就已汲取了救世主的光芒、传道士的孤独和福音书中的力量。[66] 勒让德来西班牙是为了拯救灵魂，而在拉斯乌尔德斯他发现了一块永不枯竭的矿藏。

《拉斯乌尔德斯——人类地理学研究》在很长一段时间内都是研究该地区的权威著作。这本书集合了所有与拉斯乌尔德斯相关的问题，还提出了一些解决方案。勒让德否定了传统的处置方法，即把那里的居民迁往其他更适宜生活的地方，然后彻底关闭拉斯乌尔德斯。1922 年，他随阿方索十三世一同出巡，他和他在自由教育研究所里的克劳斯主义①的朋友都认为政府应该进行干预，帮助当地发展。这本1927年出版的著作并没有提出任何有新意的东西，它所讲的都是当时已经人尽皆知的问题，也没有什么新的发现。但是这本书的确有两个不可否认的贡献：它把有关当地的零散信息进行了总结，并且让拉斯乌尔德斯问题走向国际。这本书最早是以法语出版的，书名是《勒儒德》②。它面向的是法国的读者，从书中的各种注解和地理参照物就可以看出来（只要谈到比利牛斯山两侧的两个国家，此书总是立足于北面的读者）。当时这本书有几册在西班牙的拉斯乌尔德斯迷中流传，布努埃尔读的就是法文版。毫无疑问，乌纳穆诺和马拉尼翁也都读过，甚至可能读的是作者手稿或是还在排版的样稿。20世纪研究拉斯乌尔德斯相关问题的所有专家都研读过该书。然而除了学术圈，我不确定它在其他领域是否也有所传播。《拉斯乌尔德斯——人类地理学研究》多次被引用，甚至出现在中学课本里。如果考虑到它在其他书中被提及和在参考书目中出现的次数，绝对可以说这是一本在当时非常有影响力的著作。那么，为什么此书的西班牙文版直到2006年

---

① 克劳斯主义（Krausism）是一种以德国哲学家卡尔·克里斯蒂安·弗里德里希·克劳斯（Karl Christian Friedrich Krause）命名的学说，提倡学术宽容和学术自由，反对教条主义。在自由教育研究所的推动下，这一学说在西班牙一度极具影响力。

② 原文为法语Les Jurdes，即西班牙语拉斯乌尔德斯（Las Hurdes）的法语译名。

才正式出版？为什么过了79年它才被译为西班牙文，并且仅由埃斯特雷马杜拉地区编辑社（根本算不得一家出版社）印了一个版次？我猜测这本书和布努埃尔那部电影的经历一样：它在所处的时代影响深远，但是受到了权势的打压。没有人看过布努埃尔的电影，就像没有西班牙人读过勒让德的书，但是无论是电影还是书，最终都支撑起了一段神话。正如大部分天主教徒没有读过福音书，只是在教义问答和学校的宗教课上接触过相关内容，或是在周日的弥撒中有所取舍地读过一些片段。于是拉斯乌尔德斯在西班牙人心目中就成了一片恐怖的土地。大家都引用勒让德和布努埃尔的作品，似乎都读过那本书、看过那部纪录片——这成了所有人默认的事。实际上至今为止，那部电影几乎没有在电视上播放过，也没有在商业影院里上映过，只是在电影资料馆和博物馆里播出，而勒让德的书在九年间仅印了一版，并未售罄，也从来没有在传统书店里流通过。

　　和福音书一样，这部电影和这本书所传达的讯息不是它所记述的文字，而是它所蕴含的精神。拉斯乌尔德斯拥有数目众多的"教义问答专家"和普及者，让它在整个20世纪以及21世纪一段时间内的西班牙文化和政治中都占有一席之地。如果说曾有人真正看清楚它的价值，那个人就是佛朗哥。但不是佛朗哥本人，而是佛朗哥政权第二梯队的情报机构，是战后"新国家"的宣传机关。直觉告诉他们，勒让德和布努埃尔都触碰到了同一个真相，虽然是通过不同的方式——勒让德是依靠他的天主教背景，布努埃尔则是通过他的共产党员身份。拯救拉斯乌尔德斯就是拯救西班牙，如果说这个地区已经成了国家的象征，那就可以将之彻底放大，以局部代替全体。得到救赎后进入文明世界的拉斯乌尔德斯可以证明政府决心要把西班牙从原来的"西班牙"中拯救出来。另外，它也着重突出了共和国政府的无能和混乱，他们让这样一个地区变成了他们宣传的标志，却没有能力将它从积重难返的贫困中解救出来。传统上支持政府体制的保皇党和保守党（就是不完全反对议会制民主，但又不肯在游行时抬起胳膊行纳粹礼的那群人）要是知道能重振曾由阿方索十三世主导的事业，也会倍感欣慰。在佛朗哥时期，秉承着不过分吹嘘、也从不放弃目标的原则，拉斯乌尔德斯的"黑色传说"逐渐被加工打磨成形。

1964 年，西班牙知识宣传出版社出版了一本小册子，它是信息与旅游部的宣传产物，目标是终结"黑色传说"。这本书的书名为《拉斯乌尔德斯——传说与现实》[67]，由雷安德罗·德·拉·维加所著，细数了国家取得的各项佳绩。它用的是一种胜利者的姿态，但语气十分节制，力求准确。书中写道，贫穷、甲状腺肿大、营养不良的人们，尸体被河水运走的亡童，被当成商品贩卖的弃婴，伏在已离世的母亲胸前吸吮的婴孩……就算这些现象过去的确有过，在领袖佛朗哥的统治下，也已不复存在。

1964 年，这个年份不是偶然的。这一年，佛朗哥政权庆祝和平 25 周年。在内战结束了四分之一个世纪的这一年，共产党放弃了对政权的角逐，在流亡中呼吁国家推行新的和解政策。从国家内部来看，政府坚持认为没必要进行和解，因为矛盾已经得到了解决。战争的伤痕已被抹平，被轰炸的村镇得到了重建，外国游客挤满了海滩，逐渐富起来的西班牙人都在分期购买西亚特汽车和德律风根的电视机。整个国家欣欣向荣，没有怨气，也没有勾心斗角，民众也像佛朗哥期盼的那样不介入政治。在这一片光明祥和的氛围中，还有一位极其擅长媒体宣传（这不是佛朗哥的长项，他是个糟糕透顶的演说家，在公开场合的表现总是生硬死板）的年轻部长——马努埃尔·弗拉加[①]。他会讲英语，能和美国人沟通，代表了西班牙新兴中产阶级的愿望。人们希望自己的孩子可以像他一样，通过奋斗和努力，从位于卢戈省的偏远的家乡一步步走上外交官、部长的道路。

弗拉加是村长的儿子，比起军官和马德里富人区那些养尊处优的少爷，他更了解邮局和火车站对农村的重要性。他深知政府不应该是一个抽象的存在，或是首都里某一股强劲的黑暗势力。政府应该出现在国家的各个角落，尤其是在那些最偏远的地区。从社会学上来讲，西班牙无人村是支持过佛朗哥统治的，如果国家如弗拉加预言的那样最终变成一个欧洲式的民主

---

① 1962—1969 年间，马努埃尔·弗拉加（Manuel Fraga）担任信息与旅游部部长。

国家，那这个地区也会去支持保守派政府。弗拉加作为政府的化身，立志要帮助无人村地区获得更多关注。这个热爱镜头的政治家跑了很远的路去探访各地的村庄，仿佛在参加一场不会结束的竞选活动。不过他确实一直在为未来的竞选做着准备。他是所有母亲在送自己儿子去上大学时都憧憬过的样子，但同时也是一个父权式、家长式的男人，看上去比谁都了解农村人。他在农村考察时，一边和村民们分享着葡萄酒，接过他们递来的面包和红肠，一边说道："你们知道吗？我也是农村出来的，和你们一样。"

因此，他从没有忘记过拉斯乌尔德斯。他着意在和平25周年的盛大庆典上展现拉斯乌尔德斯现代化的形象，有新建的学校、电缆、由工会管理的政府保护房，还有干净的医院。拉斯乌尔德斯人体魄强健，营养良好，在镜头前笑容满面。也同样因为这个原因，佛朗哥去世后，他成了西班牙民主时代右翼大党的领导人，这时他再次回到了拉斯乌尔德斯。

佛朗哥于1975年11月20日去世。那是一个充满动荡和变革的冬天。到了寒冰融化的季节，弗拉加以"农村人的朋友"的身份，重新踏上了通向西班牙无人村的道路。1976年2月底，他到访拉斯乌尔德斯高地。[68]国家新闻纪录（no-do）是佛朗哥统治时期的新闻播报，会在所有电影放映前强制播放。在这一段播报的短快镜头中，可以看到一些一闪而过的标语牌，上面写满了人们的诉求："拉斯乌尔德斯渴求文化""我们想要工作，我们不想搬走"。所有在1976年3月的第一个星期去了电影院的西班牙人都会在新闻里看到弗拉加在拥抱拉斯乌尔德斯的居民，和当地妇女行贴面礼。确实很多观众都是等着新闻播报完才入场观影，确实没人特别关注这个老掉牙的前奏里佛朗哥部长们的长篇大论，但是观众从那两分钟的新闻里获得的有关拉斯乌尔德斯的信息远比从布努埃尔的纪录片里获得的要多。西班牙人在1976年3月的第一个星期看到了拉斯乌尔德斯的全貌和其中一些村镇的细部，那里和国内其他地区毫无二致，或者说是他们自己的家乡也完全可以。

然而，无论是弗拉加本人，又或是那些幸福健朗的老人们的形象，抑或是水电站地基的照片，都不能消除人们对"黑色传说"的记忆。甚至在佛朗哥统治时期，布努埃尔留下的阴影还在嘲讽着政府的宣传，也继续停留在人们的意识中。甚至在1960年，还有一些《拉斯乌尔德斯》的电影剧照作为短篇游记《漫步拉斯乌尔德斯》的插图被公布于世。此书是塞克斯-巴拉尔出版社在继塞拉的《阿尔卡里亚之旅》大获成功后推出的选集，讲述了一段在西班牙无人村漫步的故事。序言里这样写道：

　　　　和有些文章所写的不同（比如埃斯帕萨出版社的缩略本百科词典），拉斯乌尔德斯的落后处境并没有终止。依据我们的理解，那里问题的根源与它贫瘠的土地紧密相连，所以无论是拉斯乌尔德斯皇家理事会，还是所有那些本着极为高尚目的而建立的机构，不管愿望多么真挚，都无法在短时间内抹平那些偏僻房舍给人留下的伤痛。

　　我们证实了之前一些踏过这条路的旅人所说的话，从拉阿尔韦卡穿过萨拉曼卡的边界到波尔迪约-德-拉克鲁斯，穿越那条边境就像是穿越了历史。在拉斯巴图艾卡斯和拉斯乌尔德斯山谷的高地上，在这埃斯特雷马杜拉高原的狭窄地带中，四处都是一片死寂，想到还有人居住在这样的死寂之中，就令人心痛不已。在这无田的土地上，在这凄凉而饥饿的土地上。^[69]

边境、征服、南方海洋上白色阴影的神话一直在延续。

从根本上来讲，这是两种立场的斗争，他们中的一方相信政府，另一方希望毁掉政府或是以另一个政权取而代之。马拉尼翁是政界人士，是重量级人物，他受不了布努埃尔那种几近动物园展览式的拍摄方法。并不是说他比布努埃尔导演更悲悯或是更加圣洁，而是因为他不认为拉斯乌尔德斯的野蛮是文明带来的罪责——这个国家的一部分土地完全被隔绝在进步之外，但是有政策支持，让政府关注需要它关注的地方，是可以补救的。就如布努埃尔曾暗示过的，马拉尼翁不相信存在那种邪恶的"利维坦"①，会故意让自己的臣民因饥饿而亡。布努埃

----

　　① 利维坦是《圣经》中象征邪恶的一种海怪。在托马斯·霍布斯创作的政治学著作《利维坦》中，霍布斯以此比喻君主专制政体的国家。

151

尔则恰恰相反，对他而言，拉斯乌尔德斯是一个开战的理由：对这种情况放任不管的政府不值得人民的服从和尊重。

马拉尼翁胜了。怪兽和异域冒险的电影已经过时，但改良主义从未退场，因为政客们在各类开幕剪彩活动上拍照留影的爱好从来没有变过。进入拉斯巴图艾卡斯后，哪怕我只是从汽车的挡风玻璃看出去，那片景象也足够令人印象深刻，但我并没有觉得自己穿越了什么边境。沿路有自行车手，有林间徒步道的路标、垃圾桶和野餐区域。每穿过一个弯道，就有很多东西让我想起欧洲的某个自然区。拉斯梅斯塔斯，是我遇到的第一个村庄，那里有不少餐厅，有很多"比丘大叔"的广告，他是一个养蜂人，申请了蜂蜜酿造的烈酒和其他一些产品的专利。他的商铺与马德里或是巴塞罗那市中心的美食店别无二致：空调开放、音乐舒缓，是个品尝美食、欣赏各种陈列考究和包装时髦的产品的好地方。"比丘大叔"粗犷的形象出现在各种细口瓶商品的标签上，而他本人就坐在桌旁和邻里们聊着天。看上去他日子过得很不错。我也做了点贡献，买了些点心、饮品作为礼物。拿到账单时我大吃一惊，34欧。对于四件小东西来说，这价格有点高了，而且说实话我也不喜欢蜂蜜，我想退掉其中某一样，但"比丘大叔"正斜眼瞄着我。我默不作声地付了钱，我可不能做那个让拉斯乌尔德斯返贫的人啊。

文明战胜野蛮的最佳典范就是皇家乌尔德斯酒店，它位于拉斯梅斯塔斯村旁边的一座小山上，是由埃斯特雷马杜拉自治区执政委员会于20世纪90年代修建的，选址在一座综合服务所的遗址，阿方索十三世1922年到访时曾在这里下榻。这座酒店是埃斯特雷马杜拉工人社会党的主席胡安·卡洛斯·罗德里格斯·伊巴拉和欧盟地区发展基金计划的产物。这是一家上档次的酒店，有游泳池、水疗和餐厅，坐落于曾经是欧洲最贫困地区的中心。酒店的一条走廊里悬挂着胡安·卡洛斯一世1998年考察拉斯乌尔德斯的照片，《国家报》的相关报道就以《国王的到访终结了拉斯乌尔德斯的"黑色传说"》为标题。[70]阿方索十三世当年骑马巡视了这片全欧洲死亡率最高的地区，他的孙子则去参观了当地的学校、医疗中心和小型农业企业。我曾在那家酒店的餐厅享用过埃斯特雷马杜拉当地的佳酿和美味的奶酪，那家餐厅就以阿方索十三世的名字命名。

1984年，一位年轻的工人社会党教师在埃斯特雷马杜拉议会选举中取胜。他深谙如何隐藏自己的学院派举止，打造出了一个扎根于这片热土的优秀儿女的形象，深以家乡的口音为傲。西班牙民粹主义的特色模式就是这样：一个村庄里的小年轻，以优异的成绩学成归返，只因眷恋家乡祖父母那波隆酒壶①里的美酒。胡安·卡洛斯·罗德里格斯·伊巴拉获得了议会的绝对多数，成了不久后被人们称为"男爵"的人物。他担任埃斯特雷马杜拉执政委员会主席近25年之久，是男爵中的男爵，有人

---

① 波隆酒壶（porrón）是一种西班牙传统的葡萄酒饮酒器。

认为他在掌权期间搭起了一张庇护网（考虑到他的长期掌权和超凡魅力，这种搭建甚至可能是在无意间完成的），和拉丁美洲很多考迪罗的形式没什么区别。

新的埃斯特雷马杜拉有自己的区旗，找到了自己的身份和语言认同，也还有不少需要抹平的伤痕。罗德里格斯·伊巴拉的胜选承诺是要完成现代化。20世纪80年代末，"埃斯特雷莫杜罗"——一个来自普拉森西亚的摇滚乐团开始活跃。乐队作品偏重于重金属风格，受到了朋克影响，歌曲内容经常与药物滥用、性失控有关。了解普拉森西亚这个地方的人就会明白他们创作的这些主题是非常合乎逻辑的。这是一座西班牙内陆地区最典型的中世纪城市，宗教事务所管理地方政务长达几个世纪之久，教会负责监管和训导社会生活。"埃斯特雷莫杜罗"带给人们的是在乡村凋零、城镇的主教堂沦为断壁残垣的那十年间的情感宣泄。这个乐队的名字故意对埃斯特雷马杜拉的名称进行了改写。[①]他们的第一首热门曲目《埃斯特雷马伊杜拉》[②]，用几句歌词概括了这个地区："建了这么多混蛋水库/水已经淹到我们脖子/橡树果子，都受了辐射/我们最后连猪都没了。"这几句歌词指的是佛朗哥建水库和核电站的癖好给这片土地带去的磨难。

---

① 埃斯特雷马杜拉的西班牙语名为 Extremadura，乐队"埃斯特雷莫杜罗"则为 Extremoduro，将原名称里代表阴性的字母 a 全部改为了阳性的字母 o。

② 该歌曲名西班牙语为 Extremaydura，把埃斯特雷马杜拉自治区名（Extremadura）改写为由"极度"(extrema)和"坚挺"(dura)两个形容词的组合。

它还特别提到了牲畜养殖业的毁灭，而这曾是当地的传统支柱产业。①用社会学文雅的用语来解读，他们的歌显得有点荒唐，它当然自有一套逻辑，但我也理解，对于不了解该地区、不了解这个乐队或是歌词中各种指代的读者而言，听他们的歌曲需要注解。我请求大家多一点耐心。

这首歌的另一段是这样的："这是征服者的土地/而我们现在一点种都没有/但你要是想跑到远方去/你就连点毛都剩不下了。"秘鲁的征服者皮萨罗和墨西哥的征服者科尔特斯都出生在埃斯特雷马杜拉，作者把这一点和埃斯特雷马杜拉人在20世纪远赴加泰罗尼亚和拉丁美洲的工作潮联系在一起。这首歌还对《创世记》进行了污秽的戏谑："他用七天创造了天地万物/埃斯特雷马伊杜拉，是在第八天造的/他想看看自己他妈的造出了什么东西/那天他没大便。"副歌部分非常有逻辑地写道："上帝在卡塞雷斯和巴达霍斯拉了一泡屎。"

当地一些政客因为这个乐队恼羞成怒，惺惺作态地指控它那些有损家乡形象的行径。而"男爵"罗德里格斯·伊巴拉则以它为豪，认为在如此传统的农村地区，能出现这么一支现代时髦的乐队，是所有埃斯特雷马杜拉人的骄傲，证明他们已经把往日的贫困和伤痛都抛在身后，成了欧洲化的典范。埃斯特雷马杜拉已不再是那个偏远且无足轻重的地区，而进入了当代

---

① 橡树果子是伊比利亚黑猪的主要食物。

主流文化。在历史的进程中，有某种纽带将卡洛斯一世安度晚年的于斯特修道院①（那里还有一座欧洲科学院）和当代的"埃斯特雷莫杜罗"连在一起，中间还穿插了拉丁美洲征服过程中最光鲜的部分：那是一种世界主义的精神、一种对现代化的渴求、一种从草原向世界发出声音的愿望。这就是罗德里格斯·伊巴拉的言论，这位蛊惑人心的大师竟能把这当成自己的功绩来赏评。

　　就是这种精神让拉斯乌尔德斯摆脱了"黑色传说"，成了在"男爵"罗德里格斯·伊巴拉英明领导下走向成功社会的寓言故事。拉斯乌尔德斯成了政治宣传最爱的地区，讽刺的是，佛朗哥时代的弗拉加奉行的也是这样的方针，但是现在的宣传手段更多了，也给予了知识阶层更高的自由度。"比丘大叔"开在拉斯梅斯塔的店铺起到的作用和"埃斯特雷莫杜罗"乐队一样。埃斯特雷马杜拉执政委员会的标志在整个拉斯乌尔德斯地区随处可见。所有的基础设施上都印着区徽，每条道路的弯道处都有指示牌，详细地列出投资金额和项目名称。拉斯乌尔德斯似乎处于未完成状态，但是去那里参观的人又会觉得当地政府把这里建设得非常不错。

　　布努埃尔的印记已不复存在。皇家乌尔德斯酒店的一位女接待员在一张地图上给我指出了一个有关拉斯乌尔德斯房屋的

---

　　① 卡洛斯一世于1556年退位，退隐至位于今天埃斯特雷马杜拉自治区的于斯特修道院。

参观地。她对我说，布努埃尔电影里著名的场景都是在那里拍
的。我忘了记下来，所以没过一会就发现自己不记得那个村庄
的名字了。我又回到前台，但是工作人员已经换了班，另一个
女孩接待了我。"是这样，"我对她说，"你的同事刚才给我介绍
了一个村子，可以去参观传统的拉斯乌尔德斯房屋，但是我记
不起村子的名字了。她说布努埃尔的电影中有好几个场景都是
在那拍的。"姑娘抱歉地说道："我不清楚，完全不知道布努埃
尔是在哪拍的电影。"我才发现，原来没有人知道，也没有人想
了解，没人对它感兴趣。游客中心旁边的酒店里在售卖一些与
该地区相关的书籍，其中包括我带着一同上路的那本勒让德的
书（我在读这本书的时候，是一天的黄昏时分，我在泳池的一
把躺椅上，用铅笔画了一幅奇怪的画，当时我的周围尽是带着
孩子的家庭，孩子们尖叫着在水里玩耍，溅出水花）。没有一本
书提到布努埃尔。我不敢说这是当地政府践行的缄默法则，但
我能感觉到他们想避免提及这部该死的纪录片。整个旅行期间
再没有人和我谈起过布努埃尔。

那女孩提到的村子叫埃尔加斯科，地处拉斯乌尔德斯高地
的最深处，有一条非常狭窄且多急弯的公路通向村里的广场，
哪怕是今天也不容易到访。这地方从哪里进就要从哪里出，没
有第二条路。记者路易斯·卡兰德尔说，20 世纪 90 年代初期
"埃斯特雷莫杜罗"乐队开始重谱埃斯特雷马杜拉之曲的时候，
埃尔加斯科还没有通自来水，因为政府与自来水管道需要经过

地方的一些土地所有者之间有尚待解决的纠纷。[71] 我在一家阴暗污秽的小酒吧里喝了一杯咖啡，那地方的肮脏程度让人很难相信这是在2015年。我问起了参观拉斯乌尔德斯房屋的事，没有人清楚。在广场上，有个老人模糊地指向一个坡道，说大概是在那边，但是已经很久没有人去参观过了。从年龄上看，老人完全可能是《无粮的土地》中出现过的小群众演员。我终于到了目的地，老人的话被证实了，那地方已经关门。透过窗户可以看到里面已落了厚厚的灰尘，结了密实的蛛网。而那时正值夏季，是旅游旺季。

　　哪怕再用博物馆学的术语来美化这座拉斯乌尔德斯房屋，它也确实只是一间贫寒的屋舍，一座石头房子。一看到它，那段至今还没被人淡忘的赤贫时代便历历在目，广场上的老人们现在还能感觉到当年的刺骨严寒。那间屋子让人想起布努埃尔，那里的街道让人想起他那部电影。整个埃尔加斯科看上去就像是影片里的某个场景。可能正因如此，人们才决定让此地被世人遗忘。没有人会想念这里，就像现在没有人会怀念怪兽、侏儒和甲状腺肿大的时代。

　　在学术领域，埃斯特雷马杜拉执政委员会花了大力气想抹净"黑色传说"残留的最后一块油垢。1988年，在卡萨尔-德-帕洛梅罗举办的第二届全国拉斯乌尔德斯人暨拉斯乌尔德斯相关问题研究大会上，人们终于第一次达成了定论。这次活动想要效仿80年前（1908年）在普拉森西亚召开的第一届大会，但是有两个重大变化：第一，这次大会在拉斯乌尔德斯举办，而不是在其他周边城市；第二，第一届的会议名称为全国拉斯乌尔德斯相关问题研究大会，而这次则在会议名称上加上了"拉斯乌尔德斯人"一词。第一届会议是一场慈善性质的活动，作为讨论客体的拉斯乌尔德斯人并没有参加，与会人员都是主教、天主教知识分子和教授等。第二届大会发生的变化是翻天覆地的，用叙事学的术语来讲，就像是从假冒全知全能的第三人称视角忽然转变为第一人称的叙述。1988年，拉斯乌尔德斯人准备自己来讲述自己的故事。到了1994年，他们终于成功了。这一年，由卡塞雷斯议会主编的《阿尔坎塔拉》杂志推出了一期长达400多页的专题性研究，收录了该地区各领域的知识，如历史、地理、经济、文学、人类学和人口统计学。哪怕是从今天来看，这期杂志所涵盖的内容也比勒让德的研究更丰富，且驳斥了他书中近乎所有的内容。[72] 2006年12月，第三届大会在卡米诺莫里斯克召开，这是拉斯乌尔德斯地区一个位置极其偏远的市镇。这次大会由当地的机构组织，拉斯乌尔德斯发展协会主席赫尔瓦西奥·马丁表示："我们希望通过这次大会展现出一个正常的拉斯乌尔德斯。我们这个地区存在很多困难，但我们为近20年来取得的成果感到骄傲，现在的我们和埃斯特雷马杜拉任何一个地区相比都没有什么差别。"[73]《阿尔坎塔拉》特别刊首篇的题目就是《拉斯乌尔德斯并没有什么不一样》。这当中想传达的信息非常明了。

当叙事从第三人称转为第一人称，原本笼罩在拉斯乌尔德斯神话之上的白色阴影就消散在那片南方的海洋中了。那里已经没有土著人，也没有什么等待被发现的遗忘之地，因为拉斯乌尔德斯人生来就无遮无掩。叙事人称的改变是一个道义上的问题，却与真实与否无关，它意味着尊严和书写历史的正当性，用女权主义的行话来说就是"赋权"。"自我讲述"与"被讲述"之间的区别，就相当于"被控制"与"自我控制"的关系。但是第一人称也有它的缺陷，即刻意美化和自我理想化。自画像总是更加宽容，它不是镜子，因此以这样的方式讲述的有关贫穷的故事总是相似的。

这一点我是在宣传自己的小说《无人在意之事》[74]时发生的一个美丽的故事里学到的。小说的主要内容发生在马德里的大使街区。大使街是一条很长的坡道，它的最高点位于拉瓦皮耶斯区，而最低点几乎到了巴列卡斯区。20世纪五六十年代住在那里的都是穷人，但总会有一些人比另一些人更穷。越靠近路底端的尽头，住的人就越穷。在坡道顶端有一些棚户房和寒酸的住宅楼，最低处则都是贫民棚户区。我家人过去住在波尔迪约区，是在过了拉瓦皮耶斯区的地方，旁边有一面土坯墙把它和更南面的其他街区隔开。事情是这样的，有一天我和音乐家安娜·贝伦在马德里北部的一家餐厅吃饭。安娜当时刚读过我那本书。她很激动，因为她就在大使街长大，不过是在这条街的上段，靠近拉瓦皮耶斯区的那头。她记得她母亲过去禁止她和波尔迪约区的孩子们玩耍，也就是和那些住在那条坡道下一段的人一起玩。因为他们更穷，所以是信不过的下等人。这么说来，我母亲和安娜·贝伦小时候是不可能在一起玩的，因为她妈妈不允许，但她们在相距那么近的地方同时长大。我给母亲讲起此事的时候，她笑着对我说，她小时候也是一样，只不过大人们不许她和住在更下面的孩子们也就是那堵土墙另一侧的孩子一起玩。那么我想，住在那条坡道每一段的人可能都是如此，他们之间的分层极为清晰。我总在与我那本小说相关的讲座和读书俱乐部活动上讲这件趣事，因为反响甚好。

有一次，我在马德里南边的赫塔费举办的一次读者见面会上也讲了这个故事，但一位目光严厉、满脸痛心的老太太打断了我。她年龄大概80岁上下。之前已经有人提醒过我，我小说中的一些段落让她觉得被冒犯了，但他们没告诉我究竟是哪些段落。我满怀畏惧地请她发言，也尽量保持微笑。她语气中的愤怒令我震动。"咱们来说说看，"她说道，"谁告诉你我们这些住在佩努埃拉斯土墙南边的人就是下等人？你算什么人，竟这样来评价我们？我们是穷，但也是从安达卢西亚来这里靠自己劳动赚口饭吃的正派人，是谁告诉你我们是拿着刀又偷又抢的人？"

我咽了一下口水，感觉到全场二三十个读者的眼睛都盯着我。主持人比我还着急，窘迫地看着我，仿佛在请求我的原谅。我尽量用自己最亲切的语气，试着平静地向她解释我不是那个意思，我只是想描绘出书中的人物在被要求不要和那群人混在一起的时候感受到的恐惧。我向她解释我想表现的是被反复刻画的偏见和恐惧是如何导致了阶级歧视，有时甚至是暴力。城市逐渐分层，富人害怕穷人，他们不仅用围墙和警告来自保，还创造出那些传言，把穷人塑造成了豺狼和妖魔。我感到那位女士的态度慢慢缓和下来。她明白了我的话，而我也不再出汗，总算松了一口气。

这样的故事让我明白，穷人不喜欢外人来讲述他们的故事，当他们有机会自我讲述的时候，他们就开始着重突出本群体的尊严、奋斗和正直。于是，农村和穷人的街区就到处是互帮互助、相亲相爱的人，是个好似田园牧歌一般的地方。而就算有恶存在，那也是从外部侵入的（可能是来自更穷的街区）。拉斯乌尔德斯就是这样的。有关这个地区的故事从冒险和惊悚的主题变成了经过美化后的自传。这两种尝试无疑都有缺陷，而且都有意隐瞒了真相。所谓真相，也是一种看问题的方式，但这种方式希望看到的是眼前真实的情景，而不是自己希望看到的东西。但是在上述两种尝试中，后者无论有多少瑕疵，从道义上而言都更高于前者。虽然有个别女士会在读书俱乐部上因为一些压根只是她想象出来的冒犯而大为光火，然而，一个敏感的群体，总比一个毫无渠道回应他人对自己创作的群体要好。

拉斯乌尔德斯地区的矛盾在于，其自我叙事和佛朗哥政权给它创造的故事是一样的。知识宣传出版社对拉斯乌尔德斯的辩护与国王到访终结了"黑色传说"的说法别无二致。1976年弗拉加访问时的那条国家新闻纪录与罗德里格斯·伊巴拉每次视察后刊登在地区报纸上千篇一律的照片相比，也基本没什么区别。这个地区如此塑造自己的故事，不是因为这更加真实，而是因为这样更让它舒心。

　　一辆轻便摩托车顺着松林道一路向下，开到了水车边。骑车的是一个年岁不小的农民。也许六十岁，也许五十岁。农村生活让人更显老。他是个胖胖的大块头，但是动作很灵巧。那辆"韦士匹诺"①摩托车在他胯下像玩具似的。把坐骑和驾驶员放在一起看，那画面十分有趣，好像《疯狂大赛车》中的场景。我是在卡塞雷斯省这一侧的河岸边看到他的，而他是在萨拉曼卡省那一边。这条河分开了卡斯蒂利亚自治区和埃斯特雷马杜拉自治区，是一条想象意义上的边界。没人重视它，就连桥边标着地界的路牌看上去都生了锈，无人问津。从名义上来讲，那个男人身在萨拉曼卡，但实际上他和我在同一个位置。他下了车，放下了摩托车脚撑，脱掉上衣，扒掉牛仔裤，把脚上的运动鞋踢到一边，一头扎进河里，那焦急的神情我只在电影《邮差总按两次铃》的色情场景里见过。那条河实际上只算是类似泳池一样的水潭，水面非常平静。这男人似乎正被什么

---

　　①"韦士匹诺"（Vespino）是20世纪60年代末西班牙制造的一款轻便摩托车，多年蝉联销售冠军，被视为70年代西班牙社会的文化象征符号。

灼烧似的，我虽然看不清他的脸，但可以猜出他入水后大感轻松，就好像持续了几个世纪的灼热突然被浇熄。

我那天早上起来还觉得微凉，不敢下水，但也在瞬间有了一种想要下去泡一泡的冲动。我脱掉T恤衫，把眼镜放在浴巾旁，也跳进了河里。我漂在水面上，让耳朵浸入水中。我听到的是河水的声音，眼睛里看到的是岸边的松树、小桥和棉花一样的云朵，实在是惬意至极。再无更绝妙的地方，再找不到更凉爽的浴场。摩托车的声音传来，我转过头，看到那个农民已经重新跨上摩托车，没擦干身体，也没穿上衣，一溜烟开到了山坡上。他把全部的燥热和烦闷都留在了河水中，带走的是一身轻松。而我也觉得自己身上变得更轻快了。正值夏日，孩子们都在游泳，餐厅的露天位置上坐满了啜饮啤酒的人，身材健美的退休人士沿着通往梅雷罗河曲的小道徒步。万物宜人，一片柔和。我很快就被空气中那种快乐的气氛感染。那是一种很平淡的安逸，就像在工会组织的温泉疗养地度假。

然后我会去拉德里亚尔河畔一家餐厅的露台上坐下，点一道羊羔肉。它是经过腌制后烤的，表皮酥脆。我会点葡萄酒来佐餐，这酒是在南边50至100公里的地区装瓶的。我周围的食客也会吃差不多的菜，配相似的葡萄酒，没有任何特殊之处。这是一座地处欧洲一隅的美丽山谷，秩序井然，接待着为数不多的游客，他们彬彬有礼，谈笑风生。如果真要说有什么地方让我觉得特殊，那就是仅仅60年前，这些村子里的人只有在山羊坠崖后才吃得上羊肉。1922年，格雷戈里奥·马拉尼翁医生来这个地区考察，途经这些村落时他在笔记本上写下："长期贫困"。甲状腺肿大和疟疾屡见不鲜。就在这里，就在我吃烤羊肉的地方，他记录了数十种与营养不良相关的病状。而现在的我可以尽享美食，不会有孱弱的孩童上前来讨要钱。马拉尼翁在详述了一个村庄糟糕的饮食问题和居民们的疾病后，又在日记里写道："风味绝佳的烧羊肉。"[75] 那时候村里人只能吃土豆和硬面包，医生和他的朋友们却吃上了烧羊肉。对此马拉尼翁没有做任何评论。他觉得食物不错，我当然也会觉得不错，但是我们两人品尝的美食存在于两个不同的国度，尽管皆处地图上的同一位置，却毫无相同之处。

▲

第五章

热忱的水手

▼

希望有一天西班牙能配得上它的风景！

——弗朗西斯科·希内尔·德·洛斯·里奥斯

我一边写，一边摇头，几乎没意识到自己陷入了一个绝妙的想法：回到全知全能的视角叙事，扮演造物主的角色。因为做推断、连点成线、寻找前因后果、像历史学家那样以古释今是一回事；像我现在这样，被拉斯乌尔德斯的神秘光晕遮蔽双眼，去搜寻各种隐秘的痕迹，又完全是另一回事。看来，西班牙教育使团①的第一站该是拉斯乌尔德斯。现代教育学家想要把西班牙农村从无知中拯救出来，首先就选择从这个糟糕的地区下手，是多么有说服力啊！

　　实际上，他们的第一站并不是拉斯乌尔德斯，虽然在我的故事里最好是如此。历史上西班牙教育使团的第一站是塞戈维亚省的阿依永，"传教士"们于1931年12月到达该地。然而，在前一年就已经有一支考察队开往拉斯乌尔德斯，它不属于官方组织，因为那时候"教育使团理事会"还没有成立，它没有得到任何政府支持，说是考察，其实更像是自由教育研究所在当时组织过很多次的游学活动中的一次。然而，这被认为是有

---

　　① 西班牙教育使团是西班牙第二共和国政府赞助的一个文化宣传慈善项目，于1931年创立，一直延续到内战后期。

史以来第一次，城市人把文化带到了农村，也表明"文化下乡"不是仅仅源于共和国①的推动，还凝结了人们几十年间的心血。共和国只是加快了其推进的速度，并组织了一些在当时的社会氛围下已经充分酝酿、水到渠成的活动。

倒带。我需要倒回到几十年前，才能看得更加清晰。我选择1875年——西班牙历史上的关键年份。那一年，加尔多斯准备出版小说《民族轶事》的第二辑，同时也完成了对小说《悲翡达夫人》的润色打磨。帕维亚将军骑马进入议会，终结了第一共和国，马蹄所扬起的灰尘还在空中飘浮。经过了六年的动乱、纷争和各路大将军的轮番登场，已经有一年多没发生什么事了。波旁家族回到他们的宫殿，权贵们继续他们的选举舞弊，就连天主教在经历了一些无神论浪潮的波动后也想要重返舞台。发展部部长马努埃尔·奥罗维奥恢复了一项法案，要求限制教学自由，禁止在大学里教授有违基督教教义的课程。一帮自由派的教授不愿遵守这条法令，也不承认新政府。政府对此表现出了惊人的容忍度——把他们——解职，送进监狱。多亏几位部长把牢房当作一味社会镇静剂，国家才得以获得平静。

这些教师中有一位教法律哲学的年轻教授——出生在马拉加的弗朗西斯科·希内尔·德·洛斯·里奥斯。出狱后，他召集了身边的一些进步人士，准备在西班牙创立一所类似于柏林

---

① 此处指西班牙第二共和国，其成立于1931年4月14日。

洪堡大学的高校。一年后，也即1876年，自由教育研究所在马德里成立，这是西班牙现代历史上最重要的教育创新。当时政府的风向也对它有利：卡诺瓦斯推行的寡头体制让西班牙局势稳定，再加上世界经济从1873年的危机中恢复过来，正处于少有的上行趋势，这种繁荣的势头一直到1914年第一次世界大战时才戛然而止。在这种稳定的环境下，研究所得以顺利发展，逐渐壮大，最终成为重要的文化基石。不谈自由教育研究所，就完全无法理解西班牙20世纪上半叶的文学、艺术、电影，以及受它启发而搭建起来的教育体系。影响尤为深远的是研究所的两项举措：一是建立学术扩大委员会，向教师颁发奖金，供其在国外接受培训；二是建立大学生公寓。希内尔的计划能成功所要感谢的竟是那些之前把他关入大牢的人，这实属讽刺。然而，如果不是那段在书本中被称为"波旁王朝复辟时期"的阶段提供的长时间的稳定和繁荣，现代西班牙的很多基本架构就无法搭建，包括1879年成立的工人社会党、1888年成立的第一个工会组织劳动者总联盟。表面的和平所掩盖的是腐败，蓄着络腮胡的老爷们在政府里轮番坐庄，操纵选举，与近乎封建首领的地方权贵进行政治交易。当代西班牙最优秀、最现代、最重要的精神就在这样的背景下发展起来了。

当然了，这种精神是在城市里成长起来的。1875—1923年，或者说直到1930年，西班牙农民目睹了一些城市以惊人的速度发展壮大（虽然说这时候城市的拥挤程度还远不及后来人口外流那几年那般严重），而与此同时他们的小村庄依然偏远隔绝，统治该地区的甚至还是中世纪时驱逐摩尔人的那帮贵族。巴塞罗那推倒了它的城墙，塞尔达设计的扩展区被建了起来。马德里经历了第一场炒房热。加尔多斯在小说《两个女人的命运：福尔图娜塔和哈辛塔》[76]中讲述了钱贝里区是如何建成的，以及北边的乡村是怎样变成了资产阶级的街区，而南边，从跳蚤市场埃尔拉斯特洛向南，聚集了最早的一批工厂，沾满了贫穷的油污。一些农民决定离开农村，这就是第一批外流的农村人口。还有一些人决定留守乡村，靠吃黑面包充饥。但他们都仇恨那些新兴的"巴比伦城"，鄙视那里的人的讲话、出行和穿衣方式。这并不是什么新鲜事，农村上千年的传统里一直存在着这样的鄙夷。《圣经》里就有这样的记载，妄自尊大的巴比伦人自以为可以建起巴别塔，最终却受到了上帝的惩罚。城市就是罪恶。神父每个周日都在教堂里强调，城市就是魔鬼。农村一直以来都是用鄙夷、恐惧和仇恨的眼光看待城市的，城市愈是壮大，农村的鄙夷、恐惧和仇恨就愈加强烈。发生在1876年的变革让很多住在巴别塔里的精致的城里人开始把目光转向农村。他们开始真正观察农村。从许多方面来讲，他们将要去"发现"农村。

希内尔热爱远游，有很多文章都提及过这一点。他这是受到了德国浪漫主义传统的影响，并接受了以此为基础的民族主义：用鞋底走出对祖国的热爱。从19世纪初期开始，这种形式就在受到浪漫主义影响的欧洲文人中大受欢迎，尤其是那些被亚历山大·冯·洪堡的荣光"普照"过的学者。这一风潮进入西班牙时，在法国、德国已有了几十年的发展，早已蔚然成风，英国人更是把它打造得臻于艺术之境。此外，当时的社会环境也使希内尔的乡野漫步成为可能。自由教育研究所的学生得以走进大山深处，是因为之前带着武器挺进山区的那些人已经不在了。1808—1876年的68年间，西班牙经历了一场抵抗侵略的独立战争、一次专制主义的复辟、三场内战、十二次军事政变、一场自由派革命和一场地方分裂主义革命。那时候，城市是安全的，但是谁要是敢踏上农村的"危险道路"（当时几乎没有铁路），可就没人敢保证他们的安全，在那里出没的尽是强盗、卡洛斯派、从这个或那个将军的战场回来的士兵、各种类型的革命派和反对所有政府的武装游击队员。"复辟时期"终结了这种局面，时隔多年后，人们再次可以在乡间行走，安全无虞。直到1936年，在西班牙本土范围内再也没有发生过战争，①除了几次政治动荡、无政府主义

---

① 在伊比利亚半岛之外的其他地方可以说战乱不断。1883年，经过了漫长的西班牙-南美洲战争后，西班牙承认秘鲁独立。1868—1898年间，西班牙军队与古巴独立军之间一直战事胶着，几乎未曾休止，最后演变成了西班牙与美国的战争，以古巴1898年的独立告终。在民族主义者和西班牙军人多年的武装冲突之后，被称为"灾难年"的1898年最终以波多黎各和菲律宾的独立结束。1893—1894年间发生了马格罗战争，即西班牙与在梅里亚周围定居的柏柏尔人部落之间发生的冲突。这场冲突的下半场发生在1909年。同年8月，与摩洛哥作战的征兵导致巴塞罗那发生了"悲剧一星期"。但毫无疑问，持续时间最久、最血腥、对西班牙影响最深远的（比被过分夸大的"九八年灾难"的分量还要重）还是摩洛哥战争（1911—1926）。西班牙领土在复辟时期虽然基本处于和平状态，但也是战事不休，军队一直在和不同的敌人展开战争。

的炸弹袭击、暴力镇压罢工和野蛮枪决政治异见者（如被处决的加泰罗尼亚教育家费雷尔·伊·瓜迪亚）以外，那些年里西班牙发生的各类事件，同样也在其他欧洲国家或者纽约上演。[①]正是因为国内安定繁荣，希内尔才能放心上路。他把半块奶酪和一大块面包丢进行囊，把世界抛诸脑后。他有时步行，有时骑马，就这样走遍了西班牙。人们在行路之时不用担心会被歹人在背后抹了脖子，旅途才更加宜人、富有教益，可以安心欣赏沿途的花草、动物、山川，也可以在村落里与一些令人惊喜的建筑不期而遇。

西班牙远游主义的两大推动力量均在1876年出现并不是偶然。一个是前文提过的自由教育研究所，另一个是加泰罗尼亚游学社团。对于前者而言，出游是一种教育方式而不是目的，但后者恰恰相反。它把这种思想从欧洲引入西班牙，且都认可同一个想法，即人们要去发现风景，去打造风景，让它融入民

---

① 弗朗西斯科·费雷尔·伊·瓜迪亚 (Fransisco Ferreri Guardia)，教育家、巴塞罗那新学校的创始人、无政府主义者，他被军方指控为1909年8月"悲剧一星期"暴乱的煽动者，在战争委员会上被判处死刑，尽管国际社会强烈要求安东尼奥·毛拉政府赦免他，但最终他还是在蒙锥克山被执行枪决。那时候很多"毛拉派"的西班牙知识分子都为费雷尔·伊·瓜迪亚被处决拍手称快，其中就包括米格尔·德·乌纳穆诺，然而多年后他们都为此表示后悔，为曾经拥戴过如此残暴之事请求原谅。另外，在1876—1931年间，无政府主义在巴塞罗那和其他大城市引发了持续不断的震荡，袭击、紧急状态和城市暴乱接连上演。1893年发生了巴塞罗那里塞欧剧院炸弹袭击，1906年在马德里马约尔大街上有人向参加阿方索十三世婚礼的人群投放藏在花束中的炸弹。

族视野中。就像加泰罗尼亚人所说的那样，去"创造国家"。但是矛盾之处在于，这个国家得先被创造出来，人们才能去那里旅行。

亚里士多德学派①的教义是自由教育研究所秉承的基本思想。该机构1930年的教学大纲中这样写道："我们有一些完整的课程，比如艺术史，有时候也会上课，但是只会在历史建筑和博物馆旁边授课。"[77] 随着时间的推移，游学的方案设计日趋完善，在这种模式下，学生们不可能在教室里昏昏欲睡，而是需要经常跟随老师出行，游历西班牙各处。根据该研究所的档案资料，仅1880年他们就组织了220次出行。[78] 考虑到一个学期的教学日一般不超过两百天，这个数据可谓相当可观。

这其实是一种很明显的功利主义思想，但是非常容易理解：既然明明可以直接去参观一座教堂，或者是在现场观看吹制玻璃，那老师何必耗费一早上时间，在黑板前沉闷地讲解浪漫主义艺术或是吹制玻璃的原理？这一点很明确，但还有一层更加微妙的背景，或许不是所有学生都能察觉到，可它最终渗透了他们每一个人。那就是爱国主义。

远游是一种爱的行为，是去往神圣之地的朝圣。所有基督教朝圣者的文辞雕琢都可以毫不费力地用希内尔世俗、现代的

---

① 亚里士多德建立吕克昂学园，他和学校的老师、学生经常在林荫道上边散步、边讲课或探讨学问。

话语表述。1886年他写道："我永远忘不掉那天的日落，那是在去年秋天，我和自由教育研究所的同事和学生们在瓜拉米亚斯的山坡上看到的……我从未有过如此深刻、宏大、神圣、富有宗教意味的震撼感受。"[79]对这些虔诚的信徒来说，瓜达拉马山脉①就是他们的耶路撒冷和麦加。

人们以马德里为圆心，逐渐以同心圆的形状去探索西班牙。他们勇气倍增，在旅行中愈行愈远，但从没有忘记过最初的所爱——被他们奉若圣明、亲自命名的群山。他们甚至在纳瓦塞拉达建立了一座名为"埃尔本托里约"的住宿站。1932年，他们建造了一座"神龛"，即"地质学家之泉"②，这等同于他们供奉的圣母玛利亚像。这门"宗教"甚至还有自己的管理机构，即瓜达拉马研究团体。该团体由希内尔领头，他的接班人马努埃尔·巴托洛梅·科西奥与他协同管理。自由教育研究所像旧石器时代的部落一样，拜倒在他们信仰的山脉之神面前。

然而只有一个人可以完美地表达对这个新生的"远游宗教"的感情，他不是研究所的教师，但又与其保持着紧密的联系，他也从卡尔·克劳斯的作品里接受了相同的教育学理念。

---

① 瓜达拉马（Guadrarrama）山脉在马德里自治区的北部地带，属于中央山系的一部分。瓜拉米亚斯（Las Guarramillas）是瓜达拉马山脉中的一座山峰。下文提到的纳瓦塞拉达（Navacerrada）也位于这一山脉。

② "地质学家之泉"是在瓜达拉马山脉纳瓦塞拉达段处的一座喷泉，于1932年建成，以纪念为瓜达拉马山脉研究做出贡献的地质学家。

他是我们这本书的老熟人，请允许我一次又一次地提起他的名字——乌纳穆诺。我连在梦里都会见到他。我前面已经讲过，这位哲学家非常钟爱两件事：第一件事是踏上祖国的"神圣土地"[80]，第二件事是让蔬菜的清香滋润他的目光[81]。这的确是生活的激情与粗鄙造作的一种奇妙混合。

"不，不是靠书籍，我可不是从文人那里学会去热爱我的祖国的——我的热爱源自走遍祖国的土地，靠着虔敬之心探访祖国的各个角落。"[82] 将祖国融入人之躯体，就像是参加圣餐仪式时，不是用嘴领受圣餐，而是通过眼睛，是用那目光。这个过程是信仰的考验，是启蒙，是最终的皈依。在踏上归途时，远游者心中只会有爱国之情。他咽下了祖国的尘土，在祖国神圣的土地上留下了足迹，带回了一身酸痛，当然还有祖国的污秽和满身油污。一切都与祖国有关。祖国和远游者是一回事，不可拆分、难以区别："想了解祖国，或是了解一座村庄，仅仅了解它的灵魂（我们姑且称之为灵魂），理解那里的人民所说、所做的是不够的。必须要去认识它的身体、它的土壤、它的土地。我向你们保证，欧洲没有几个国家比西班牙的景色更为多样。我们有平缓静谧的海岸，怪石嵯峨、波涛汹涌的海岸，有低地和平原、荒芜之地、青葱的山峦、壮丽的山脉……总之，应有尽有。"[83]

乌纳穆诺读过《奥贝曼》，这是法国作家艾蒂安·皮维尔·德·谢隆科尔写于1804年的小说。小说深受歌德《少年维特的烦恼》影响，是一个有关单恋的浪漫爱情故事。这本书的情节无关紧要，重要的是书中的描述。整本书节奏和缓，精心铺陈，具有诗歌性，记录了人在面对山川时的沉思。书中的主人公攀登高山，在顶峰迷失，最终以另一种形式的爱——对风景的爱来慰藉自己无法平复的孤独。他是欧洲版的梭罗，为19世纪的读者提供了一个看待荒漠与野蛮的新视角。乌纳穆诺不仅读过这本小说，而且无论去哪都带着它，还经常引用它。在孤单的远游中，他坐在岩石上或躺在祖国神圣的土地上，一次次重读它。乌纳穆诺认为自己就是奥贝曼，只是没有经历那样不幸的爱情。其他喜欢这本小说的人要么是把它推荐给自己的朋友，要么是在读书会上进行分享，乌纳穆诺这种重量级人物（或者说他是希望能成为重量级人物）却是用它给政府谏言。《奥贝曼》蕴含了打造出爱国主义者、点燃人们爱国心的秘诀："各种远游团体、登山组织及相似团体都应当以爱国主义为宗旨，发展壮大、互相支持。"[84]

"希望有一天西班牙能配得上它的风景！"[85]希内尔如此感叹道；自由教育研究所的优秀门徒桑切斯·巴尔布多经常把"痛苦而深刻的西班牙"挂在嘴边；画家拉蒙·加雅在那些偏远隔绝的村落里找到了城市里已经遗失的"西班牙的纯净"。面对瓜达拉马山脉的孤寂，希内尔也有过类似的思考，他这样来表达自己那种"宗教意义"上的情感："当时，我们所有人半是激动、半是惊恐地想到了我国数量庞大的城市人口，我国贫穷、狭隘、充满排他主义的教育系统十分可憎地剥夺了人们这样的享受。不幸的城市人就像野蛮人，对纯净的乡村评头论足。我们失去了生活中最强劲的推动力——想象力的放飞、情感的升华、知识视野的扩大、高雅的品位，大自然能够净化人心，但我们不与它接触，也就无法迸发出对高尚事物的爱。"[86] 希内尔的言辞中又是那套老掉牙的比喻和"鄙权贵、颂乡村"的老生常谈，还动辄就提及路易斯·德·莱昂修士的神秘主义，把那些世上寥寥无几的智者挂在嘴边。从根本上来讲，这又是另一个版本的巴比伦传说：恣意狂妄的城市人若不赶快改过自新，回到质朴简单的乡村生活中，那么城市就应当受到上帝的惩罚。与"大自然"的接触——希内尔写这个词的时候特意将首字母大写（大写字母在卡斯蒂利亚语里有赋予词汇神圣意味的作用），是"净化人心"的，但在这个过程中也难免会与人类接触，这样的风险是无法计算的。

下面我们回到拉斯乌尔德斯。这个地区位于埃斯特雷马杜拉自治区，至少自15世纪起，它就和怪兽、巨人的传说绑在一起。曾经踏足过这片谷地的人对它大肆渲染，导致人们在长达几百年间都对此地抱有偏见。到了19世纪末，远游者开始四处游历，他们走路或骑骡，在国内发现了很多个"拉斯乌尔德斯"。我所指的不仅是自由教育研究所的成员，也包括登山协会的会员和全国各大城市涌现出的旅行者。他们追寻与自然女神发生"净化人心"的接触，但很快就发现西班牙无人村并不是他们想象中的样子。那里到处是村落、农庄、小屯、山区和荒原，不毛之地，令人瞠目结舌。农民们还像是活在中世纪。没有自来水，没有通电，在马德里、巴塞罗那、瓦伦西亚、毕尔巴鄂这些城市里已是司空见惯的便利设施，那里一概没有。他们耕种的贫瘠的土地，很多甚至是按封建奴隶制似的条约租来的。他们与果戈理书中的农奴并没有太大区别，衣衫褴褛、粗鲁野蛮、敏感多疑。孩子们没有学可上，围着来此地的远游者讨个钢镚或是一块奶酪。食不果腹的老人坐在露台上，母亲带着无数个孩子，如果不赶紧下一场雨的话，农民们就得忍饥挨饿。

如果一个国家存在很多问题，那么就要格外提防政府提供的数据，比如那时候的西班牙。如果政府无法保证农民最基本的尊严，如果很多村庄连一条公路都不通、一所学校都没有，那也就没有理由相信这个政府有能力提供真实可信的数据。如果它有能力掌握全国的人口情况，那就应该可以保证国民的健康和受教育的权利。因此，所谓当时西班牙农村45%—50%的文盲率必须打个问号，因为这个数据只是一种猜测。在有些地区，这个比例可能会更高。我们权且当它是准确的，也就是说1876—1930年间有一半以上的西班牙农村人口不会读写。我们可以假设那时候有些村庄连一本书、一张报纸都没有。那么现在，让我们钻进希内尔最得意的门生马努埃尔·巴托洛梅·科西奥的身体，用他的眼睛和耳朵去观察。科西奥出生于拉里奥哈，在一个拥书万卷的家庭里长大，父亲是一个有学识的法官。他从小就陪着父亲走访了许多村落。据说他父亲是一个心思细腻、真正以维护正义为己任的人，在每日的工作中面对着贫困潦倒、无依无靠的农民，深感痛苦却又无能为力。那么我们不妨站在那个年轻人的视角，用他的眼睛来看这一切。他满怀深情地怀念与父亲一起的旅行。后来，他又有了另一位"父亲"——希内尔，他对希内尔的崇拜之情远超于师徒之间的感情。他们相伴游历了瓜达拉马的群山和老卡斯蒂利亚的角角落落。他对教育事业一片热忱，甚至超过他的老师，后来成为西班牙历史上第一位教育学教授。他热爱祖国的艺术，熟稔各位古典大师，普拉多博物馆就像是他的家。在远游中，他常常因为博物馆里的那个西班牙和他穿着草鞋踏访过的这个西班牙之间的巨大差距而痛心疾首。这怎么可能是同一个国家？有一个想法在他脑中挥之不去。产生这个想法的直接根源就是他对远游的钟爱，它和旅行爱国主义所包含的宗教意味如出一辙：救赎。要拯救那里的人民。他们不能再继续这样活着，对祖国博大精深的文化全然不知，要知道，他们和人类历史上曾出现过的那些天才可是同胞啊。

虽说希内尔早就有了推行教育使团的理念，但在1881年首次提出"流动使团"并将之付诸实践的人是科西奥，我们此前提到的那位来自拉里奥哈的教育学家、法官的儿子。这个项目的宗旨朴素、纯洁，完全符合早期基督教传教士的特点。它主张把文化带到国家最偏远的角落里去，这种文化是广义的，包括诗歌、戏剧、音乐、美术、影视。亲自去"送文化"的不是别人，而是变身为"传教士"的勇敢热忱的诗人、演员和艺术家。

　　"教育使团理事会"是第二共和国于1931年宣告成立后，首批创立的机构之一。想要入会的人员需要遵守一些准则："他（传教士）可以享受完成使命的过程，从中获得它所带来的一切合理必要的乐趣，但是绝不能让农村人认为他道德败坏，去那里只是为了找乐子。城市和农村的习俗大相径庭，他需要入乡随俗，有些事绝不可做，这里指的不仅是伤风败俗的事情，还包括刻意引人关注或是稀奇古怪的事。行为不要故作低调，也不要麻木冷漠。"[87] 这里写出的都是一些实用的建议，涉及的都是常识问题。有些农村人十分多疑，重视传统，要尽量避免他们把传教士当成轻浮的公子哥，认为他们来农村是来参观动物园。也万不可不懂洁身自好，玷污了哪位姑娘的清誉。和农村人打交道时需留神，要机敏、谨慎。当然了，理事会的教义不仅限于规劝大家要谨言慎行，同时也有史诗和神秘论的元素："成员在执行使命时就相当于突击队队员，他们必须理解组织的要求，明白那里不是休憩之处，也不是用来积蓄能量的地方，相反，在那种环境下，有时候人的身体和心灵会长时间承受压力。这样也就能理解，为什么说传教士是需要坚韧和牺牲精神的职业。"[88] 他们就像圣殿骑士，既是僧侣也是战士，是传播文化的"十字军"。这段文字的目的是吓走那些懒散之人，还有那些希望以此获得新奇的异域体验的人，以免他们把这当成了消磨假期的好机会。

拉法埃尔·迪埃斯德是教育使团里最投入的传教士之一，他的木偶戏小剧场《木偶组剧》在各个村庄都极受欢迎。他解释说："和人民沟通，最重要的是注意举止，要有亲如兄弟般的真诚。"[89] 这是一个敏感领域，因为在教育使团之前已有苏联和墨西哥的先例（教育使团无疑是受到了布尔什维克在农村推行的普及文化计划的启发）。"兄弟""人民"一类词的使用，让迪埃斯德的话带上了乌托邦和基督教色彩。换言之，这就等于"宣讲福音"——文化就是一部福音书，执行教育使命的人就是传教士。他们像是经历了一种宗教体验，还想令世人相信农村人也有相同的感受。多年后，迪埃斯德依然记得自己做教育传教士的那些岁月，他深深以这段过往为豪，甚至认为这是配得上由圣保罗①亲自记述的启示。在与欧赫尼奥·奥特罗（他算得上是教育使团中最重要的学者）的一次谈话中，这位剧作家回忆起有一次，一名教学巡查员说了一些让当地农民感到受辱寒心的话，而他为了安慰和鼓舞他们，就夸奖他们耕种的土地"是了不起的"，他从未见过这样"如挂毯一般美丽的土地"。他

---

① 圣保罗是早期基督教最具有影响力的传教士之一，《圣经·新约》诸书约有一半是由他所写。

说他们"保留着塞万提斯所讲的语言，古代人传播到世界各处的也是这种语言"，他赞美他们的民谣，赞美"可爱的姑娘"，还有他们的善良。"我记不清自己到底说了什么，我只是详细描绘了他们各方面的文化和知识。我还没讲完，人们已经全都涌到我身边，想挨着我。有一位老人伸出他枯槁的手，抓住了我的手亲吻了一下。"[90] 老人伸出"枯槁的手"，亲吻传教士的手，这个场景就是对这一团体理想最崇高的颂扬。

科西奥恳请教育使团的传教士们传授"语言的神圣"，大学生公寓的杂志一直以新闻报道和随记的形式刊登着从各种乡间剧场和影院偷拍下来的照片。照片记录了一个个美妙的瞬间，村民们目瞪口呆，他们张着嘴，微笑着，眼眸里的光芒被点亮。他们是生平第一次看电影或看戏剧演出，都感到惊奇又激动。那些照片记下了他们获得启示的刹那，捕捉了一种自然流露的热诚。他们甚至不知道有人在拍摄自己，所以没有摆拍的痕迹。传教士们向政府和城市里的民众展示自己的工作成果时就会拿出这些照片。照片拍的不是他们在朗诵诗歌，不是流动博物馆里展出的画作（都是一线艺术家对普拉多博物馆展品的模仿），也不是演员们全情投入的表演现场。他们不想告诉大家"看看我们都做了什么"，而是"看看我们做到了什么"。就是说他们不是以表现神迹的方式来画耶稣，而是去画人们如何欣喜地受到神迹眷顾，耶稣甚至根本不在画内。他们向高高在上的老爷们、向那些仍持怀疑态度的人证明了一件事，即文化可以令所有人感到幸福，而幸福和面包、土豆一样重要。科西奥本人有时也会把他那套宗教教义般的遣词造句搁置一旁，把传教士们形容成行吟诗人，他们走过一个又一个村落，把快乐带到那里。

1931年，胡安·拉蒙·希梅内斯①在庆贺"教育使团理事会"成立时更是激动不已。那一年的10月6日，他在一首发表于《太阳报》上题为《马努埃尔·巴托洛梅·科西奥，西班牙的英雄》的赞美诗中如此写道："我很少觉得哪个人可以和风景融为一体。"科西奥肯定觉得这样的恭维很受用，他渴望与风景融为一体，要与瓜达拉马山脉的皑皑白雪合二为一，他在祖国、在农村的土地上获得了心灵的归属感。事实的确如此，1935年，在科亚多–梅迪亚诺，在他挚爱的山峦的环抱中，科西奥离开了人世。胡安·拉蒙在赞美诗中完全无法抑制自己的情感，他继续写道，每当科西奥讲话的时候，"大地在我们脚下翻起波浪，它就像一片坚实的海洋，而我们都是热忱的水手"[91]。

前面的章节中我已经讲过，这种比喻的意象并非原创。人们经常把梅塞塔高原和西班牙内陆那片区域，也就是我所说的无人村比作陆地上的海洋。如果说西班牙农村是一片海洋，那

---

① 胡安·拉蒙·希梅内斯（Juan Ramón Jiménez，1881—1958），西班牙著名诗人、散文家。其主要作品有《遥远的花园》《悲情咏叹调》《一个新婚诗人的日记》和《三个世界的西班牙人》等，曾获得1956年诺贝尔文学奖。

航行其中之人就是水手。水手们在船长科西奥的指挥下，在尘土和干旱的灌木中乘风破浪，前去征服岛屿，也就是那些与世隔绝、偏远至极的村庄。在那些地方已经有几百年没有发生过任何事了。想到达目的地，就需要保持乐观的精神，因此"传教士"是"热忱的水手"。他们是在自由教育研究所接受过亚里士多德学派教育理念的年轻人，他们是祖国最忠实的爱人，是瓜达拉马山脉和老卡斯蒂利亚平原上的游侠。他们翘首企足，想要前去那片高原之海航行——那个时代所有知识界的年轻人都是如此。拉法埃尔·阿尔维蒂以诗集《关于天使》获得国家诗歌奖后，用奖金买了一辆车，开车穿行于卡斯蒂利亚的土地上。

热忱之人有一个缺点，即总是言过其实。这在西班牙是常事，这个国家虽然少有热血人士，但他们向来热衷于发声。说起在共和国政府的支持下成立、活跃于1931—1937年间的教育使团，人们通常认为那是一个具有革命性的计划，产生了深远的影响。一些文化界中举足轻重人物的参与，让项目变得更有分量，如安东尼奥·马查多、玛利亚·桑布拉诺。另一位传奇人物的手笔——加西亚·洛尔迦的"巴拉卡"剧团①，无疑也起到了相同的作用。有些文章称教育使团到访过5000—7000个人

---

① "巴拉卡"（西班牙语为 La Barraca，意为茅屋）剧团是一个1931年成立的大学生剧团，费德里科·加西亚·洛尔迦为主要负责人。剧团带着可移动的装备和舞台，以流动演出的形式深入西班牙乡村，为大众免费表演经典剧目。

口不足5000人的村庄，几乎走遍了西班牙。但是根据大学生公寓的资料，由理事会组织的出访共122次，由地方机构负责的出访共62次，也就是说，出访的总次数是184次。使团到访过全国50个省份中的34个，从这个数据来看，出访的范围似乎涵盖了全国大部分地区，但实际上这个区域的分布非常不平均。45次出访（几乎占总数的25%）都是去往马德里和塞戈维亚的村庄。在首都和周边省份（塞戈维亚、阿维拉、瓜达拉哈拉、昆卡和托雷多）共有67次。教育使团36.4%的出访都局限在以首都为中心约150公里的半径范围内。这段热忱的航行距离有限，水手们只是在近海走了一趟。[92]

另一个问题就是教育使团出访的持续时间，平均为三天至一星期。有持续一个月的（在一个省份的范围内活动），也有仅周末两天的。不管活动行程多紧凑，无论有多少热忱的水手在各个村庄登陆，带着电影放映机、仿制画和用来搭建戏台的板材，但是短短几日的文化节能带来什么长久的影响呢？待电影里呼啸而过的火车头带来的欢笑与惊叹全部散尽，①还能留下来些什么？流动博物馆的展览和人民话剧合唱团②的巡回演出也是

---

① 《火车进站》是法国卢米埃尔兄弟于1895年拍摄的一部黑白无声的短纪录片，于1896年1月25日在巴黎首映，这一年也成了电影的诞生年。《火车进站》是他们最有名的和被人仿效最多的作品之一。火车头冲着镜头呼啸而过，当时的观众看了大吃一惊，以为真会被火车轧死，吓得惊慌四散。

② 人民话剧合唱团是西班牙教育使团的一个组织，成员多为年轻的小学教师、大学生，1932—1936年间在多个村镇演出。

如此。一个村庄他们只会去一次，一次也只停留几天，有时候甚至只有一个晚上、一场演出，仅此而已。然后，一切回归寂静。从安东尼奥·马查多到拉法埃尔·迪埃斯德，再到玛利亚·桑布拉诺，"传教士"们详尽记录了这段过往，但各个村庄对此几乎没有留下任何记忆。就像在福音书中，我们从没听过拉撒路讲述自己复活的故事。①

　　这项农村拯救计划在其他一些方面所做的努力则更为深刻、关键且持久，比如向小学教师提供支持、开办图书馆。教育使团给农村配备了精心挑选的图书资料，那里的小学教师急需此类资源（这些书目要预先经过议会讨论，因此选择时必须十分审慎，以免被某个保守党派否决：右翼党派怀疑这一项目是马克思主义思想灌输和教化的形式）。图书资料包的基本配置是一百册儿童、青年和成年人读物，但最主要的是儿童读物。此举的初衷就是要让孩子们"沾染"上读书的"恶习"。如果孩子读书，那大人们就会想知道他们在读什么，最后也会开始阅读。这些图书馆具有集体精神，馆员随时不忘充满善意地督促人们爱护书籍，阅读完毕后将所借阅图书原样归还，总而言之，要维护书籍的神圣。一开始负责图书馆运营的是学校的教

---

　　① 拉撒路是《圣经·约翰福音》中记载的人物，他病危时没等到耶稣的救治就死了，但耶稣一口断定他将复活，四天后拉撒路果然从山洞里走出来，证明了耶稣的神迹。

师，但是玛利亚·莫利奈尔①发现，如果一位教师调岗，换来另一位没那么用心的教师的话，图书馆就会受损严重甚至最终关闭。为了保证图书馆服务的持续性，他们在村民中任命了志愿图书管理员。这一举措非常有效。据估计，在那个基本还没有公立图书馆，且公立图书馆的借阅量一天不超过一本的年代，1931—1936年教育使团的小型图书馆共借出50万册图书。当时在很多偏远地区，除了学校的识字课本以外，人们甚至见不到其他印刷物，却收到了现代版本的卡斯蒂利亚语文学经典著作、当代诗歌和青少年小说。农村教师如果认为图书资料包里的100册书不够，还可以申请更多。如果申请获得理事会审核通过，且没有引发议会的反对意见，书籍就会被寄送。教育使团的很大一部分预算都花在了图书购置上，如果不是因为战争爆发，一定会有更多书籍在乡村传播。

图书馆项目的成功得益于它简单朴素的模式。它不是一个充满野心和豪言壮语的计划，把一百册图书邮寄出去也花不了太多钱。安东尼奥·马查多和玛利亚·莫利奈尔亲自推荐书目和版次，还特别挂心"不要缺了包书皮的纸张，也别忘了目录卡，以避免图书遗失"[93]。与其他项目相比，图书馆项目的一

---

① 玛丽亚·莫利奈尔（María Moliner, 1900—1981），西班牙著名图书馆学家和词典学家，她的代表作是《西班牙语用法词典》。20世纪30年代，她曾积极参与教育使团活动，针对农村图书馆的管理运营发表过重要文章。

个过人之处，就是让村民参与图书馆的管理，让他们在阅读中发现更多的读物，并主动要求阅读。而村民们在使用图书馆时发现竟然有人在倾听他们的心声，热情又认真地对待并满足他们的诉求，定然惊喜不已。教育使团"文化救国"理想中最有可能促成社会变革的，恰好是这个让需要被拯救的人自我拯救的计划，这不是偶然，因为这样一来，农民就不再是消极的旁观者，是剧场台下的观众或是诗歌朗诵会上的听众。

　　然而教育使团仅维持了五年。项目才刚站稳脚跟，像玛利亚·莫利奈尔这样的管理者已经总结出了一些经验，本可以继续打磨和完善各个计划，然而就在这时，战争爆发了。教育使团项目和自由教育研究所催生出的其他项目一样，是一个试验品，一个过程极其漫长的社会转型规划。它并不是一个在成立初始就计划周密的"传福音"项目，而是依靠"传教士"总结出的经验不断修正和完善的。因此他们将活动半径仅限于首都周边，以求稳扎稳打，步步为营。然而，正当"传教士"发觉自己的努力在农村的一些地方初见成效时，项目戛然而止。不能责怪他们没有努力向全国推进，当时社会环境的巨变粗暴地阻断了"传教"活动，但尽管如此，也解释不了人们之后对这一项目的夸大。

　　或许，也是可以解释的。因为它和基督教传道还有很多相似之处。基督教的传教士最终成为圣徒，而很多教育使团的"传教士"历经磨难，最后也入选了西班牙另一种形式的"圣徒表"①。这是一份世俗的名单，但和天主教的圣人历一样备受推崇，广泛流传。加西亚·洛尔迦虽然不是"传教士"，但由他牵头的"巴拉卡"剧团的宗旨与教育使团十分相似，其中还有很多人同时参加了这两个项目。安东尼奥·马查多和洛尔迦是西班牙最重要的文学殉难者。②在教育使团的成员名单中，还有十几个人虽说没有经历受难，或被钉上十字架，但最终都在共和国解体后的"流亡圣徒表"上榜上有名，比如拉法埃尔·阿尔维蒂或玛利亚·桑布拉诺。③据弗朗西斯科·希内尔·德·洛斯·里奥斯基金会2006年的统计数据，目前可知范围内，曾以各种形式参与了教育使团各种活动的共有700多人，其中很大一部分人是为了实现共和国理想，也有一部分人是因其民主倾向曾遭惩责。佛朗哥政权的胜利终结了这一切，他认为他们所做的都是共产主义宣传。几年后，当自由教育研究所已被洗劫一空、彻底遭到摧毁时，佛朗哥政权再次重启教育使团计划

---

① "圣徒表"，也称圣人历，是天主教教会的一种传统，即把每一天和一个或多个圣徒或殉道者对应联系起来，纪念他们逝世的日子。

② 马查多和洛尔迦分别为西班牙两个重要文学流派"九八年一代"与"二七年一代"的代表人物，他们的生命也均因动荡的时局而终结。佛朗哥夺取政权后，马查多不得不流亡法国，于1939年病逝于法国南部边境小城科利乌尔。1936年，西班牙内战爆发初期，洛尔迦支持第二共和国的民主政府，反对法西斯主义叛军，后他在家乡格拉纳达遭佛朗哥的军队杀害。

③ 西班牙内战结束后，国内的高压政策使得文学创作一度非常艰难，大批知识分子和进步文人流亡国外，西班牙文学一度停滞。阿尔维蒂和桑布拉诺均被迫流亡多年。

（没错，佛朗哥时期也有教育使团活动），却是以正统的传教方式把教义问答和正统经典带到农村。

　　和最初成立时的豪言壮语比起来，教育使团所取得的成果不尽如人意，共和国的很多改革项目都是如此。这个以"改造国家，走向民主繁荣，达到欧洲的生活标准"为目标的宏图最终仅限于在马德里周边进行了几次短途活动，一些受过教育的年轻人去那里表演戏剧，朗诵卡斯蒂利亚语歌谣。这算不得什么大成就，但在从来没有谁曾为偏远的村庄送去过一整邮包图书的背景下，这"一点点"成果也弥足珍贵。人们之所以对教育使团不吝溢美之词，是因为后来发生的悲剧，是因为那场毁灭性的战争，是因为佛朗哥扼杀了所有这些他恨之入骨的变革的萌芽。流亡人士的回忆夸大了过往，过去的岁月变成了对农村的救赎和他们失落的天堂。教育使团的模式被阿根廷、巴西、乌拉圭和其他一些拉丁美洲地区效仿（墨西哥在此之前已经有了类似组织），令神话继续发扬光大。其实教育使团实际的影响并没有那么重要，它所具有的象征意义却是无与伦比的，与共和国的民主理想密不可分。人们为农村学校所做的一切尝试都体现着这种精神，一直延续到今天。

　　下面让我们回到2015年，我写这本书的年份。这是十月里平常的一天，早晨七点。我身处平时居住的城市萨拉戈萨，但我也可以是在巴亚多利德，甚至是塞维利亚、瓦伦西亚或任何一座大于50万人口的自治区首府。要我说，把场景设定在马德里或巴塞罗那也不是不可以。时间是七点，但也有可能是六点或者五点。这取决于目的地有多远。天气寒冷。四个年龄在25—30岁的年轻人把外套领子竖了起来，搓着手，在街角边打哈欠边等待。一辆车停下来，他们上了车。车子发动了，向着出城的方向驶去。每天来的都是不同的车，因为他们几个轮流当司机，这样就不用天天开车了。他们共五个人，所以每人每周只需要开一天车，其他时候都可以在路上打盹。汽车几次驶离主干道。他们要去的地方只能走二级和三级公路，车总是在狭窄的道路上行驶，笔直的小路仿佛切断了褐色的平原。它时不时地超过一辆农民驾驶的拖拉机、轻便摩托车，或是运送饲料、牲畜的大卡车。终于，他们到达了一个村庄，这时天刚亮。他们伸伸懒腰，开始一天的工作。他们是这里一所小学的教师。

他们不住在村里，因为不划算。他们是临时教师，还没拿到固定职位，所以有可能下个学期又得去另一个省或另一个自治区的某一个村子上课。他们还是继续住在首府，这也不仅是因为他们不愿意搬去一个只工作几个月的小地方，更是因为他们人生的中期目标是在城市里拿到一个固定职位。现在，他们是在积攒经验，积蓄成果。

西班牙公共教育系统招录教师的规则有明显的"奖励"性质，那些年纪轻、刚参加工作的教师经常被迫接受调剂岗位，去所在自治区的一些偏远的村庄临时任教，这是因为好岗位全被资历老的同行们占了，所以他们只能把这几年当作是必须承受的苦行，直到下一年度公务员招考①时寄希望于能交到好运，在家门口上班。在这些每天早上拼车行驶60公里、100公里甚至150公里路程去村庄上班的年轻教师中，不乏全身心投入这份工作的人。岁月并没有磨掉他们对事业的追求，他们一直保有热情，总是闹钟一响就即刻起身。他们将失望计数为零，而把活力值保持在百分之百。他们对自己的事业、对教师工作的重要性深信不疑，他们中还有一些人，除了接受常规的培训以外，还阅读了大量教育学书籍，想要在体制允许的范围内做一些改革（虽然体制允许的空间可能比较有限）。他们把农村学校当成了最完美的实验场。有些村庄里可能没有资深的教师，因为没人能坚持太久，相反，那里却有一群忘我工作的年轻人，和胡安·拉蒙所写的"热忱的水手"十分相似。没有热忱，没有那种忘乎所以、近乎疯狂的热忱，就不会有人能在清晨五点坐上车，花上两个钟头深入西班牙无人村，赚取一份微薄的薪水和一个没有保障的未来。

在西班牙农村小学实施的一些教育革新，一定程度上得益于这些思想开放的年轻教师。阿里尼奥是特鲁埃尔一个拥有775名居民的村庄，那里的教学中心是西班牙第一个使用电子黑板的地方。阿拉贡的阿尔帕蒂尔（574名居民）完全不使用教科

---

① 西班牙的中小学教师属于国家公务员。

书，而是通过国际象棋和乐高积木进行教学。这些不是个案，也不是展示窗里的实验品，而是改革的前哨站，为新方法在全国推行投石问路。[94]

这已经不是700个志愿者帮助贫穷偏远地区小学发展的时代，而是已经有了一个由上千名公务员组成的教育系统。他们可能没有拉法埃尔·阿尔维蒂或安东尼奥·马查多的名气，但是从教育学的角度来说，他们比随便哪个20世纪30年代的年轻"传教士"都更训练有素，工作能力和教学方法都要更胜一筹。这不是一周的戏剧表演或是一百本书的普通邮包，现今的教育工作是持续而深入的，但二者本质是相似的。这些年轻教师应该也会觉得自己或多或少像传教士，毕竟，他们也只是暂时停留，把文化和教育像进口商品一样带去农村，而自己不会留下。那种救赎的观念在他们身上虽然微弱，但也有迹可循。他们把城市生活的映像带去农村，就像上门推销员所拿的一份小样品，可是很少会有人在当地找到归属感。农村依旧仅仅是他们工作的地方，这片土地对他们来讲只是他乡，是这份临时工作将他们绑在了一起。他们是"阿拉斯加的医生"①，是一群讲究派头、"低配"版的流亡者，从根本上来说，他们必须说服村

---

① 《北国风云》（在西班牙的译名为《阿拉斯加的医生》）是一部于1990—1995年播出的美国电视连续剧，讲述了一个来自纽约的犹太裔医生乔尔·弗莱希曼到阿拉斯加的一个偏远小镇西塞利行医的故事。弗莱希曼是一个讲究派头的城里人，他厌恶镇上的一切，把自己到镇上工作视为被流放，但随着时间的流逝，他逐渐喜欢上了那个地方和那里的人们。——原注

民（也说服他们自己），他们是从外面来这里拯救众人的。他们是（或者他们相信自己是）文明的前哨兵，是联结农村传统与城市现代化的绳索，哪怕他们自己非常排斥这样的观念。

或许换一种教师招聘体制：取得固定职位要容易一些，不需要做临时教师，就会多出一些像《阿拉斯加的医生》里那样的情节——一个不情不愿来到农村的城里人爱上了那个地方，在那里安了家。也许如此一来就终结了所有那些救赎和传教的思想。但是，只要农村的教师还是走了又来，救赎的精神就不会磨灭。

▲

第六章

丑女仆之美

▼

这位先生就是创造传说之人。

——阿索林《堂吉诃德之路》（1905）

维鲁埃拉修道院门外有一座矗立在一块带阶梯的底座上的石质十字架，它叫作"贝克尔的十字架"。据传古斯塔沃·阿道夫·贝克尔[①]曾经倚靠在那石阶上写作，等待缪斯女神的来临。他文思如泉涌时，就在一个胶皮笔记本上潦草地奋笔疾书，那些句子后来就变成了《诗韵集》《传说集》《斗室书简》。这座建于中世纪的十字架紧临一条树木繁茂的老路，与它相伴的是荒野、风和诗人。它对面那座遭变卖的修道院原本已快要荒弃，又因贝克尔兄弟二人的艺术创作而再获生机。[②]远方的埃尔蒙卡

---

① 古斯塔沃·阿道夫·贝克尔（Gustavo Adolfo Bécquer, 1836—1870），西班牙浪漫主义诗人、短篇小说作家、剧作家、文学艺术评论家和专栏作家，被视为西班牙继塞万提斯之后最受欢迎的作家。他的诗歌和故事集是西班牙基础教育的必读篇目。

② 西斯特尔教团的修士于1146年在阿拉贡国王划拨的位于阿拉贡与纳瓦拉和卡斯蒂利亚边界处的土地上建立了圣母玛利亚维鲁埃拉修道院（Santa María de Veruela）。修道院负责管理周边的一些村落，向它们征税，一直到15世纪。1835年修道院成为政府产业，修士弃之而去。然而，政府完全没有对其加以利用，以至于被荒弃。博尔哈和塔拉索纳的居民成立了修道院保护委员会，希望可以开发此地的旅游业。在这样的背景下，贝克尔兄弟于1863年来到此地。后来的1877—1975年间，政府将修道院的使用权交予耶稣会，这里被用作隐居静修之地。从1976年开始，修道院的所有权属于萨拉戈萨省级议会，这里变成了博物馆和旅游景点，也承办会议、古典音乐会和诗歌节。本书写就之时，修道院刚刚开始施工，准备将其主体的一部分改造为一家国家级的古堡酒店。

约山，似乎讲述着无穷无尽的古老部落的巫术故事，很难想象有哪张浪漫的明信片能比这场景更加饱满、更加富有伊比利亚风情。

现存的这座十字架不是中世纪的原作，而是近年所造的复制品。2007 年 8 月，闪电劈中了一棵已经干枯了的榆树，大树倒下来时压倒了十字架，使它碎成了好几段。我很好奇怎么没有人注意到这个事件恰好说明安东尼奥·马查多战胜了古斯塔沃·阿道夫·贝克尔——前者一首诗的情节真的毁掉了后者汲取灵感的地方。[①]要想纪念马查多的这次取胜，就应该把那些破碎的石块留在原地。然而位于阿拉贡的埃尔蒙卡约山麓地区一直以来都依靠与当地风光相关的传说故事过活，而且别忘了，这座十字架是当地最受欢迎的游览地——因此他们又造了一座。这样一来，游客们才能继续想象古斯塔沃·阿道夫在如痴如醉地创作时，他那被北风吹乱的头发。[95]

然而这段佳话里存在一些疑点。很明显，古斯塔沃·阿道夫喜欢靠着十字架下方的那些台阶不是因为他的浪漫主义情怀，而是因为要等运送来自马德里的信件和报纸的驿站马车，那里是最方便的地方。等待马车的时候，他可能还经常因为马

---

① 在爱妻因肺结核去世后不久，安东尼奥·马查多于 1912 年创作了一首题为《致枯榆树》的诗。那年春天，马查多在索里亚郊外散步时看到一棵已经干枯的老榆树倒在路旁，树干上又发出了新枝。他在诗中写道："一棵被闪电劈倒的枯榆树/受着四月的雨水和五月的骄阳/有一半已经腐烂/却又生出了新的绿叶。"

行得太慢或是道路崎岖难走而大为恼火，心里不断琢磨着马德里有没有什么事情发生。这一点在《斗室书简》里有迹可循。他不像是一位完全被景色吸引的诗人，更像是一个流亡者，焦急地盼望回到议院的走廊上，撰写与议会相关的报道，并且在贵妇人的沙龙上大放异彩。这位诗人其实并不想待在这里，离一切都那么遥远。

贝克尔兄弟——古斯塔沃·阿道夫和瓦莱里亚诺在1863年10月来到圣母玛利亚维鲁埃拉修道院。古斯塔沃·阿道夫当时罹患肺结核，医生一般都建议富裕的病人到这种地方疗养。这个时间节点十分不巧，因为此前贝克尔（之后我所说的贝克尔指的都是古斯塔沃·阿道夫）在《当代报》获得了一个报酬丰厚的职位，这份报纸在当时十分夺人眼球，由富可敌国的萨拉曼卡侯爵赞助，一度很受社会和业界的认可。但是从贝克尔个人的角度来讲，这次疗养对他大有助益，因为这样一来他就能远离妻子卡丝塔·埃斯特班，他已经受不了她了。和挚爱的兄长退居在这个古老基督教王国的边界之地似乎是个不错的计划，但从他每日都在十字架旁等着驿站马车送来马德里的报纸可以看出，他在那片荒僻隔绝之地过得很苦闷。因此，贝克尔仔细思考了他的现状，想出了如何利用自己因病"流亡"在外的事在马德里博取关注——要知道，贝克尔只有在作诗的时候才是不谙世事的。还是靠那辆驿站马车，他把以书信体写成的文章寄回马德里，标题就是《斗室书简》。首都的读者心潮澎湃地阅读着这位西班牙最具浪漫主义风格的文人的思索与见闻，感受着他的叹息。与此同时，完全没露面的贝克尔好似读者们一向钟爱的幽灵一般，于无形之中站在了马德里舞台的中心。

这基于一个最基本的吸引力原则：距离产生美。通过这些书简，读者感受到的是精神上的贝克尔，是一个精致、清新、纯粹、异域、神秘的贝克尔，要远远好过那个世俗的他。这是一个多情的贝克尔，但令他倾心的是风景："这座山谷深处那忧郁的美丽令人深深动容，它永恒的沉寂让人既惬意又惊恐，或许也可以反过来说，群山是谷地不可逾越的屏障，将我与世界完全隔绝开来。我眼前的反差是如此巨大！明明有些事才发生不久，但在层出不穷的新想法和新感受面前，就显得那么空洞无用！"贝克尔在第一封书简里如此写道。[96] 身处斗室的诗人在"寂静"中品尝着手中的咖啡，在那样的"孤独"中，这咖啡是他所拥有的唯一的享受。贝克尔在维鲁埃拉创作的散文中，"寂静"和"孤独"是在第二段就出现的词，这就点明了整本书的色调，即"快乐的人"①。作者以此来对比马德里：首都的喧嚣、议会的辩论、咖啡馆里的吵闹、编辑部里的争论……那个他已经逃离却还依然有着种种牵绊的世界。

---

① 此处为拉丁语 *beatus ille*，意为"幸福快乐的人"，来自古罗马诗人贺拉斯的名句"远离俗务的人是幸福的"，歌颂了远离俗世烦恼的田园生活。

　　普林斯顿大学教授埃德蒙·L.金是研究贝克尔的重要学者之一，他指出，《斗室书简》讲述了作者"从文明和现代的顶端一步步前进到近乎原始的自然状态"[97]。实际上，这是一种臣服的方式。诗人不断适应和融入他所遇到的风景，他结合自己曾读过的德国文学作品，决定在一部作品里仔细梳理各种"孤独感"的纹理。这部作品能让他穿过阿尔卡拉门①，重返马德里的沙龙。"从埃尔蒙卡约的母体中诞生出了贝克尔诗韵的精髓"[98]，金教授如此写道。而我认为恰恰相反：是从贝克尔诗韵的母体中诞生出了埃尔蒙卡约的精髓。金教授的话表达了一种传统而天真的观点，而如今早已过时，即积极正面地解释浪漫主义。从风景里是不可能诞生任何东西的，因为风景什么都不是。风景不在于如何被注视，重要的是谁在注视它，人的目光也是一样。埃尔蒙卡约除了侏罗纪石灰岩以外什么都没有，是诗人创造了风景，是马德里的读者给这个神话添上了最后一笔。

　　埃尔蒙卡约当地人不会像我一样在这个地名前加上定冠词"埃尔"，他们会直接说"我上蒙卡约去"，或"蒙卡约下雪了"。我想冠词的省略已经是在用一种文学的方式来描绘风景。它表达了归属感，同时也是一种拟人的手法。没有冠词，蒙卡

---

　　① 阿尔卡拉门（la Puerta de Alcalá）是马德里仅存的几座古老城门之一，建于1788年，曾经是19世纪时马德里的东侧边界标志。

约就多了几分血肉。我以前不习惯这样用，但在那里走动了几年后，我惊讶地发现自己变得和塔拉索纳及山麓一带的村民一样，也称这巍峨的大山为"蒙卡约"。带着冠词的埃尔蒙卡约和我是有距离的，去掉冠词后，它变成了我生活的一部分，一种存在和陪伴，而不是道具摆设。

不可否认的是，蒙卡约的美胜过任何文化建构，因此能理解为什么金教授以及其他学者总是期待"从风景中创造诗歌"，但其实真正符合逻辑的应是从诗歌回到风景中去。蒙卡约那2314米的最高峰耸立在伊比利亚山脉上，在100多公里开外的某些地方都清晰可见。它的峰顶是伊比利亚半岛上三个古老王国的界标，也就是人们所说的当代西班牙的诞生地：纳瓦拉、卡斯蒂利亚和阿拉贡。它的山顶（天气好的时候，花几个钟头就可以轻松登顶，登山者的英勇气概压根派不上用场）傲视着广阔平坦的梅塞塔高原的一部分和几乎整个纳瓦拉地区，一直到比利牛斯山脉前段和宽阔的埃布罗谷地。这种地势十分独特，它和伊比利亚山脉中其他低调隐秘的群峰相比，显得非常突出，罗马人当年就说过，有些伊比利亚部落把山当作某种神明，顶礼膜拜。世界上很多有着奇特地理风貌的地区也是如此。诗人马提亚尔①是一位伟大的旅行家，面对蒙卡约那被白雪

---

① 马提亚尔（Marcus Valerius Martialis，40—104），古罗马诗人。曾经往返于西班牙与罗马城两地。早年生活贫寒，后来凭借诗歌闻名于世。其作品取材广泛，短小精悍，为时人所称道，亦流传至今。

覆盖的灰色轮廓，他也感受到了贝克尔所描述的那种惊恐。[1]在这里，人们可以看到、感受到西班牙语范畴内的"世界之轴"[2]，三个伟大的基督教王国融合在一种异教崇拜中，这奇妙的融合把它们与伊比利亚的根基牢牢绑在一起，与那些前罗马时代的部落绑在一起，梅嫩德斯·皮达尔[3]从他们的传说里确立了西班牙永恒的本质。

诗人贝克尔在他与埃尔蒙卡约的角逐中胜利了。他成功地把它框进自己设计的模具，他挖掘它，使之具象化，把它改造成诗段中的短句。他在维鲁埃拉绘制出了西班牙无人村的第一张浪漫主义图景。传说就此开启。马德里人通过阅读印制精美的《当代报》，开始把自己的国家视为异域，一个原始的大陆，

---

① "值得我们颂扬的是凯尔特伊比利亚的人民，还有我们西班牙的荣耀，你看吧，利奇尼奥，那巍峨的比尔比利斯，因骏马和武器而闻名，还有老卡约的白雪、神圣的瓦达维隆那陡峭的山峰，美妙的波德尔多那迷人的森林，让丰饶的果树女神波摩纳也为之倾心。"这是马提亚尔第一本书中第49首短诗的首段，几乎可以算是埃尔蒙卡约地区的旅行指南。"比尔比利斯"是现在的卡拉塔于，"老卡约"指的就是埃尔蒙卡约。Marcial, *Epigramas Completos*, Madrid, Cátedra, 1991, p.76.

② "世界之轴"即许多不同文化的神话中提到的位于世界中心并作为宇宙不同层次间联系点的地方。

③ 拉蒙·梅嫩德斯·皮达尔 (Ramón Menéndez Pidal, 1869—1968)，西班牙语言学家和历史学家、西班牙皇家语言学院院士、西班牙语言文学学派创始人、"九八年一代"成员。他对西班牙古典文学、西班牙语历史及民俗、西班牙中世纪早期传说有着深入研究。

一片满是女巫、异教徒和废墟的土地，远离一切世界法则。[1]

有关西班牙无人村的第一个想象物是超自然的存在。在浪漫主义的话语中，西班牙农村是一块神秘之地。废墟里总是有幽灵出没——这是明摆着的事，不可能在哪片废墟上没有鬼魂一类的东西。还不止如此。村庄里还有女巫；有"戮毙森"[2]，也就是狼人；有魔法和药剂；有藏匿在深林中的神兽；有公山羊和低等恶魔；还有圣徒，他们看上去酷似另一门宗教中的神明；还有那门为植物和世间万物正名的古老语言。那里的人们几乎不说卡斯蒂利亚语，他们所讲的语言停留在中世纪时期，是一种具有异教色彩的罗曼语。西班牙无人村不像异国，而更似一个陌生的维度。贝克尔虽然不愿在那里停留，却知道该如何挖掘它。他面向的是城市读者，他们没有周游过全国，而国家形象在他们心中是粗鲁且骇人的，这就是一个创作魔幻主题的绝佳理由。受此影响，现代人投向西班牙农村风景的第一道目光就与神话和本质主义相关。这位塞维利亚籍的诗人忽略了当地一切经济和社会背景，他没有真正注视居住在那里的人们，而只关注他自己所深信的：有一种本质的、真实的东西在城市里已经找不到，却还留存在埃尔蒙卡约的积雪中。贝克尔

---

① 贝克尔寄给《当代报》的书简中最受读者欢迎的就是当地具有魔幻色彩的民间传说。

② 戮毙森（Lobisón）是瓜拉尼传说中的七个怪物之一，半人半兽，与欧洲传说中的狼人有很多相似之处。

熟悉马德里，也深谙引诱之道，他知道如何调配作品里民俗元素的剂量，能让他的城市读者大惊失色、心潮澎湃。

纯正的民俗浪漫主义派希望再次把人们和祖国的精神联结在一起，而这种精神就保存在民俗之中。然而他们的成功是通过商业机会主义，最终在维多利亚时代的小说中得到了极致的表现。他们把家庭和传统的东西当作卖点，将其变成了异域的稀罕事。他们做到了安伯托·艾柯[99]的符号学所设定的"冗赘性①与信息"的平衡，这使得他们的作品所传达的内容深入人心。这种信息是新鲜的，因为它所涉及的地区和时代对生活在城市里的读者们来说非常遥远。但与此同时，那些故事触碰的是一个在祖父辈和父辈人的记忆中依然鲜活的想象物。它还没有邈远到令人听起来陌生的程度，但也不是坚若磐石，因此对这些民俗故事的重新改写也不会引发太激烈的反对。如果某个神话构成了某人世界观建构中最坚实的基石，那他就不可能容许外界来讲述自己的故事，否则就像是别人在用我们听不懂的话给我们讲述我们的生活。因此他们只有像考古学家一样挖掘过去，才能让读者发觉自己国家那既熟悉又陌生的一面。在某个午后，身处太阳门广场的读者在阅读那些作品时，最着迷的就是故事里的那种异域风情，对他们而言，那是遥不可及的地方，但同时又触动了他们内心深处某种难以言状的亲密感情。

---

① 冗赘性（Redundancy）指的是信息中可预测或约定俗成的部分。

它令人回想起一种语言，回想起祖父母，还有那个已经被夺走的天堂。如果城市和乡村的断裂是彻彻底底的，或是不可挽回的，那这种文学就不会得到回应。人们之所以会有所回应，就是因为他们之间还有那么多未被连通的"缆线"，就像是可以连通的桥梁。

如此一来，城市和科技所包含的"时代精神"就像一条慵懒的龙，正回过身子去看那个已经面目全非、却还依旧存在的国度。这就是贝克尔在1863年的某个下午，坐在石质十字架的台阶上等待从马德里来的报纸时领悟到的。然而，他所理解的连维多利亚时代的小说家的一半都不到。西班牙没有《德古拉》或《彼得·潘》这样绝妙深刻的作品，也没有安徒生童话或格林童话。浪漫主义和它所带来的商业效应在西班牙的力量有限，不足以把废墟之上的农村传说打造成自成一派的神话体系，西班牙图书出版行业的影响范围也不及伦敦出版业那么广。但是从另一个层面、另一个时间节点来看，浪漫主义在西班牙也曾有过辉煌。当然了，这不是贝克尔的战略谋划，它的出现应该就是源自直觉。凭借敏锐的直觉，贝克尔在那片疾风不绝的荒原上，在他一次次提及的"孤独"中捕捉到了诗意，他预感到这是一片文学创作的处女地（比马查多早了40年，比那棵压倒了十字架的"复仇"的枯榆树早了150年）。他深知这些东西会在马德里大受欢迎，会带去一场粗犷而刺激的革新。那些去巴黎旅游的人总是买走最新款的衣物和书籍，贝克尔则在行李箱里装上了他从伊比利亚大地最深处收集到的、更具异域风情的旅游纪念品：女巫、鬼怪、幽灵和月光。

对风景的浪漫主义建构是一道自我成全的预言，在西班牙的类似预言中，它是最美丽、最完满的典范之一。贝克尔、哈森布施①、索里亚②等作家在伊比利亚传统的矿藏中蘸取颜料，让自己的作品更加浓墨重彩。他们的创作都设定在停滞的时间当中，因为他们发现西班牙无人村里有一些连时钟都停摆的地方。人类学家称这种状态为"原始社会"，他们由此判断很多美洲和非洲的土著居民都停滞在接近于旧石器时代的进化状态下，因此可以被当作活化石来研究。我们不需要假设或是大胆重构史前时代人类祖先的生活方式，因为我们完全可以直接观

---

① 1837年，胡安·欧赫尼奥·哈森布施（Juan Eugenio Hartzenbusch）的戏剧《特鲁埃尔的情人》（*Los amantes de Teruel*)在马德里王子剧院上演，这是整个19世纪马德里剧院最叫座的剧目之一。这部作品的原型据说是一个中世纪时期的传说，讲述了迭戈·德·马尔西亚和伊莎贝尔·德·塞古拉之间的凄惨爱情故事，哈森布施的这部剧作是各种现代版本中最家喻户晓的。特鲁埃尔的圣佩德罗教堂里至今还保存着据说是这对情人的骸骨，他们被埋葬在一座由胡安·德·阿瓦罗斯于1955年雕刻的石棺中。在每年2月中旬当地的民间节日"伊莎贝尔的婚礼"上，哈森布施这部剧的另一个改编版本都会在特鲁埃尔市中心，由业余演员进行露天表演。Hartzenbusch, Juan Eugenio, *Los amantes de Teruel*, Madrid, Cátedra, 1998.

② 诗人何塞·索里亚（José Zorrilla）出生于巴亚多利德，父亲是个卡洛斯党人。虽说他最知名的作品是唐璜的故事，但他算得上是西班牙浪漫主义派中最执着于挖掘卡斯蒂利亚故事的人之一。他的戏剧诗重塑了熙德的形象，赞颂了711年阿拉伯人的征服和1492年天主教光复格拉纳达等历史事件。

察现存的布希族人、俾格米人①。同理，浪漫主义派认为他们找到了至高无上的中世纪，甚至更远古时期的遗存——就在埃尔蒙卡约的秃山里，在特鲁埃尔一座教堂里的木乃伊身上。随着时间的流逝，荒原上的居民把那些与他们有关的故事据为己有，真的开始像别人所叙述的那样生活。旅游业也跟着推波助澜。尤其是在佛朗哥创立了旅游局，推动成立了国营古堡酒店集团以后，那里的人们发现，历史和过去是可以拿来赚钱的，而如果只靠土地，他们则几乎没法糊口。中世纪再度变成可以盈利，或者说至少是一个体面的、能自足的经济来源。如果说游客去这些地方就是为了寻找贝克尔和哈森布施笔下的传说故事（哪怕他们连读都没读过这些作品），那为什么不拱手送上呢？现在的维鲁埃拉修道院即将变成一家古堡酒店，周围的村落总是举行有关巫术的庆典，尤其是特拉斯莫兹——这个地方已经把"女巫"变成了自己的招牌。在近处的塔拉索纳，新人们都想在一家名叫"贝克尔的女巫"的酒店里举行婚宴。

在西班牙无人村的很多地区，文学里美好的往昔变成了有前景的未来。早在1905年就是如此。那一年，为纪念《堂吉诃德》上卷出版300周年，阿索林受《公正报》委托前往拉曼恰，他打算游览小说中多个场景的原型，写出游记连载发表。在阿加马西利亚-德-阿尔瓦，也就是塞万提斯在小说中提及的

---

① 皆为非洲现存原始部落。

阿加马西利亚村学院所在地（这是作者用的一种乡土的方式来戏谑马德里的文人聚会）①，阿索林和一位叫堂坎迪多的神父攀谈，当神父问起他如何看待当地的各种历史地标时，他这样回答：

"堂坎迪多，"我大着胆子说道，"我今天早上参观了过去关押塞万提斯的一座房子，但是……"

说到这里我停顿了一下，堂坎迪多，这位如此纯洁、如此和善的教士正盯着我，眼神里似乎有所期待。我继续说道："但是关于那座监狱，现在的学者们说……"

我又一次短暂地停了一下，这时堂坎迪多的目光更焦急、更担心了。我继续说下去："现在的学者们说塞万提斯当时不是被关押在那里。"

我也不是完全确定学者们到底有没有说过这样的话，但堂坎迪多的表情写满了惊奇、诧异和愕然。

"耶稣，耶稣啊！"堂坎迪多惊呼，双手捂着头，大为震惊："您可别这样说啊，阿索林先生！上帝，上帝啊！您听听这说的是什么话！他们还说了什么，阿索林先生？是

---

① 在《堂吉诃德》上卷的最后，作者调侃地写道，有关堂吉诃德最后的结局被写在了一张手稿上，上面介绍了堂吉诃德的许多事迹，以"阿加马西利亚村诸院士"的名义撰文感怀其生平。普遍认为"阿加马西利亚学院"是塞万提斯对当时流行文学团体的调侃。

不是还要说塞万提斯是加利西亚人啊！您听过比这更离谱的事吗?"[100]

这样一脸纯真地使坏是阿索林的经典招牌，他捉弄神父，为博在咖啡馆读《公正报》的老爷们一笑。我不愿设想堂坎迪多如果足够长寿，读到路易斯·玛利亚·曼达多的《〈堂吉诃德〉抹去了堂吉诃德》后会有多么不满。这本书的作者坚称塞万提斯是一个出生在希洪那的乡绅，本名叫塞尔文特，而《堂吉诃德》本身是用加泰罗尼亚语写的。[101]实际上，这也是西班牙无人村所有居民的苦恼，每当语文学、历史编纂学或任何一门以"某某学"结尾的学科质疑当地好不容易创造出的旅游业繁荣，或是挑战他们的身份和自尊，他们就和堂坎迪多一样愤懑。比亚努埃瓦-德-希赫纳是一个被莫内格罗斯沙漠环抱的村庄，共有434名居民。那里有一座据说是米格尔·塞尔韦特①出生时的房子，被改造成了故居博物馆，面向公众开放，虽然说一丁点钱都没赚到，但是每当出现某个新理论质疑他在这里诞生的事时，希赫纳人都会愤怒地回应。他们决不允许米格尔·塞尔韦特被轻易夺走。

---

① 米格尔·塞尔韦特（Miguel Servet, 1511—1553），阿拉贡王国神学家、医生和人文学家，也是欧洲第一位描述肺循环的学者。他研究天文学、气象学、地理学和法学，以及圣经、数学、解剖学和药物学。他因对以上多个领域的贡献而闻名，尤其是药物学和神学。

　　对西班牙的堂坎迪多们说某段史诗、某个悲剧爱情故事从未发生过，或是说某人声名显赫的儿子从没存在过已经够糟糕了，但还有更糟的：对他们说这些事或人发生、出生在旁边的村镇。

　　这里面半是生意，半是信仰，或者说二者已浑然一体。过去变成了神圣不可侵犯的东西，人们全力抵挡学术研究在这个领域做任何推进。这也很正常，因为西班牙无人村早就除了过去再不剩什么了。所以过去必须、只能是真的，甚至《堂吉诃德》的故事也必须是真的。他们在蒙帖尔原野所有受洗证书上寻找塞万提斯在创作笔下人物时参考过的居民姓名。现在有一个研究流派，专门进行《堂吉诃德》中的地名和原型考证。围绕《堂吉诃德》开篇那句"在拉曼恰地区的某个村镇"和主人公的绅士身份，诞生了一门文学研究史上最荒诞、最高产的学问。它甚至还有一个富有神学感的名字：原型考证学说。一流的塞万提斯研究者从不把这门学说当回事，也不屑于反驳。针对一篇2014年发表的有关堂吉诃德真正身份最新研究的文章，[102] 弗朗西斯科·里珂教授（他是当代最受好评的一版《堂吉诃德》的负责人）曾这样写道："现在每当某家优秀的地方档案馆在文卷中发现一个姓'吉哈诺''潘沙'①或是一个叫'佩德

---

　　① 阿隆索·吉哈诺是堂吉诃德的原名。"潘沙"则为另一主要人物桑丘·潘沙的姓氏。

罗·佩雷斯'的神父，这个所谓的学说（即原型考证学说）就会出现在新闻媒体里。虽然说《堂吉诃德》本身就具有写实风格，但喜出望外的当地人绝不会同意说这只是个巧合，而是开辟了一种有关这位奇思异想绅士①的新理论。"[103]

然而，就连已经细致、执着到了极致的塞万提斯研究者也没能阻挡那些人继续挖掘，他们深信能在拉曼恰的村镇里找到考古证据和文献资料，证实《堂吉诃德》的真实性，就像海因里希·施利曼发现特洛伊遗址②一样。哪怕只是一个对小说和文学原理略有了解的普通读者，也会发现这些学说和想法的幼稚与粗劣。对一个优秀的读者来说，逐字逐句理解文本是最可怕的事了。塞万提斯自然和其他所有作家一样，基于自己的知识和经历来创作小说，但也绝不是不作任何加工。他可能一生都没去过自己书中写到的一些地方，他只是道听途说或是收集些二手资料，但依然可以在作品里有所涉及，这是文学赋予作家的特权，也是一个优秀读者乐于接受的。然而，官方的塞万提斯研究者在嘲讽这种做法的时候，又犯了用力过猛的错误（这些学说经常是得到了一些公立机构和旅游协会的赞助，那些村子特别急于给自己安上一个和《堂吉诃德》小说情节相关的纪

---

① 《堂吉诃德》一书的全名为《奇思异想的绅士堂吉诃德·德·拉曼恰》。

② 1870 年，德国考古学家海因里希·施利曼（Heinrich Schliemann）按照荷马《伊利亚特》中描述的特洛伊城的位置进行挖掘，发现了特洛伊遗址。

念招牌）。他们不懂，其实西班牙无人村居民需要的是他人的肯定，让这些故事历久弥新。塞万提斯研究者关注的重点是文本，避免触及书中那些超过文学范畴的背景问题，而这些问题对于拉曼恰高原广阔地域上的居民而言，是他们的身份特征和存在的理由，从很久以前就是如此。这其中蕴含着宗教的本质，同时也含有奠基性的神话——这都是倡导无神论的现代语文学所鄙夷的东西，但对于一些自认为无足轻重、受排挤和冷落的脆弱群体而言，这关乎他们的认知和自尊心。所有研究塞万提斯的精英都做到了恪尽职守，但是我想问，阿索林真的有必要让堂坎迪多如此不快吗？就像不信教的孙辈虽然暗地里调侃虔诚的祖母，却也会尊重她在平安夜的晚餐前做祷告。那么就让拉曼恰人相信克里普塔纳原野上的风车就是小说里出现的那些吧，让埃尔蒙卡约人继续听着女巫的故事瑟瑟发抖，让特鲁埃尔人因那对苦命情人感动落泪。或许这对他们是有好处的，并且也是一种体面的做法。这是一种迁就，但这一点点迁就，总好过孙辈们高高在上地对祖母说：别浪费时间祈祷了，上帝不存在。

我们看过电视剧《X档案》的人都知道福克斯·穆德探员的办公室墙上有一张海报（他的办公室位于没有外窗的地下室，孤零零的，经常被整个FBI取笑），上面是一架飞碟和那句著名的"我要相信"。他的同事戴娜·斯嘉丽拥有医学学位，崇尚科学，总想着消除他的错觉和胡话，从理智的角度给他解释所有他们遇到的超自然现象。这又是一对堂吉诃德和桑丘·潘沙式的组合，是理想主义与理智的对抗。塞万提斯这部经典之作中的冒险旅程引起了某种共生现象：理想主义的穆德不断失去信仰，与此同时本无信仰的斯嘉丽却逐渐开始相信一些事。然而在小说《堂吉诃德》的结尾并没有出现角色的互换。穆德保留了那张海报，那句座右铭"我要相信"表达了一种要求被尊重的愿望。这也是西班牙无人村居民的座右铭。这当中确有着明显的经济利益，但远不仅如此。因为他们百般维护的旅游业其实并不发达，带来的收入也只能勉强养活几家人而已。他们也并不是在保护什么下金蛋的鸡，而且就算他们真有这么一只母鸡，它也应该已经很老了，一个月仅能下一枚劣质蛋。他们捍卫的是一种难以言说的、深层次的东西，是对这片他们想要扎根的土地的信念。这片土地总是驱逐他的居民，在世纪的更迭下，他们终于彻底被抛弃。他们维护风景的神话建构，将平原和山脉奉若神明，深信这里在过去的某个时间段必发生过什么——它炫目、神秘、独一无二，传说就是它的明证。就像穆罕默德和耶稣一样，浪漫派也解读出了神的旨意，充当了上帝在人间的发言人，他们讲的是神的话语，故而是神圣的。风景的文学建构被解读为一种启示，相关的书籍就成了宗教经文。因此有那么多"释经学家"和学者希望能证实传说的字面含义。这纯属神学的范畴，只会惹得现代语文学家发笑，然而没有哪种学问会违背自己的信众。他们需要继续相信，因为不会有什么能瓦解他们的信仰。福克斯·穆德会继续相信有外星人，堂坎迪多会继续认为塞万提斯曾被囚于他的村子里，祖母也会继续在平安夜祷告。一个有同情心的聪明人不会去嘲讽或驳斥他们，而是会尝试理解他们为什么会有如此满腔热忱的信仰。

如果我们仔细审视，会发现西班牙无人村如此认同与之相关的浪漫神话，其实就像很多人在看电影时会把自己代入其中的浪漫情节一样。大银幕上的伟大桥段已在情感上影响了好几代人，给他们灌输了一种爱情观。他们也想让自己的恋爱像电影里演的一样，这么一来，人的失望程度就与现实生活和电影情节之间的差距成正比了，这种差距也可以用自我欺骗来解决。就像很多人要求伴侣依照浪漫电影里的典范行事一样，西班牙无人村的居民期盼着历史资料能证实他们的传说。他们希望历史就是他们所期待的样子。如果不是，那就把它拖到"普洛克路斯忒斯之床"①上，直到它变得服服帖帖。"这位先生就是创造传说之人。"阿加马西利-德-阿尔瓦的农夫马丁对受《公

---

① "普洛克路斯忒斯之床"的说法源自希腊神话。普洛克路斯忒斯开设黑店，拦截过路行人。他特意设置了两张铁床，一长一短，强迫旅客躺在铁床上，身矮者睡长床，强拉其躯体与床齐；身高者睡短床，用利斧把旅客伸出来的腿脚截短。由于他这种特殊的残暴方式，被人称为"铁床匪"。后来，希腊著名英雄忒修斯在前往雅典寻父途中，遇上了"铁床匪"，击败了这个拦路大盗。忒修斯以其人之道还治其人之身，强令身材魁梧的普洛克路斯忒斯躺在短床上，一刀砍掉了"铁床匪"伸出床外的下肢，为民除了此害。

正报》委托来村里采访的阿索林这样说道。[104] 西班牙无人村的居民深谙作家的门道：创造传说。

鼓励这种风景神学的反而经常就是学院派自己。2005年（又和一个新的大事纪念日同一年发生，规律几乎一向如此。这一次，是碰上了《堂吉诃德》初版400周年纪念），凭借康普顿斯大学名望的荫佑，一个由九位学者领衔的多学科团队发表了一项题为《拉曼恰地区的那个村镇就是……以〈堂吉诃德〉作为距离和时间系统标准》[105] 的研究成果。此成果共300多页，满是荒诞的地图、草图和计算，包括在不同气候条件下，骑不同品种的驴和其他坐骑的预估旅途时间（在冬天里走一里路要比在夏天更困难，早上要比下午难，还要考量是雨天还是晴天等）。最终，他们在蒙帖尔原野上确定了三个备选区域作为《堂吉诃德》故事发生地的原型，它们都在拉曼恰地区：比亚努埃瓦·德·洛斯·因凡特斯、阿尔枯比亚斯和福恩亚那。九位教授参加了这项研究，动用了大量学术资源，耗费了数千小时，为了解决一个压根算不得谜题的"谜题"，这是任何一个有判断力的读者都明白的事。《堂吉诃德》里的那些不准确、遗漏和含糊不清的地方不是为了留下线索，让后人解开某个未知数，小说毕竟不是专著。它，只是文学。拉曼恰是一部虚构作品的故事发生地，是一件舞台道具，一个由小说家构思出来的想象空间，用来安放他笔下的人物。《堂吉诃德》是一部情节丰富的小说，从头到尾都保持着快速的叙事节奏，很多事件接连上演。

作者在叙述时会停下来描述一下风景，提及一些地名，而这些都只是功能性的，是用来帮助情节的推进。遗漏和引用也是为叙事服务的。

人们从18世纪起开始认真研究《堂吉诃德》中的细节，发现塞万提斯是一个粗心的作家，考虑到这本书是他在牢狱之中匆忙写就的，这也就不足为怪了（按照弗朗西斯科·里珂的说法：“作者没有受到写作的约束”[106]）。“这种塞万提斯式的‘疏忽’是众所周知的。侍从桑丘·潘沙的老婆有时候叫胡安娜，有时又叫玛丽·古铁雷斯、特雷莎·潘沙、卡斯卡霍或是桑恰；客栈的房客一天要吃两三顿晚餐；有时说堂吉诃德与杜尔西内亚从未谋面，有时又说见过四次；希内斯·德·帕萨蒙特到底有没有拿走他的剑……这种问题反复出现。语法上的前后不一致、不必要的歧义和用词不当的情况也不少，比如‘他问外甥女要钥匙的房间’（第一部，第6章）、‘给特雷莎回复写信’（第二部，第50章）、‘他的同伴拿着一本手里的书’（第二部，第59章）等。”[107]

就连那些最注重维护《堂吉诃德》文学属性的塞万提斯研究者也会用一些约定俗成的数字来引用书中的段落，让人想起《圣经》经段的引用（比如第一部分，第6章等）。这部小说在被人们顶礼膜拜、被教育界“传教”了四个世纪以后，它在西班牙文化中体现出的宗教特质是毋庸置疑的。因此有那么多“半吊子读书人”在信仰和使命感的指引下，完完全全地把这本书奉为圣典，甚至到了引人发笑的地步。康普顿斯大学团队做了繁重的工作，以求在地图上标注出书中那个拉曼恰村庄的位置，就像是托马斯主义者①试图通过亚里士多德的逻辑学来证明上帝的存在。他们要相信，就像福克斯·穆德。如果想让与祖国根基有关的神话变得栩栩如生，这神话就得是真的。它必须是真的。理性的建构离不开无理性的存在。比如国家是理性最高效最冷酷的表现，而它如果失去了传说的无理性则无法存在。所以那本书必须是真的。否则，拉曼恰就不复存在。

西班牙国家（不是西班牙，而是现代意义上的西班牙国家）是自18世纪中叶起，从阿尔卡拉大街开始逐渐建立的。那条街上最早出现了一些现代国家应有的机构（如中央银行、邮局……）。等到了20世纪初，政府的管辖范围已延伸到了国家最边远的山区里最边远的村落。这是一个十分缓慢但不可阻挡的进程，古典自由主义者称之为"进步"，而我们这种接受了另一套术语熏陶的人，则喜欢称它为"现代化"。中世纪的阴影完全散去了，地方法已经消失，教会不再只手遮天，权贵政治和领土收复主义已寥寥无几，盗匪活动基本销声匿迹，文盲、隔绝和饥饿也都不复存在。同时，很多半岛本土的语言、传统和机构都被卡斯蒂利亚语和统一的民法典取代。然而，随着国家

---

① 托马斯主义是指中世纪神学家和经院哲学家托马斯·阿奎那创立的基督教神学学说，是一种将亚里士多德哲学中的消极因素与基督教神学相结合的神学唯心主义体系。

逐渐拿下一个又一个地区，建起了火车站，开设了国民警卫队岗哨、省级银行、学校和邮政所，一套神话体系也在广阔的西班牙无人村逐渐铺展开来，和风景融合在一起。这也是矛盾所在——在现代化进程起步的同时，与风景有关的传说也被建构起来，并逐渐自成体系，二者是同步发生的，没有前者，就不会有后者。从19世纪中期直到1936年西班牙内战，国家权力在它名义上所管辖的全部国土上得到了扩张和巩固，而整个神话体系恰好也是在这个时期发展确立起来的，其中包括西班牙的过去、传说、各种老套言论及与之相关的地点。"利维坦"中的理性使得神话得以建构和延续。如果没有马德里的文学活动，没有那里的报纸和公共舆论（也就是说，如果不是因为现代化国家特有的各种属性），贝克尔就不可能塑造出那个想象中秋风不绝的埃尔蒙卡约。

　　1840年的一个下午，坐标巴黎，德国诗人海因里希·海涅在一场钢琴演奏会上碰到了一个朋友——同为浪漫主义文人的泰奥菲尔·戈蒂耶。戈蒂耶在那之前已经宣布自己计划去西班牙旅行，有一家报纸准备派他去那里做通讯员，报道卡洛斯战争。海涅狡黠地问他："您一旦真正去过了西班牙，以后还怎么写它呀？"[108]

　　在那个年代，维克多·雨果的戏剧《欧那尼》已于1830年在巴黎首演。普罗斯佩·梅里美将在戈蒂耶那场旅行后不久的

1845年出版小说《卡门》。1832年，华盛顿·欧文所著《阿尔罕布拉宫故事》的第一版面世，很快就被翻译成多种西方语言。1836年，以阿拉贡为主题的说唱剧《游吟诗人》在马德里首演后大获成功。如今我们熟知的朱塞佩·威尔第创作的同名歌剧就是改编自此剧，于1853年上演。莫扎特的歌剧《唐·乔凡尼》取材于西班牙传奇人物唐璜，当时在巴黎的剧院频繁上演。也有一些像戈蒂耶这样的浪漫主义者是通过阅读拜伦勋爵未完成的作品《唐璜》，接触到了这位西班牙花花公子①的故事。那个时代很多被译为法语，并在法国获得大量读者的名家之作写的都是有关1790—1840年间的西班牙的故事，如波兰人扬·波托茨基的《萨拉戈萨手稿》。在浪漫主义文学里，西班牙是一个时髦的、充满生命力的主题。任何一个浪漫主义文人都可以在没去过西班牙的情况下写西班牙的故事，因为与之相关的主题广为流传，取之不尽，欧洲人已然对西班牙的形象形成了一个明确的概念，可以抓住它在艺术和情节上做文章。当然了，他们中的很多人都读过《堂吉诃德》。1863年，也就是贝克尔发现埃尔蒙卡约的同一年，有史以来最精美、最受好评的一版《堂吉诃德》在法国问世，古斯塔夫·多雷绘制了书中的插画。

---

① 唐璜是西班牙家喻户晓的传说人物，以风流倜傥著称，是欧洲文人笔下著名的"花花公子"。

海涅向戈蒂耶提的那个问题不仅仅是一个狡黠的玩笑，它包含着对神话建构的深刻反思。神话与支撑它的现实一经接触，反而会造成坍塌。极度敏锐的浪漫主义者早就看明白了，西班牙与其说是一个国家，不如说更像是一个主题。它不是一个确切的地点，而是为书写悲剧设计好的舞台。有些人受到好奇心驱使，决定走出原有套路，即便他们自己也明白，一旦从昂代或拉洪克拉穿越国界线进入真正的西班牙，就再也无力支撑原先他们挚爱的那些故事了，但他们还是勇敢地爬上用毛驴拖着的邮车，越过那炎热或冰封的梅塞塔高原。这种浪漫主义旅行者人数众多，他们写下的作品创造出了一种文学题材。他们中有很多人效仿英国人理查德·福特（他曾为英国游客写下了第一本西班牙旅行实用指南，算得上是早期版本的《孤独星球》①），自称为"好奇的冒失鬼"。他们基本都不喜欢西班牙食物，受不了那些强烈的气味；他们有时热得冒烟，有时冷得发抖；他们总得提防着土匪，成日里担惊受怕；早餐喝的热巧克力让他们消化不良；圣周的宗教游行令他们浑身颤抖；他们去观看斗牛，有人反胃作呕，也有人激动万分。在他们写下的每一页文字中，语气总是从恐惧转为讥讽，中途还要以抒情的方式赞誉西班牙原始的高贵，认为其性格特征与歌剧里的唱词及《堂吉诃德》里的文字完全相符。他们描述的是一个野蛮的西班

---

① 《孤独星球》是世界最大的私人旅行指南出版商出版的旅行指南。

牙，但跟他们之前想象中的那种粗野和落后不一样。没有史诗，也没有维克多·雨果的诗句。在西班牙旅行期间，大仲马尝了一口烩兔肉，立刻表情扭曲，在他看来这和吃老鼠没什么区别（在西班牙一些极其贫困的地区确实也吃烩鼠肉）。[109] 到了 19 世纪 70 年代，汉斯·克里斯蒂安·安徒生因为害怕老街暗巷里出没的人群，几乎不敢离开他投宿的房舍半步。[110] 英国人理查德·福特写作的目的是为其他游客提供实用信息，所以他提供的资料最为详尽。他总结说，在这段浪漫主义的旅行中，人们发现西班牙是一个十分不舒适、脏乱、粗鲁的国家，饭菜糟糕，令人难以下咽。此外，这国家也不太平，饱受土匪之苦。据戈蒂耶所说，女王伊莎贝尔二世所乘的御辇要是放在伦敦街头，路人连看都不会看一眼，贵族们的马车则更糟糕，一半都朽烂了，涂着劣质的漆。他着重强调整个国家扭曲、遍地废墟、残缺不全的形象。理查德·福特在 1840 年前后这样写道："在西班牙，除了几座大城市外，极其缺乏图书馆、报纸、旅行向导，总之，缺乏其他欧洲国家为旅行者提供的那些大有助益的资源。"[111]

马德里是一个尘土飞扬、破破烂烂的大农村，到处是闲人和妓女，周边的风景看上去一副野蛮无情的样子，在烈日炙烤时，路人连棵树都找不到。晚餐时分，路边的旅店和村庄里什么吃的都没有，只有大水罐里的清水或是一口巴尔德佩尼亚斯产的葡萄酒，而那酒已经结块到了可以用小刀切割的地步。只

有个别有文化的人会讲法语，但也没一个人讲得好，因此旅行
者似乎迷失在一场被怪异的语言所包围、不知所云的哑剧里，
任由徘徊在他们身边的骗子摆布。此类描述在欧洲浪漫主义者
尤其是法国旅行者所写的旅行流水账、笔记和回忆录里随处
可见，他们原本是追逐着西班牙的神话才来到这里的。热尔
蒙·德·拉维尼在1859年写道，西班牙"属于那种在去之前必
须立好遗嘱的国家"[112]。在这些受过良好教育的公子哥的怨声
载道中，也可以窥探出这类作品的一个共同点：作者都获得了
极大的享受。很明显，他们都尽情享受着这趟旅行，这里独特
的文化与他们位于山脉另一侧的祖国有着天壤之别。只消穿过
比利牛斯山，就能获得大大的快感。浪漫主义旅行者穿行在半
岛上，置身于艳阳与大蒜的味道里，得到如此享受，他们深感
幸运。

　　理查德·福特优雅而又凝练地概括了浪漫多情的欧洲人想
象中的西班牙。

　　　　那些向往浪漫、诗韵、情感、艺术、历史、经典的
　　人，总而言之，那些向往崇高和美好的人，都会在西班
　　牙的现在与过去搜集到足够多的素材。他们只需握好纸
　　笔，在这个摇摆在欧洲与非洲之间、文明与野蛮之间的
　　神奇国度游荡。这里有翠谷与秃山，有无尽的平原与陡
　　峭的山峦，有世外桃源般的葡萄园、橄榄园、橙树和芦

荟园，还有寂静广阔的荒原，那里连一条道路或小径都寻不到，完全是野生蜜蜂的领地。我们从枯燥单调、整齐划一的欧洲文明出发，飞抵这个独一无二、散发着清新与灵气的国家。它未曾改变过。在这里，古代与现代相连，奢侈浮华与匮乏贫穷混杂；这里缺少高尚与慈悲的美德，又拥有英勇与多情的品质；这里的冷酷和残暴，与非洲式的火热激情并存；在这里，无知和博学形成了强烈惊人的反差。[113]

人们和西班牙的接触驳倒了它的神话。"很快我就会失去法国，"戈蒂耶在穿越边境前这样写道，"可能我也会失去我的憧憬之一。也许我幻想中的西班牙将会消失，那个谣曲里的西班牙将会消失，维克多·雨果的诗歌、梅里美的小说、阿尔弗雷德·德·缪塞的故事里的西班牙都将会消失。"[114] 就像海涅提醒戈蒂耶的那样，一旦真正去过了西班牙，他就再也无法写它了。但是他们亲眼看到的西班牙，无论是它的荒蛮抑或是它的力量，都要远超于前人在歌剧和诗歌里的想象。前人的游记，又促使更多的饱学之士穿过比利牛斯山，把各自那些"好奇而冒失"的观点付印。1840—1870年间形成了一套有关西班牙的新神话体系，它在欧洲各大首都流传后，最终在西班牙本国落地生根。

这些法国人进入伊比利亚半岛后向南方进发（他们的目的

地是摩尔人的安达卢西亚，对他们而言那里到处是山鲁佐德①的影子），最吸引他们注意的是这些地区的人口之少。他们一离开巴斯克山区，从潘科尔沃港进入卡斯蒂利亚，就因那孤寂的风景大为震动。"西班牙人烟稀少到了十分惊人的程度。阿拉伯统治时期那里有3200万人口，现在还不足1000万或1200万。"[115]戈蒂耶这样写道。他的估算符合1840年西班牙的人口数。距那时最近的一次人口普查是在1833年，数据显示当时西班牙共有12338283人。但我不知道他是从哪获得的"阿拉伯统治时期"的数据。根据最新的计算（该数据非常不准确，只是基于粗略的估算），公元1000年左右整个伊比利亚半岛上的人口不足500万。这是一个老观点：很多浪漫主义旅行者都认为西班牙之所以空空荡荡是因为人口下降，而他们一直传播的那种"黄金时代"的理念通常和"安达卢斯"②时期相吻合。他们带着19世纪的忧伤，望着阿尔罕布拉宫、科尔多瓦、塞维利亚和其他阿拉伯城市那失落的荣光，幻想着一个人口众多，但从来没有存在过的国家。

---

① 山鲁佐德是《一千零一夜》中为残暴的国王讲故事的女子。每夜故事讲到最精彩处时，天刚好放亮，使国王因爱听故事而不忍杀她，允许她下一夜继续讲。她的故事一直讲了一千零一夜。

摩尔人即北非的阿拉伯人。771年，摩尔人在伊比利亚半岛登陆，占领了除北部的阿斯图里亚斯、加利西亚和巴斯克地区以外的西班牙全部地区。他们对西班牙的统治一直延续至1492年，给西班牙南部的安达卢西亚带来了深远的影响。

② 即阿拉伯（摩尔人）统治时期西班牙的国名。

　　下面我专门讲讲戈蒂耶的《西班牙之旅》，因为它对西班牙作家产生过很大的影响。这本书有好几个卡斯蒂利亚语版本，内容引人深思，启发了一些在风景建构领域至关重要的作家去思考自己的国家，如米格尔·德·乌纳穆诺。书中对卡斯蒂利亚的荒野、对无人居住的冷酷平原的执念，影响了20世纪西班牙文学中的末日救赎观。快到马德里的时候，这位法国浪漫主义者写道："没有一滴水，没有一丁点儿绿色，连一棵树都没有，只有黄沙和铁色的陡石。一离开山区就再也看不到岩石，只有毛石，然后时不时出现一个满是尘土的客栈，或是一座褐石色的钟塔，在地平线上划出一道剪影。"[116] 这种全以"石"字结尾的译法是译者恩里克·德·梅萨的问题，他用了一种独具半岛特色的方法来表达贬义：陡石、毛石①、褐石。我们可以从词汇形态上感受到那种对风景的鄙夷，而这一点在该书的法语原版里并没有那么明显。戈蒂耶原文写的是 roches gris de fer，不带感情色彩的翻译应为"铁灰岩"，而恩里克·德·梅萨翻译成了"铁色陡石"。法语里对应"陡石"的词汇应该是 escarpé（陡峭的），在卡斯蒂利亚语里也有对应词，即 escarpe 或 escarpa（陡坡，斜坡），指的是坡度急剧升高的地面。它的相关动词比名词形式更常用：escarpar（意思为"成为斜坡"

---

　　① 西班牙语为 pedrusco，本意是指未经加工的毛石，但也有"绊脚石、阻碍物"等贬义色彩。

"锉")。戈蒂耶原文写的是 grosses pierres，指的就是"岩石"，没有恩里克·德·梅萨翻译的"毛石"那种带有贬义的语气。另外，恩里克·德·梅萨翻译了"褚石色"，而戈蒂耶的原文里用的是一个非常文雅讲究的词：couleur de liège [117]，即软木塞的颜色。

在马德里度日如年地过了几天后，戈蒂耶和同伴再次上路，向南进发，为马上要进入大名鼎鼎的《堂吉诃德》各种场景的发生地而兴奋不已。他们到达的第一个和《堂吉诃德》有关的村子是拉比塞关口。

> 拉比切（原文如此，即拉比塞）关口四处皆是颓败之象，周围几座山坡上也依稀可见断壁残垣。山坡上的土地因酷热而皲裂，裂开的缝隙仿佛是一条条怪异的伤口：那是荒芜的极致。天空是严酷的，在天光的照射下，丑陋尽显无遗，贫困也更令人痛心。裹挟在北国雾气中的忧伤，与这里的炙热与透亮相比不值一提。看着这些破屋烂瓦，我们不禁开始同情这里的小偷，可怜他们不得不在此处谋生，而这方圆十里连一颗能用来做半熟溏心蛋的材料都找不到。[118]

在这段文字里，德·梅萨漏译了法语原文中的话（在这段之前还有两段话被他省略了），在"那是荒芜的极致"之后，戈蒂耶写的是："一切都是软木塞和泡沫岩的颜色。天空的火舌似乎曾从这里掠过。有种类似于砂岩的细尘，仿佛给整个景致撒上了一层面粉。"（这段译文由我所作，请读者见谅）若漏掉的是几行文字，有可能纯属大意所致，但是德·梅萨偏偏漏掉了一段话正中间的几行文字，这实在是奇怪。另外，这几句也是此书中为数不多的诗意描写，彰显出了作者敏锐的目光，却与译者执意在西班牙语译本中塑造的那种鄙夷基调格格不入。"灰尘给高原撒上了一层面粉"描述的恰好是堂吉诃德大战巨大的磨坊风车的地方——拉比塞关口，这可以说是对《堂吉诃德》最精辟的影射。在荒凉的风景中，灰尘化成了石磨里磨出的面粉，那种荒凉与塞万提斯笔下的英雄在冲击风车后的寂寥一模一样。灰尘，令人联想到荒弃；面粉，是曾经强劲的生命留下的静止的回忆。奇怪的是，德·梅萨这位一向着迷于塞万提斯的小说和卡斯蒂利亚风景的诗人，却竟然没有惊叹戈蒂耶这些近乎印象派风格的记录，这段文字与他整部游记所传达出的那种反感和玩世不恭的厌恶截然相反。然而，作为译者，他没放过任何一个机会来大肆使用那种地道的、带有贬义的后缀词。戈蒂耶写的是 cahutes（简陋住宅），德·梅萨就翻译成"破屋烂瓦"。不是说这样翻译是错误的，但是西班牙语里还有其他词能够表达"简陋住宅"的含义，比如茅屋、窝棚。他选择了"破屋烂瓦"，就在话语间突出了鄙夷荒原景色的文风。虽然不可否认的是，戈蒂耶的确经常用这种态度来审视荒原和它的孤寂，但译者不仅突出了这种态度，更赋予了它一种地道的西班牙语风味。他使用的后缀差点把戈蒂耶这位轻浮、喜欢嘲讽的巴黎浪漫主义者变成了地地道道的卡斯蒂利亚人，手持一小杯茴香酒，靠在火盆旁取暖。

　　德·梅萨是一位马德里诗人，他的名字经常和"九八年一代"的其他人物同时出现在一些文学史书上。他极其痴迷卡斯蒂利亚。他所写的风景派诗歌和马查多的抒情诗有相似之处，但无法企及那位塞维利亚诗人的细腻情感。他在提及卡斯蒂利亚失落的荣光时，多了点直白造作的爱国主义色彩，动辄就说身负着圣女大德兰与熙德的遗骨。今天他已被大家遗忘，但是在爱国主义拥趸的群体里尚有影响力。正因为对西班牙主题的偏爱，所以他翻译了戈蒂耶的书，也翻译了另一位出名的"好奇的冒失鬼"理查德·福特的作品[119]。

　　德·梅萨的诗集《客栈与道路》里有一首题为《行路人》的诗，后来被很多文集收录。这首诗是这样写的："正午的太阳，炙烤着卡斯蒂利亚/纯净平坦的土地：没有水，没有绿色/没有杨树的荫凉，没有房舍的庇护/道路，是白色的/光亮，灼伤人眼。"[120]他这首诗描写的角度难道不是和戈蒂耶眺望梅塞塔高原时一模一样么（当然如果戈蒂耶的书本身是用西班牙语写成的，而不是被译入的）？其实从法语版本中可以看出戈蒂耶笔下的西班牙内陆并没有那么吓人。是因为作为译者的德·梅萨不能容忍自己被作为诗人的德·梅萨牵着鼻子走，还是因为他不愿把自己对风景的感悟拱手让给戈蒂耶呢？

正是西班牙人自己在用那种残酷而鄙夷的目光打量祖国内陆的风景。外国人在描绘西班牙的干旱与贫瘠时，达不到那种"恐怖派"式的写实。就算西班牙人是从爱国的角度想驳斥欧洲盛行的那些对西班牙的偏见，但是他们自己所写的文章甚至比他们想反驳的文章还更加尖锐和决绝。1772年，安东尼奥·彭斯的《西班牙旅行》第一卷出版，此书在伊比利亚游记文学领域产生了广泛影响。虽然这是他在政府的委托下执行的项目（即清点安达卢西亚耶稣会教徒被驱逐后，政府没收的艺术财产），但他写这本书主要是因为他读了意大利教士诺伯托·凯摩所写的《一个闲散意大利人致朋友的信》后怒火中烧，凯摩在书中讽刺丑化了西班牙人，王室相关人员深感被冒犯。然而，彭斯才刚踏上旅途就碰上了艳阳天，一路忍着尘土和干渴。他写了还不到十页（这部作品共18卷，彭斯为写此书跑遍了全国）就开始怨声载道。由于这部游记实质上是政府报告，所以他是以一位仔细周全的公务员建议的口吻来抱怨的。在第一封信里他讲述了从马德里到托雷多的旅行，他一再重复这里没有树木和作物，肥沃的平原都未加利用，四处尽是荒地，令他痛心。作为建设性的改良派，他指出了一些他认为适宜种植树木的地方，希望能有树荫来遮挡旅途中的烈日。[121]

　　对我们这一代人来说，"热爱森林"是一个所有人都耳熟能详的主题。我们是看着自然保护协会最早的宣传广告长大的，广告里有那首著名的歌《共同预防山火》。从小，我们就不断重复每年有多少公顷森林被焚毁这样的说法；从小，消防员就经常来学校，教我们如何保护森林、预防火灾；从小，我们就总是去寻找消防员不断提起的森林，想知道它究竟在何处，因为从教室的窗户望出去，只有农田，再远处就是灌木丛和荒原。曾经在自然课上，有一位固执的老师坚持说那些长得稀稀落落的松树和结着黑莓的荆棘丛是某种所谓的"地中海森林"。我们这一代是在"婴儿潮"后出生的，习惯了各种替代品和超市里的白牌货物①。对我们这代人来说，"郁金香牌"广告一直如影随形，这是一款人造黄油，以比黄油更健康、更美味作为宣传卖点，父母们总是特别买账，纷纷踊跃购买。就连寡淡无味的"郁金香牌"都能被当成是醇厚绵密的黄油，那这片林地怎么就不能是"地中海森林"呢？学校就是用了这样的套路，但没能说服我们，因为我们始终不习惯这样来画等号。

　　父母们以前总是给我们读经典的格林童话、安徒生童话，童话中的大部分故事都发生在真正的森林里，那里到处是浓密的树林和森森的树影，恶狼和女巫可以藏匿其中，暗中窥探。我们都知道森林是什么样子，欧洲人判断森林的标准我们再清

---

　　① 白牌即超市自有品牌，比起其他品牌，白牌的价格相对较低。

楚不过，他们别想用什么植物学上的诡辩法来骗我们。其实，老师们也不相信"地中海森林"是真正意义上的森林，因此他们才在"森林"前加了定语"地中海"。但教学计划规定就得这么讲，所以他们必须假装事实就是如此。不管是老师还是学生，我们都是从小耳濡目染，为荒漠化、树木匮乏等问题心痛不已。那个老掉牙的故事我们都听过很多次，说在很久以前，松鼠（在有的版本里是一只猴子）可以从一棵树跳到另一棵树，然后穿越整个伊比利亚半岛，从伊伦一直跳到加迪斯。每当一家人开车穿越梅塞塔高原，总会有人感叹道，太可惜了，他们还准备把树木赶尽杀绝到什么地步？

我们是相信松鼠故事的最后一代人。我没有给我的儿子讲过这个故事，我猜其他人也不会给他们的孩子讲，但我在电视上重播的系列纪录片《人与大地》里听到过一次，讲故事的是自然主义者菲利克斯·罗德里格斯·德·拉·弗恩特："在古代，西班牙是森林的天堂。一只西班牙帝鹰——我们森林中的万鸟之王，本可以飞越苍翠无垠的伊比利亚半岛；它本可以在松林、圣栎树林、橡树林、松柏林之中畅游，穿梭于地中海林木与落叶林之间。如今，只有比利牛斯山脉和坎塔布连山脉剩下的最后几片森林，还能让老鹰得以生存，而那样的风景原本应是整个伊比利亚半岛的常态。"[122] 20世纪70年代末出生的人大概都不相信西班牙曾拥有过广袤的森林，这种说法就像那句经典的拉丁语"往昔都去哪了"，现在不得不被改写。我提议改成"惹人厌的松鼠"①。

没人知道这只讨厌的松鼠是从哪冒出来的，根据史料——主要是斯特拉波②对西班牙的山脉和森林的描述，从没人提到过有只松鼠跳跃的事情。然而，我们还有另一份更为可靠翔实的文献——老普林尼曾写过："西班牙的山区炎热贫瘠，寸草不生。这里只盛产黄金，别的一概没有。"[123]

对于从小就听惯了菲利克斯·罗德里格斯·德·拉·弗恩特那怀旧嗓音的人来说，无论有多不舍得反驳这位《人与大地》的导演，也不得不说，他实际上助长了这个神话的扩大。最新的研究证明结果恰恰相反，西班牙历史上从没有像现在这样拥有如此数量众多的树木。[124]西班牙作家曾为贫瘠的风景感到羞愧，写过不少讽刺的文章表达不满，用词辛辣犀利。哪怕他们仅仅是停留在表面，对荒漠做公式化的估算，也不忘出言嘲讽。虽然说这种讽刺影射的源头可以追溯到马提亚尔的短诗和中世纪文学，但由于"风景"是现代的创造物，对风景的思考也就要晚得多。《堂吉诃德》中有类似的东西，但只是随意附带一提。人们也并不怎么关注塞万提斯这部作品中那些匆忙掠过、漫不经心的景物描写，但正是这些，对西班牙风景真正的

①"往昔都去哪了"原文为拉丁语 *ubi sunt tempore*。许多中世纪的拉丁文诗歌都以短语ubi sunt开头，意为问前人何在。"惹人厌的松鼠"，原文为拉丁语。
② 斯特拉波（Strabo, 约公元前64—公元前23），公元前1世纪古希腊历史学家、地理学家，著有《地理学》17卷。

创造者产生了深远影响，从19世纪的浪漫主义者到胡里奥·亚马萨雷斯皆是如此。

在和风车大战一场之后，堂吉诃德和桑丘向拉比塞关口方向赶路。路上堂吉诃德讲起了迭哥·佩雷斯·德·瓦尔加斯骑士的故事，他还有个绰号叫"抢棒的"，因为他用从橡树上砍下的粗树枝砸扁了很多摩尔人。堂吉诃德对桑丘说："我给你说这些，是因为我想前面一见橡树、栎树什么的，我也掰下一根棍子，就跟我刚说的那根一样，又粗又结实。我想用它干下一番轰轰烈烈的事业。那时候你就会知道自己有多好的运气，居然赶上亲眼见识那些说了也没人相信的壮举。"①他发表这段演讲的时候已经是正午，因为说完没多久桑丘就开始吃起午饭。隔了几段话后，书上写道："那天晚上，他们是在大树底下过的夜。堂吉诃德从一棵树上掰下一根干枝，可以将就当枪柄使，他又取下断矛的铁头装上去。"②

也就是说他们在路上走了至少五六个钟头，都没见到一棵树，好不容易找到几棵的时候，堂吉诃德也只能折了一根"干枝"，和"抢棒的"用来教训摩尔人用的那根粗棍完全没法比。要理解这个笑话，完全没必要拿起矩尺和计算器，或是劳驾康普顿斯大学的多学科研究组。书中有多处此类描述，那种淡淡

---

① 董燕生译，《堂吉诃德》，北京燕山出版社2019年版，第58页。
② 董燕生译，《堂吉诃德》，北京燕山出版社2019年版，第59页。

的幽默不经意地穿插在人物的言语和行为中。塞万提斯没有测量过从风车那里到接下来的第一个树丛有几里路。他可没有骑着驴实地走访以保证地理上的精准度。他只是又一次向读者强调拉曼恰是个穷酸的地方，没有一丝树荫。不仅如此，他还说拉曼恰是一个可笑的存在，说"那里有风景"只是一种戏谑，就像杜尔西内亚·德尔·托博索①是戏谑贵妇，堂吉诃德和桑丘是戏谑骑士与侍从。他提起那地方没有树是因为他知道读者们一定会深有同感。他知道荒原最让西班牙人难堪。住在南方荒原上的人在刷着白灰的房舍里苦挨着时日，手边只有陶制水罐，调侃拉曼恰那片不毛之地连棵树都没有的笑话总是很受他们欢迎。

拉曼恰是对一个国家的戏谑，而且它自带幽默逗笑效果，这一点自小说开头就显而易见："我们的绅士又想起一件事：英武的阿马迪斯嫌阿马迪斯这个名字光秃秃的、不够味，为了使故乡和国家闻名于世，他又加上了地名，说全了就是：阿马迪斯·德·高拉。于是，这位地地道道的骑士当然也要把家乡的地名添在自己的雅号上，这样就成了：堂吉诃德·德·拉曼却②。他觉得这样一来才不仅清清楚楚地指明了他的出身籍贯，

---

① 杜尔西内亚是堂吉诃德的心上人，被他视为公主、贵妇人，然而实则是一位彪悍村妇。

② 即拉曼恰。

而且家乡也随着他的名字荣耀大增。"①这是英雄最终的决策，他完成了转变，终于把一系列怪诞事都集齐了：一匹基本派不上用场的瘦马、几件由农具打造的武器和一副破烂的盔甲。作者选的场景要是在老卡斯蒂利亚就没有这样的喜剧效果了。相反，拉曼恰是新卡斯蒂利亚，是没有显赫的家世渊源的小贵族的摇篮（堂吉诃德自己也只是个没什么财产的贵族，处在卡斯蒂利亚贵族阶层的最底端），而且还是国家最具代表性的艰苦地区，那里的道路纵横交错，到处是荒芜的土地，旅途上危险重重。堂吉诃德和桑丘总是碰上心术不正之徒：四处诓骗且肮脏的客店老板、妓女、小偷、成队的苦役犯、用棍棒暴揍他们的牧羊人、虐待儿童的人……拉曼恰是广袤的，是大地的尽头，在这里发生的尽是可怕荒诞的事情。

书在开头处就有所暗示，这位骑士言语荒唐是因为头脑被烈日晒化了。他的胡言乱语到了夸张离奇的地步，这在他与丑女仆玛丽托尔内斯的相关情节里表现得最为淋漓尽致，这个人物的名字现在已变成大众语言里专指"平庸、丑陋、男人气的女仆"的词。下面有必要引用一段堂吉诃德和这个阿斯图里亚斯丫头在夜里相会的段落："她满脑袋粗硬的头发跟马鬃差不多，他却偏偏当成闪闪发亮的阿拉伯金丝，足以使太阳的光芒黯然失色。嘴里喷出的气儿分明是隔夜的拌凉菜味儿，可他闻

---

① 董燕生译，《堂吉诃德》，北京燕山出版社2019年版，第16页。

到的是小嘴里飘出的阵阵幽香……可怜的绅士完全昏了头，这位难得的好姑娘的身体、气味，还有别的东西都不足以使他清醒。除了那个脚夫，换个别人恐怕早就恶心得吐出来了。可是他满心以为搂在怀里的是个天仙美女。"[1]

小说的新颖性取决于所见和想象的差距，这一点在堂吉诃德与小说叙述者从对立角度对丑女仆的描述中表现得非常明显。读者会采信小说叙述者的观点，因为他是理智的。这位世故的叙述者想在那些同样知道世界是怎么回事的人当中寻找"共犯"，读者也会自然而然与他站在一边。塞万提斯（或者说西德·阿麦特[2]，或者随便哪个异名）的世界是正常的，堂吉诃德的世界则是扭曲的。堂吉诃德和桑丘之间不是谵妄和正常的对立面，因为小说从一开始就说了，这位侍从的脑筋也不怎么清醒，虽然他和我们的绅士同居一村，可谓是知根知底，但他对绅士那些荒唐言语竟然深信不疑，哪怕为此他得受不少皮肉之苦。理智与疯狂的对抗是在堂吉诃德与小说叙述者之间展开的，而读者也难以保持中立。西德·阿麦特身在家中，却运筹帷幄，让读者站在他这边。他向读者们挤眉弄眼，挑逗、鼓动读者们嘲笑他所鄙视的这位荒唐绅士。这种做法对于西班牙人如何看待自己国家荒原的风景起到了决定性的作用，并带来了

---

① 董燕生译，《堂吉诃德》，北京燕山出版社2019年版，第120页。

② 西德·阿麦特是塞万提斯在《堂吉诃德》中塑造的一个虚构的穆斯林历史学家，用来增加堂吉诃德的真实性和可信度。

灾难性的后果。因为"丑女仆定式"影响了堂吉诃德所看、所触、所痛、所忍受的一切。

这部小说的受欢迎程度在作者逝世几十年后依然不减。18世纪，它成功上升到了被顶礼膜拜的地步。这正是卡洛斯三世在位的时期，这位波旁家族的国王奠定了西班牙国家的基础。1780年，马德里开始逐渐摆脱往日的风貌，不再是"一个破破烂烂的拉曼恰大农村"，和欧洲其他首都一样，也有了高大威严的大理石雕像和公共建筑。同一时期，西班牙皇家语言学院委派印刷商伊巴拉推出了第一本《堂吉诃德》的学者版，配有插图、序言、语文学研究成果和塞万提斯的生平记录。西班牙国家和《堂吉诃德》自此开始紧密地连接在一起。这部小说由此变成了看待这个国家的官方视角。从那个瞬间起，西班牙文学就再也绕不开它。那场从1780年开启的对话至今尚未结束，依旧影响着我们。从1780年起，再没有人可以不带有《堂吉诃德》的滤镜去观察西班牙，哪怕他压根没读过这本书。就像欧洲人即使一生都未曾踏进过教堂大门，也没有在小学里上过宗教课，也不可能逃脱基督教带来的思想浸染和偏见。它存在于人的"精神"之中，附着于人格之上，就像阳光把皮肤晒成古铜色一样。只要一个人具有社会性，他就必然会受到这种影响。《堂吉诃德》就是这样，由于它的神圣性和官方性，人们只要一想到西班牙，无论是从文化还是艺术的角度，都必定会谈及它。现代西班牙人对历史、现在和未来，或者对国家本身属

性的思考，都离不开塞万提斯，而这又是引起很多有关西班牙
风景的误解和问题的根源。这就是"丑女仆之恶"。

　　《堂吉诃德》影响之深远，使书中那位叙述者看待事物的观
点成了正常、正确、智慧和恰当的。因此西班牙文化中一直存
在着一种玩世不恭的态度、一种疏离感，甚至带有一些攻击
性，这在其他欧洲文化里是很罕见的。莎士比亚、莫里哀和但
丁这三位语言文豪，都毫无塞万提斯那种尖酸傲慢、挖苦讽刺
的味道。在教化读者的时候，他们的描述风格甚至更加亲切宽
容，抑或是隐晦地使用一些与古典悲剧、宗教主题相关的意象
和切入点。但丁选择用隐喻，莎士比亚是用神话与悲剧，莫里
哀是最接近塞万提斯的，被马克思主义者称为统治阶级的监察
者。而《堂吉诃德》描写的是"流氓无产阶级"群像和众多边
缘人物，道德缺失和丑陋不堪都是专属于大众阶层的东西。在
莫里哀的作品里绝对找不到丑女仆这样的人物，他嘲笑的是那
些"可笑的女才子"，戏谑她们愚蠢得惊人。①在《伪君子》
里，他的矛头直指教会，而《恨世者》的主人公则是一个消沉
的贵族。人们可以用雅各宾派和马克思主义的角度来解读莫里
哀的作品，把他当成是混入旧制度里的第五纵队间谍②。然

---

　　① 1659年上演的莫里哀的戏剧《可笑的女才子》讲述了两个外省的贵妇，
爱上了两位看上去十分风雅倜傥的先生，结果最后发现他们只是仆人，假借了那
些真正贵族先生们的头衔。和其他作品一样，莫里哀在此剧中批判了附庸风雅的
资产阶级新贵。

　　② 第五纵队起源于西班牙内战期间，现泛称隐藏在对方内部的间谍。

而，即使是最钟情于像高尔基的《母亲》那样歌颂大众阶层作品的政治宣传员，也很难把塞万提斯这部小说的主题解读为反对专制暴政。他们确实也尝试了，但是塞万提斯的讽刺风格和那种狡黠的幽默感太过强大，任何善意的解读都找不到机会。《堂吉诃德》对丑女仆那一类人没有一丝同情。

如哲学家斯蒂芬·平克所说，后现代世界扩大了共情圈。[125]我们这些21世纪的西方人认为，小说的叙述者对丑女仆的看法是不恰当的。我们甚至觉得堂吉诃德可能确实认为这个姑娘美若天仙，因为美本来就不是客观固定的概念，并且我们相信每个人都会在另一个人的眼里美丽非凡。嘲笑他人相貌丑陋，或是嘲笑有人认为某个丑人美丽，实属品德不佳。放在今天来看，塞万提斯书中的叙述者是个可憎、该谴责的家伙。

"丑女仆之恶"带来的恶劣影响已深植于西班牙文化的方方面面。西班牙一直以来都被描绘成一个"平庸、丑陋、男人气的女仆"。那些希望像堂吉诃德一样用更包容、更具共情力的目光去审视西班牙的人，反而被当成是头脑简单、矫揉造作之人，或是法西斯分子（这是近几个世纪出现的说法）。把祖国视为继母而不是亲生母亲的说法大行其道。更夸张的说法是"恶继母"，这种添加前后缀词的手法格外受西班牙作家欢迎，几乎大有取代其他修辞手法之势。西班牙文学就像一个人在一片没有一棵树木的荒原上漫步，除了鄙夷，再也找不到别的描述。

因此，当贝克尔和其他浪漫主义者开始建构西班牙风景的时候，他们选择了全新的场景，以求完全脱离堂吉诃德的浸染。他们不得不四处兜转，去寻找那位绅士和他的侍从未曾踏足的地方，如此一来，中部高原地区就被排除在外。贝克尔远赴阿拉贡山区。他爬上蒙卡约山，在那里绘制出一派精致、略带柔情、有树影和明暗色调的半岛风光。好比说塞万提斯用的是强烈的顶光，放大了丑女仆的皱纹、疙瘩和头发（加尔多斯、巴列、巴罗哈甚至洛尔迦也是如此）。贝克尔则改变了色调，他巧妙地引导了观众的视觉重心、降低了光的强度，让丑女仆的侧影被月光笼罩，从而变得神秘、可爱、诱人。贝克尔用他读过的德国浪漫主义诗歌作滤镜，为一座几百年来在当地人眼里都充满敌意的秃山化妆、找合适的角度，打一点柔和的光，再配一条恰到好处的长裙，从而把丑女仆变成了舞会上的皇后。塞万提斯的无礼、放肆是想引得酒馆里的众人哄堂大笑，贝克尔却是低声讲述着灰姑娘的故事。要完成这样的目标，他必须避免受到前者的影响。西班牙浪漫主义是从边缘地位开始发展起来的，一点一点，最终向《堂吉诃德》发起了一场苦战。

19世纪和20世纪的西班牙风景学家（包括文人和艺术家）和英国、法国的相比，处于巨大的劣势。在描述风景之前，他们得先说服大众这片景色值得描述。当时，有些知识分子为了建构西班牙风景学，以近乎神学家的态度兢兢业业地埋头苦干。在1936年之前，由乌纳穆诺、马查多、奥特加、马拉尼翁（他主要的影响力是在政界，而不是作为知识分子）、阿索林等人以经院派的坚韧不拔筑起的理论大厦，就是一个克服"丑女仆之恶"的方法。法国人就不需要在这方面下那么大功夫，比如普鲁斯特不必去劝服他的读者相信贡布雷的郊外风景着实优美。相反，乌纳穆诺就得试图说服我们相信这个"平庸、丑陋、男人气的女仆"和彼特拉克的劳拉①一样，配得上同样真挚的诗句。

两场与塞万提斯相关的"堂吉诃德之旅"展现了现代的风景观念是如何超越"丑女仆之恶"的。这两次旅行都与记者采访活动有关，且都是以百年庆典为起因。一是前面已经提过的，阿索林于1905年4月为《公正报》所写的《堂吉诃德之路》。二是于2015年7月至8月间发表在《国家报》的系列报道《堂吉诃德之旅》，作者是胡里奥·亚马萨雷斯。阿索林和亚马萨雷斯都是西班牙风景的伟大建构者，他们间隔一个多世纪，却采取了相同的方式：通过回归塞万提斯的经典，再次审视拉曼恰的土地。他们完美地总结了西班牙人和本国中部地区那种剑拔弩张、问题重重、如宗教般的关系。

---

① 弗朗切斯科·彼特拉克是意大利人文主义者、诗人和作家。1327年，一位名为劳拉的年轻女孩激起了他持续的创作热情。于是，他写了366首诗，其中大部分为十四行诗。后来那些沿袭他创作风格的文艺复兴诗人把这366首诗的合集称为《歌集》。

　　阿索林和乌纳穆诺、马查多一样，也是卡斯蒂利亚的创造者。他们三人中一个是瓦伦西亚人，一个是巴斯克人，还有一个是塞维利亚人，这实属奇事——构建梅塞塔高原的风景的竟然是三个出生于沿海地区的外乡人，而这片风景对他们来说本应是陌生的。他们以成熟的态度去发现风景，他们笔下的岩石没有任何幼稚的怀旧情绪，他们的气势更像是征服者和发现者。卡斯蒂利亚之所以被选中，可能是因为这三位作家皆出生于沿海地区，将梅塞塔高原视为一片陆地上的海洋。也许这就是为什么阿索林在受命去《堂吉诃德》所写的拉曼恰地区做旅行报道的时候，说自己是在"瞭望"风景。"瞭望"最早是军事用语，阿索林自然是在和平观察的意义上使用的。但这种观察通常与发现有关。"瞭望"是为了监视敌军的动向，也是为了探查清楚自己准备攻打的地盘。阿索林爬到了可以俯瞰整个拉曼恰高原的地方，用他印象派的笔触记下了那些在地面上会被忽略的细节。阿索林在这次旅行中执着于（这是一种非常微妙、含蓄的执着）消除"丑女仆之恶"，他瞭望着风景，力求公正地记录。他要摆脱西德·阿麦特那刻薄的目光，也要远离书中那位奇思妙想的绅士。

　　阿索林读过理查德·福特和泰奥菲尔·戈蒂耶的书，也读过那些浪漫主义旅行者的作品，他看惯了那些人对拉曼恰的描述——和塞万提斯笔下的形象十分相符。因此，他在自己的文章里弱化了传统上对这一地区的严酷印象。在克里普塔纳原野的一座风车顶上（据说就是在书中攻击堂吉诃德的那些风车中的一座），他写道："我从一扇窗向外眺望，看到一片广阔、无尽的红色平原，只偶尔间隔着几片绿色；黄色的道路已望不见，只剩下蜿蜒的蛇形；房屋那白色的墙壁在远处发着光；天空被灰云覆盖，狂风在嗥叫。山坡上的一条小路上，有一群身着丧服的妇女，她们一大清早就出门，去离得很远的比亚霍斯基督堂亲吻耶稣的双脚——今天是四旬期的礼拜五，这会儿正在返程。她们在那片荒芜的红色平原上缓慢行走，个个周身漆黑，心事重重，看上去悲伤而阴郁。"[126]

这段描述酷似调色盘，上面的颜色丰富至极，反差鲜明。红色的背景上缀有星星点点的青翠、黄色的线条和白色的斑块。天空中的灰色云团和地面上的黑色人影在不断移动。虽说"单调"这个词在他书中出现的频率很高，但这段描述不仅是生动活泼、色彩斑斓的，而且还写出了一个所有人过去一直否认、现在也还在否认的事实：绿色的存在。阿索林在拉曼恰平原上搜寻树木，他总是能找到绿色，就连蔬菜的耀眼光芒也逃不过他的眼睛。在一条条干旱的垄沟、犁过的耕地旁，每当那单调乏味的景象被一抹青翠打破，他都一一记下，还要大张旗鼓地摆出很多植物学的内行话。在去往蒙特西诺斯洞穴的路上，他写道："在那些阴郁暗沉的山丘上，迷迭香、百里香、乳香黄连木坚硬的叶片挺立着；栎灌丛延伸开来，变成了宽阔的斑块；冬青栎坚硬笔直的树干顶着强劲的灰色圆形树冠，还有那浓烈的靛蓝色……"[127]

当然了，这是阿索林，是"九八年一代"的一员，这是
1905年。那时候有这么一种国家、民族意义上的神秘主义，有
一门学说、一个众所周知的意识形态和道德意义上的纲领：那
就是从贫瘠、空荡的风景中发掘出独一无二的、个人主义的、
无政府主义的、帝国的特质；那就是仅凭埃斯特雷马杜拉草原
上一棵倾斜的冬青栎，就解读出帝国对墨西哥的征服——因为
这冬青栎和埃尔南·科尔特斯一样，都是这片土地上的儿女。①
未来长枪党纲领的雏形就像枝丫，在不经意间生长起来——它
混合了圣女大德兰的宗教传统主义和火暴粗野的兵戎性格：
"在这片桀骜野性的原野上，有一种从未被打破过的力量、一
种阴沉的气质、一种坚韧且永不低头的威权，使我们想到了征
服者、战士、神秘主义者和古代那些孤寂、迷醉、可怖的灵
魂。"[128]别无他法。阿索林等人不是为了看而看。他们想要证
明一些东西。他们瞭望，不仅仅是为了寻觅色彩，而是为了寻
找一个他们认为沉睡着的永恒的灵魂，他们想用那些古老的辞
藻与祷文来叫醒它。他们是19世纪之子，相信是风景造就了
人，而不是相反。也许是因为西班牙后来经历的灾难，后世的
学者们开始只关注他们作品中神秘主义的层面，这一点在乌纳
穆诺的文章里相当突出，马查多却不然，在他的作品里则几乎

---

① 墨西哥的征服者科尔特斯出生在埃斯特雷马杜拉。

找不到神秘色彩。但我更感兴趣的是阿索林那种细腻的点彩画法①，涂抹出绿与蓝，让那片棕褐色、"像洒了面粉一样"的梅塞塔高原变得柔和。

在拉比塞关口，"在这原野的尽头，错落有致地分散着一些挺拔、高大的杨树，仿佛是为了时不时地改换一下风情。它们耸立在那模糊的晨曦中，仿佛是夜的守卫者"[129]。阿索林一直在寻找树木，找不到的时候，他则失望至极："我极目远眺，这整片平原单调至极，连一棵树都没有。"[130]地面上没有绿色，他就让心神飞向"那梦与幻之境"。"我们怎么可能感觉不到呢？有种神秘的东西，一种我们无法解释的渴望，一种不确定的、无法言说的渴望正从我们的灵魂中升起。这种渴望和憧憬就是那片红黄色交织、地势没有一丝起伏的平原，天空没有一片云彩，平原一直延伸，无边无垠，直至触碰到那如蓝色幕布一般的山峦。这种渴望和憧憬就是那深沉、庄严、孤寂的荒原。"[131]

阿索林比美国的"披头族"和"嬉皮士"早了50年。他不像某些作家，被酷热、孤独和无尽的原野搞得只能滥用带贬义的后缀词（听起来像是在往土里吐痰），他反而因此走向一种意识的混乱状态——这是加利福尼亚的佛教徒用致幻剂时特

---

① 点彩画派又称新印象主义，也叫分色主义，是一种用很粗的彩点堆砌，创造整体形象的油画绘画方法。

有的状态。我们甚至可以怀疑他在此书多处段落里描述过的那些树木和色彩都是拉曼恰式的幻想。不管怎么说，这位记者不仅没有疏离感，反而被深深吸引。他不去咒骂干旱、烈日和尘土。他没有一句抱怨的话，反而是欣赏一切，照单全收所遇到的所有事物。他试着去爱上丑女仆，如此一来，也就战胜了"丑女仆之恶"，但他心中那份渴望和期盼的程度还是不及堂吉诃德。

阿索林像是用锉刀，而不是用笔在打磨粗糙的风景。他让风景变得温柔、和缓，也以同样的方式打磨了那里居民的形象。堂吉诃德和桑丘一路碰到的皆是惹人厌的心术不正之徒，然而阿索林的报道展现了人物积极的一面，尤其是女性形象："胡安娜·玛利亚是一个地道的拉曼恰女人。如果我们说哪个女性是地道的拉曼恰人，就像胡安娜·玛利亚一样，那就是说她具有一名女性所能拥有的最细腻、最敏锐、最内敛、最精致的灵魂。"[132] 西德·阿麦特绝不会这样评价丑女仆或桑丘的老婆，当然了，丑女仆确实也不是拉曼恰人，她是阿斯图里亚斯人。在阿索林所记录的堂吉诃德之旅中，每一页文字都释放出善意，他抹掉的不是严酷的土地或荒原上粗糙的居民，而是塞万提斯行文中那种尖酸刻薄的风格。他也打破了那种讽刺的模式（阿索林的讽刺非常淳朴，几乎算不得讽刺），要是用他自己的话来形容他描绘风俗时的"画风"，那就是"错落有致"。他的"画"既带有迁就顺从，也有……矫揉造作，但总是恰到好处。

　　这种切割不仅仅是文体上的。在旅行开始前，《公正报》的
主编何塞·奥特加·穆尼亚就在办公室里约见阿索林，交代他
一些事情，又将一把小左轮手枪交给他："这玩意儿给您，以防
万一。"[133] 阿索林从来没提过自己是带着武器上路的，他隐瞒
了这个细节，直到1941年他才讲起。奥特加·穆尼亚给他一把
手枪是因为西班牙农村给他的印象是危险、野蛮的，处处充满
敌意。那可不是个适合诗人先生穿着西装、戴着礼帽去散步的
地方。阿索林隐瞒武器的事，还随时强调那里风景宜人、乡民
和善，可能多少也有点想向主编的那些偏见叫板的意思。阿索
林似乎从根子上排斥"丑女仆之恶"，他想让马德里那些追逐时
髦的荒唐人士知道，这个地区是体面、细腻、美丽、淳朴的。
"宁静、亲切的村庄，你宽慰了一个疲惫的旅人，请来我的心上
吧！"[134] 诗人这样呼唤着。

　　对阿索林来说，旅途、荒原或是村庄里的街巷里没有潜伏
的恶意与威胁，让他感觉最悲伤、最可怖的是荒弃的景象。他
在一篇文章里模仿了堂吉诃德和桑丘午夜进入托博索的情节，
二人在黑暗中撞上了村里的教堂，堂吉诃德说道："桑丘，咱们
居然撞上教堂了！"阿索林的仿作提前预告了将在20世纪60年
代发展起来的人口流失文学。村庄周围色彩单调，不似阿索林
在其他地方描画出的那般丰富。"托博索城外的那些大橡树，
还有堂吉诃德等待桑丘归来的橡树林，现在都没了。"[135] 这是
阿索林少有的几次直接引用《堂吉诃德》里的情节，他认为书

中描写的那些橡树都是真的。他愿意相信这是真的，因为树林的消失可以被视为托博索悲剧的预兆。树木已不复存在，这表明发生了可怕的事情。一走进城，这一点则更是确凿无疑："深沉的寂静笼罩着平原，道路两旁是一些已毁的厚墙。道路尽头的右手边，有一座摇摇欲坠的黑色礼拜堂，周围有几棵瘦削漆黑的树木从已经倒塌的土坯墙上长出来。"[136]阴暗的文风和色彩"概括了拉曼恰的悲惨"[137]。"托博索村怎么会衰落到了这般田地？"[138]这位行路人自问。他听说现在这地方"连过去的影子都没了"，很多居民搬走后房舍被荒弃，由于没人维护，已经倒塌了。他把无人的村庄绘成了一幅古典画，还用一些与死亡和黄昏有关的细节作为装饰："在这个时候，我眼前出现了一幕发人深思的场景——在这始终如一的宁静中，在这荒弃与衰落的氛围里，在黄昏的阴影中，一个身着披风的老绅士，时不时迟缓地经过一扇已被堵实的圆门，他走过街角断掉的方形砌石，也走过一面摇摇欲坠的墙，墙头上爬出了扁桃花或柏树花。"[139]柏树，是墓地特有的树木，也常用来象征死亡。

西班牙第一次人口流失浪潮的确发生在19世纪，当时有一种叫"葡萄根瘤蚜"①的寄生虫毁掉了上百万公顷的葡萄园，数

---

① "葡萄根瘤蚜"是一种摧毁葡萄园的寄生虫，起源于美国，因引进了乔治亚州的葡萄品种，这种寄生虫于19世纪60年代传到欧洲。1879年秋天，此寄生虫在加泰罗尼亚北部被发现，随后它沿着埃布罗谷地到拉里奥哈，逐渐在葡萄种植区蔓延开来。上百万公顷田地被毁，所有的葡萄酒产区都遭到了毁灭性的打击。这引发了第一次农村人口向巴塞罗那的外流潮。

以千计的家庭因此没了生计，人们不得不离开家乡。但这场灾难没有波及托博索。我曾查询1857—1910年间的人口普查记录，寻找能够支撑阿索林在1905年所描述的悲惨场景的数据，但没有找到。哪怕说1857年的普查结果并不可靠，但后面几次普查的数据的确是可信的，数据指出，这个位于托雷多省①的村庄当时的人口非常稳定。事实上它的人口一直没怎么变过。现在的人口数和20世纪初的数据相当接近。1857年，托博索有2042名居民，到1900年下降为1895名，也就是说在半个世纪里流失了大约5%的人口。对西班牙这个在不到五年时间里农村面积缩小了一半、很多村庄直接消失的国家来说，托博索的数据算不上糟糕。1910年的人口普查数据显示，托博索的人口再次超过了2000人（2179人），也就是说，当阿索林1905年到访时，这里的人口是在增长的。

如果说人口在增长，那为什么他会觉得托博索空无一人？我们永远无从得知，实际上这也并不重要。记者的主观印象与科学数据相悖的事情不是第一次发生了。毕竟，一次旅行也只是一次旅行。重要的是，阿索林在这里写下了有关西班牙内陆地区人口流失最早的报道之一。他讲述的也许不算真正的人口流失，因为从数据上看并不是如此。也许他是在黄昏时分，头脑发晕、意识混乱的状态下预见到后来的人口流失的。这是一

① 托博索在行政区域上隶属托雷多省。托雷多是拉曼恰自治区的首府。

次启示：他看到了当时没有发生但将要发生的事情。

胡里奥·亚马萨雷斯在2015年重写了阿索林的旅行，再现了那种同情的目光。丑女仆的故事已经过去，但另一个神话又开始了，这一次是有关旅游业，它就像传说中天赐的食物，实际却从未降临。那些市镇想用神圣的《堂吉诃德》的光环作为筹码来吸引大众，可惜并未如愿。有些日本游客坐着旅游大巴到克里普塔纳原野去参观风车，拍上几张照片，然后赶在天黑前返回马德里，大部分游客连周围的托雷多都不会经过。[140]

我不想深入探讨"九八年一代"，每一个熟悉西班牙文学的读者都对此有足够的了解。我只想证实这些20世纪初的作家影响了现在的西班牙人如何感受和看待西班牙的风景，借用一位研究过伊比利亚风景建构且极有学识的地理学家的话："这种文化的影响力强劲至极……所以我这样讲应该不算过分夸大——如果说一个人没有读过马查多的作品，那他哪怕身处卡斯蒂利亚，也看不到它的全部，更看不到它的本质。"[141] 这是真的，但我要说的不仅如此。当我们睡眼惺忪地从汽车或火车车窗向外望时，我们的目光会有几秒钟迷失在梅塞塔高原的地平线上，不经意间就置身于马查多的诗句中。这不是说没读过马查多的作品就无法理解风景，而是说就算我们没有读过，我们看风景的方式也不会和他所写的有任何差异。这是因为我们所有人都"读过"马查多的作品，哪怕一辈子都没有打开过一本他的书。

在康奈尔大学的俄国文学课上，弗拉基米尔·纳博科夫一边在黑板上画出一节19世纪70年代莫斯科到圣彼得堡火车的一等车厢，一边讲解《安娜·卡列尼娜》。他描述当时座位的情况、车窗的布局、坐垫的颜色和材质、木材的质量，还有俄式茶炊里那煮得滚烫的茶水的味道。纳博科夫坚持认为，如果不曾乘坐过那时的火车，就无法真正看懂《安娜·卡列尼娜》。这是他又一次妙语惊人，他总是让我们这些读者困惑，不知是否该拿他的话当真，抑或这只是一个老贵族的玩笑话而已。他强烈要求学生们要对这些有一个概念，哪怕只是一个差不多的概念。[142] 很多学者对西班牙文学也有类似的看法。如果从来没有见过梅塞塔高原，能看懂乌纳穆诺吗？"九八年一代"的文学对于从未踏足过塞戈维亚的外国人来说，是否是不可理解的？

实际情况是相反的：没有这部分文学，就无法理解西班牙的风景。因为正如我在前面所说，风景是一种发明。风景就是文学，而这种文学浸染了好几代西班牙人的情感教育。这是一种标准。人们不需要读阿索林的作品，因为他在电影里、在电视上、在大众文化里、在父母教子女理解这个世界的方式中。我们和他们的目光是一样的。面对西班牙平原，我们也无法避免神秘主义，哪怕只是从高铁的车窗向外一瞥，也足够让我们心痛不已。除去"丑女仆之恶"与圣经救赎式的激昂澎湃，西班牙的风景从根本上来讲依然是古怪的。对欧洲人来说，风景是一座公园，是可以游逛、享受、观赏的；而西班牙人需要做的则要多很多：他们需要拯救在荒原上备受煎熬的人们，需要让那里树木遍地，发展现代化，修建高速公路，利用运河和水库保证灌溉。西班牙人必须有所行动，因为他们的风景不是风景，而是亟待解决的问题。它是一个隐秘的谜题，谜底就隐藏在尘土之中，那是可以解开过去和现在一切问题的答案。而无论如何，那都是一种不属于观察者的答案。无论是《堂吉诃德》中的鄙夷，还是乌纳穆诺和其他"九八年一代"成员的宗教救赎，西班牙人总是和他们的风景保持着距离，这说明他们也和那里的居民划出了距离，那些原本出身乡村的人尤甚。一个出生在那里的孩子对自己或父母的出生地的冷漠，要甚于其他人，这种态度背后的原因极其深刻、极具决定性。普鲁斯特的文学中满溢的是归乡之情，而西班牙人只想从乡村逃走。因此从某种程度上讲，这就解释了把梅塞塔高原当作是一片陆地上的海洋，而经过那里的旅人则是水手的观点。他们是过客，是没有根的人，只是到这些奇特的地方去冒险，从来都不是为了寻找自我的认同。

第七章

▼

▲

"白皙的手可伤不了人"

▼

卡洛马尔德长得不丑，举止也算得上礼貌规矩，他的虚荣浮夸和装模作样更像是学来的，而非天生如此。很明显，他对自己的出身感到自卑。

——贝尼托·佩雷斯·加尔多斯
《十万个圣路易斯的儿子》（1877）

他去世时57岁，但看上去要更老。也许是因为他不擅长打扮，再加上光秃秃的头顶后面飘浮着的那两片蓬乱的白发，甚至是因为他那过早显老的声音，听起来从来就没有年轻过。又或许是因为，至少在我们这代人看来，他周围总是有一些比他年轻得多，或者看起来比他年轻得多的播音员。自我有印象起，华金·卢吉就是西班牙音乐电台里的一个老头。他是一位魅力非凡的播音员，嗓音沙哑，极富激情，仿佛能把其他时空的快乐带给听众。他去世于2005年，生前是最有商业价值的音乐电台"40首主打歌"①的招牌人物，是西班牙的吉米·萨维尔②，是音乐排行榜节目的王者、唱片工业的上帝，是所有梦想成为流行音乐明星的人都要巴结的对象。那些头发蓬乱、穿着彩色丝袜的"耶耶音乐"③女孩都拿他当梦中情人，但他不是个

① "40首主打歌"（Los 40 Principales）是西班牙最有影响力的音乐电台之一，在节目中会播放当下最火的40首歌。

② 詹姆斯·萨维尔（James Savile，1926—2011）曾主持英国广播公司（BBC）《流行之巅》节目，他是庞大的英国唱片业的重要人物，简简单单的一句评语就能决定艺人职业生涯的浮沉。在他去世两年后的2013年，一件与他有关的丑闻曝光：400多人指控曾受到这位主持人频繁、长期的性侵。

③ "耶耶音乐"是20世纪60年代在法国、西班牙、意大利年轻人中流行的一种音乐形式，因为副歌部分总是重复"耶，耶"（yeah，yeah），故有此名。

练达讲究之人。我之前说他不修边幅，指的可不是像马查多在
诗中自称的那种"不善打扮"。他（为数不多）的白色乱发不是
因为受了朋克风格的影响，他毛衣肘部的菱形块也不是嬉皮士
时尚，而是衣服本来就那样——那就是纳瓦拉自治区的卡帕罗
索人该有的衣服。

华金·卢吉来自卡帕罗索，这是纳瓦拉的里维拉地区一
个仅居住了约2500名居民的小地方。他从来没有佯装过自己
不是那里人，这也是他的经历与本书相关的主要原因。如果卢
吉是出生在堪萨斯，那么他的人生就会是一个经典的"美国
梦"式的故事：一个来自偏远农村的小伙梦想成为播音员，他
在各家电台一路打拼，最终获得成功，入主马德里格兰维亚大
道32号"40首主打歌"电台，成了大明星。然而西班牙无人
村的人们对此又有另一番解读，比起成就和终点，他们更重
视过程。

1948年的卡帕罗索就相当于一个国中国。在佛朗哥时代，
纳瓦拉自治区是卡洛斯派的天下，是全国唯一一个拥有一定自
治权的地区，甚至可以等同于今天我们所称的"自治"①。纳瓦
拉的卡洛斯派在内战中为佛朗哥做出了重大贡献（西班牙别的
地区也有卡洛斯派，但那些人并不热衷于此），他们为叛军贡献

---

① 纳瓦拉的特权，包括其议会和委员会的权利，是佛朗哥政权在1939年取
得内战胜利后，唯一尊重的地方性自治权利。1978年西班牙宪法认可了这一权
利，称其为"历史权利"。

了四万名武器优良、骁勇善战的义勇军，为1936年内战爆发的最初几个星期里佛朗哥控制战局和1937年拿下北部战线起到了决定性作用。纳瓦拉享有的自治权就是佛朗哥政府所付的报酬。纳瓦拉自19世纪中叶起就是卡洛斯主义的大本营，是西班牙唯一一个存在强势政治文化且反对派力量薄弱的地区。1948年，也就是卢吉出生那一年，纳瓦拉所有机构、组织、足球俱乐部、文学团体、报纸、奶厂、斗牛组织、远游俱乐部无一不深受卡洛斯主义精神的影响。随着佛朗哥政府开始运转，传统主义在西班牙其他地区逐渐黯然失色或彻底退场，但卡洛斯主义在纳瓦拉一直风光无两。卡洛斯派完成了体制化建构，没有战争，也没有参与权力争夺（没剩下什么可以争夺的权力，这是原因之一），他们满足于自己这一方天地，在这个熟悉的区域，在这片到处是史诗和传奇中常见的地名的土地上行使权力。毫不夸张地说，在那时候，每出生一个纳瓦拉人，世上就多了一个卡洛斯党人。

卢吉就出生在这样一个极其重视传统（"传统"这个词甚至都要加粗）、祷告都是全家人一起进行的地方。他就读的是潘普洛纳市的一所玛利亚教友派小学，在成长期间对周围那种神权政治的环境没有任何不满，也没有叛逆的表现。18岁时，他成了卡洛斯党官方报纸《纳瓦拉思想》的试用工，从那里又跳槽去了义勇军广播电台，也就是现在的潘普洛纳广播电台。正如其名，它在当时是一家为卡洛斯党政权服务的广播电台。在

涌动的红色贝雷帽①和响彻山区的赞歌声中（歌里唱道，他们
的父辈为上帝、祖国、国王②捐躯，而为了上帝、祖国和国王，
他们也将英勇献身），卢吉开始模仿英国广播公司（BBC）那
些知名的唱片节目主持人。1966—1969年间（这是流行音乐历
史上最有创造力、成果不断的几年），他主持了几档音乐节目，
最有名的叫《非常节奏》（与"义勇军节奏"谐音③），老义勇
军卫队并没有把这个双关语判为不敬，这就充分说明纳瓦拉的
卡洛斯派有很强的适应力，且渗透进了生活的方方面面。[143]

　　这在当时的那些欧洲民主国家反而很难实现，按照20世纪
60年代的准则，现代性意味着反叛，从众和不问政治的态度是
守旧的、落后的。而为了追求现代性，经常要付出高昂的代
价。我想到了皮埃尔·保罗·帕索里尼④，1975年他在罗马郊区
被谋杀；我还想到了法国情境主义国际⑤的边缘地位，还有1945

---

　　① 红色贝雷帽是卡洛斯派的标志性服饰，也是卡洛斯派义勇军的代名词。

　　②"上帝、祖国、国王"是卡洛斯派的口号，总结了其天主教传统君主制度
的思想，也是卡洛斯派赞歌的首句。

　　③ 原文为Requeterritmo，该词的前缀Requete意思即为"义勇军"，因此
"非常节奏"也可以理解为"义勇军节奏"。

　　④ 皮埃尔·保罗·帕索里尼（Pier Paolo Pasolini, 1922—1975），意大利
作家、诗人、大师级导演。1975年11月2日，他的尸体在罗马郊外的海滩上被
发现，凶手至今成谜。

　　⑤ 情境主义国际是一个由先锋派艺术家、知识分子和政治理论家（他们以
社会革命家自居）组成的左翼国际组织。它成立于1957年，解散于1972年，主
要在欧洲活动，被认为是对欧洲现当代先锋艺术和激进哲学话语有重要影响的思
想母体。

年后出生的英国人与他们的父母之间那种长久存在的对立状态，两代人之间的冲突达到了前所未有的程度。美国的情况也类似，人们虽对那十年有着甜美而又怀旧的描述，然其背后有一种政治暴力，反对任何胆敢质疑"正常"的表达。而上述这些都发生在民主多元化的国家。

　　相反，西班牙的流行文化基本没有遭遇冲突或决裂，而是一直摇摆在政治与非政治性之间，既保持着合理范围内的去政治化，也包含一部分正统色彩。进入民主时代后的20世纪70年代，一些涉足政治的音乐创作人与官方之间出现过几场冲突，某些道德和审美问题也曾引发过丑闻（比如女性朋克乐队"伍尔贝斯"在西班牙国家电视台演唱了她们唯一的一首热门曲目《我喜欢做狐狸》①），在巴斯克这个"火药桶"地区发生过个别事件（可能唯一真正被严厉处置且公开封杀的是"巴斯克激进摇滚"②的各音乐团体，他们被指责和巴斯克民族主义有染，还经常和埃塔组织眉来眼去），但除此之外，西班牙摇滚从整体上

———————

　　① 1983年，该乐队在儿童节目的播出时段在电视上演出了这首带有色情意义的歌曲，在西班牙全国引起轩然大波。该乐队的名字"伍尔贝斯"为拉丁语Vulpes，意思为"狐狸"，而"雌狐狸"在西班牙语里也有"妓女"的意思。
　　② "巴斯克激进摇滚"是朋克摇滚在伊比利亚半岛的一种变体风格，一些乐队在20世纪80年代创作出了西班牙摇滚史上最有趣、最大胆的作品。人民党和恐怖主义受害者协会宣布抵制"巴斯克激进摇滚"，并施压不允许市政府与乐团签约，称其音乐赞颂了埃塔组织的暴力活动。虽然这些乐团公开谴责恐怖主义并断然与之划清界限，但政府的抵制还是卓有成效的。自2000年起，除了在巴斯克和纳瓦拉地区，它们几乎很难获得合约，而之前它们经常在西班牙各地巡演。

来讲是一个温驯、欢乐、讨喜的存在，不曾让哪个政客头痛。
20世纪60年代，在西班牙发生的打击政治异己或道德攻击事件，远不及其他民主国家严重。

要是按照法国或英国的情况来衡量，卢吉的人生旅程是不可思议的。不是因为其本身具有传奇色彩，毕竟他的故事是一种常见的发展模式，而是因为这位主人公没有经历人生巨变，和其他具有现代性的典型人物完全不同（请允许我把各种不同类型的人物用如此宽泛的概念来归类），比如导演佩德罗·阿尔莫多瓦。卢吉并不是因为忍无可忍，才从到处是红色贝雷帽、政治空气令人窒息的纳瓦拉逃去了自由的马德里，事实上他在地方广播电台干得很顺心，得到提拔后被调去了国家台，从此顺利成名。升职后他干的也还是老本行，并不是为了自由而逃亡。阿尔莫多瓦则彻底相反，从他的电影《回归》《不良教育》，还有他本人的同性恋取向中都可以看出，他对故土——拉曼恰乡村的童年回忆既抗拒又眷恋，这种对立的情感变成了他创作的主题，也构成了他的身份特质。正是因为他斩断了那条把自己和梅塞塔高原上那座村庄绑在一起的锁链，他才敢公开承认自己的同性恋身份。卢吉在麦克风前很有风格，播音极具个人特色，和当时那些拿腔作势的播音员相比，他让大家耳目一新。但是除此之外，他的个人形象与流行人物毫不沾边。事实上，他的魅力就在于那副仿佛刚从纳瓦拉出来的人的形象，这让他成了一个既受尊敬，又有点古怪的人。在这个肤浅的世

界里，大家只顾着装模作样，像他这种全无伪装的人反而令人
稀奇。

卢吉不是卡洛斯派，但他的经历展示出卡洛斯主义在国家
转变过程中的适应能力。卡洛斯主义是西班牙近代历史上最大
的一股反城市化的意识形态，但它像润滑油，减弱了"大伤
痛"带来的伤痛。在体制内拥有特权地位的恰好是那些大力宣
传农村美德、谴责城市生活的人，他们在纳瓦拉维持着自己的
统治权，很大程度上掩盖了国家经历的变革。就像卢吉这样的
人，他们的转变十分温和。传统的农村地区与自由疯狂的格兰
维亚大道没有被割裂开来，如此一来就隐藏了"两个西班牙"
之间那深不见底、无沟通桥梁的鸿沟——它的一边是有人的西
班牙，另一边是无人的西班牙，这也让人们意识到，原来它们
二者在本质上还有那么多相通之处。换句话说，卢吉受到了马
德里人的喜爱，但他在卡帕罗索还有西班牙所有类似卡帕罗索
的地区则要更受欢迎，因为他传递出一道讯息：每个周日下
午，每一个在"卡帕罗索"通过电子管收音机倾听摇滚音乐的
年轻人，最终都可以征服位于首都的格兰维亚大道32号。他们
不再是过去那些离开故土后，在首都的郊区搭起窝棚的年轻
人，他们的命运将不只是等着被作家写进小说，或是被长枪党
的社会派拍进新现实主义风格的电影里。

我本打算写卡洛斯主义"曾经是……"，但是至少截止到

我写本书时，卡洛斯主义都还不是过去时。进入 21 世纪，在即将迎来 200 年诞辰之际，卡洛斯主义依然没有退出西班牙的历史舞台。现有三个自称为卡洛斯主义的党派：卡洛斯正统派联盟、正统派联盟和卡洛斯党。这三个党派都处于边缘地位，不仅在议会和市政府没有代表席位（仅有巴斯克地区的卡洛斯党在纳瓦拉北部的几个小市镇执政），而且在最近几次选举中，它们获得的选票甚至不到 3000 张。它们只是名义上存在，这种存在其实只能算是一种"民俗"。尽管如此，卡洛斯主义也绝对不容小觑，因为它能够存活至今就已经是全世界范围内独一无二的。在欧洲没有任何一个以拥护正统王权为目标的政治运动能比它存续得更长久，实际上所有类似运动在进入 20 世纪后都已经销声匿迹，更别说保持生命力了。[1]改良后的卡洛斯主义与佛朗哥主义分离，在经历了人类思想史上最令人迷惑的一次意识形态转变后，它变成了一支主张进步的民主力量。甚至到了 1976 年，它还有足够的实力主导西班牙民主转型时期最严重、最悲惨的事件之一——蒙特胡拉事

---

① 西班牙卡洛斯战争时期，葡萄牙也经历了一场王朝战争，自由派和保守派为王位展开争斗，史称"米格尔战争"。米格尔派于 1834 年战败后，再也没能在葡萄牙历史上扮演任何重要角色。法国波旁王朝的王位正统派深植于古老的贵族阶层和国内那些极具势力的家族，它最终无路可走。法兰西第三共和国于 1871 年宣布成立后，正统派既无权势也无席位，连一点影响力都没有。无论是米格尔派还是正统派，都无法企及卡洛斯主义的权力高度，当前两种思想形态已然衰落之时，卡洛斯主义依然对西班牙国家构成了严重的威胁。

件，在纳瓦拉一年一度纪念内战期间牺牲的义勇军战士的朝圣节上，一个卡洛斯主义的保守团体向参加活动的民众开枪。

19世纪初，西班牙和整个欧洲一样，到处是拿破仑战争留下的断壁残垣，新的政治势力和各路意识形态暗流涌动，预示着一个愈加复杂和多元社会的到来。维也纳会议①在伊比利亚半岛上也斩获佳绩，打击了加迪斯议会②里的自由派，使他们被迫流亡。费尔南多七世进行专制独裁，这让那些想把拿破仑留下的政治遗产全部埋葬的各国政府十分满意。但是费尔南多七世病得厉害，所有人都知道他活不长了，他并没有留下可以继承王位的子嗣。根据王位继承法，王位应该落在他的弟弟——卡洛斯·玛利亚·伊西德罗·德·波旁头上。堂卡洛斯身体健康，更有男子气概，思想也更加保守。他举止粗鲁，毫无风度，是个非常虔诚的天主教徒，时刻准备着从一个冬天开始执政（一旦初雪导致的肺炎带走他兄长的性命）。他着手组建替代政府，所有的部长、贵族、产业主、主教和所有反对民主、信仰强权、推崇"纯净西班牙"的人都站在这位未来的国王一

---

① 维也纳会议是1814年9月18日至1815年6月9日之间在奥地利维也纳召开的欧洲国家的外交会议，目的在于重划拿破仑战败后的欧洲政治版图，恢复拿破仑战争时期被推翻的欧洲旧秩序。

② 加迪斯议会是指在西班牙独立战争期间，未被拿破仑军队占领地区的各界代表在加迪斯召开的议会会议，议会通过了一部资产阶级性质的宪法，即1812年加迪斯宪法。这部宪法在1814年费尔南多七世复辟后被废除。

边。虽然西班牙知识界没有像埃德蒙·伯克①那样的人物，但也的确存在一股反启蒙运动、反百科全书派的思潮。自18世纪中叶起至法国大革命爆发前，他们就开始反对几位部长所推行的启蒙主义的自由开放理念，即致力于在改善公共设施、进行不同程度的民主改革的基础上，把国家推向现代化。②受到西班牙反抗法国侵略的独立战争期间人民爱国主义热情的影响，这种反启蒙的思潮获得了热烈响应，随后得益于费尔南多七世的政策，他们成功驱逐了自由派人士。但他们最终发现堂卡洛斯才是能让他们真正施展抱负的理想君主——他立场坚定，毫无政治机会主义思想，并决心铲除国内残存的所有外国势力。

1829年12月，费尔南多七世和他的外甥女玛利亚·克里斯蒂娜·德·波旁·两西西里结婚的时候（这是他的第四次婚姻，前三任妻子都去世了），卡洛斯派的政治实力已经足够控制国家，或者说正在试图控制国家。新王后似乎劝服了丈夫，让他重新颁布他父亲卡洛斯四世于1789年拟定的一项法令，即废除萨利克继承法③。根据该法案，如果费尔南多七世和玛利

---

① 爱尔兰人埃德蒙·伯克（Edmund Burke, 1729—1797）被视为现代自由保守主义思想的奠基者。他的名著之一——《对法国大革命的反思》强烈批判了法国大革命思想。

② 18世纪的改良主义派别中比较突出的人物是坎波马梅斯和阿兰达伯爵，他们最大的成就是在几大城市成立了国家之友经济学会，其中的一些组织是储蓄银行的前身。

③ 萨利克继承法限制女性继承王位。

亚·克里斯蒂娜生下一个女儿，女儿就会成为女王，而不是按照传统规定，不允许女性继承西班牙王位。朝臣们深感不安，他们最恐惧的事在1830年5月成真了——玛利亚·克里斯蒂娜宣布怀孕。她生下的是个女孩，取名伊莎贝尔。就因为这么一个甚至连王位继承权都没有的平庸女人，正统派的希望破灭了。这是不能容忍的。

卡洛斯派在费尔南多七世去世前就开始谋划。他们想骗他签字同意恢复萨利克继承法，但是国王那时已经病重，想接触到他就必须通过王后，而王后厌恶这些打牌赌钱的兵痞，也讨厌教会里那些穿着教士服似蛾子一般扑扇翅膀的家伙。她对地方法、对"建立不朽的西班牙"和朝拜圣徒的事情毫无兴趣。玛利亚·克里斯蒂娜，这个来自当时欧洲最自由的城市之一——那不勒斯的年轻宫廷女子想重新挑选陪伴她周围的亲随，不希望她的女儿，也就是未来的女王伊莎贝尔身边都是这帮卡洛斯党人。

国王奄奄一息，两方势力则不断博弈。教皇极权主义者紧密围绕在堂卡洛斯身边，拥护君主制度的温和派以及流亡在外、期盼归国的自由派则支持王后，也就是后来的摄政女王（直到伊莎贝尔成年亲政）。其实在费尔南多七世去世、伊莎贝尔二世登基后，局面还有望平息。如果玛利亚·克里斯蒂娜没有如此大力支持自由派，也没有帮助流亡者归国，并恢复了一部分自由权利，释放出民主开放的信号，那卡洛斯派也就仅仅只会是一伙搞机会主义的政治帮派。和王位继承问题相比，更严重的是那些原本已经大权在握的人接连丢城失地，沦落到连权力的边都摸不着的地步。可能换一个政治手段更为圆滑的人，就会更讲外交手腕，给这些人留有余地，把他们也拉进权力的游戏里。但在当时的情势下，对话协商是不可能的，况且西班牙的教皇极权主义者在这个方面也一向不是高手。这是西班牙历史上的常态。每当掌权者失去权力，他们的解决方法就是叛乱。在1833年是如此，在1936年7月同样也是如此，只是规模更加骇人。

在卡洛斯主义发展前期，有一位形象近乎邪恶的人物。他出生在距离特鲁埃尔16公里的比耶尔，这是一个贫穷的小村庄，僻处图里亚河谷旁的一座山丘上。弗朗西斯科·塔德奥·卡洛马尔德是西班牙政治攀附者的典型代表。他粗糙且满是老茧的双手透露出他是农民出身。他曾耕种过伊比利亚高原上那贫瘠的土地，知道需要用多大力气才能把锄头扎进土里，开出一道漂亮的犁沟。他借助各种匪夷所思的手段、人情，再加上机缘巧合，织出了一张关系网，在1808年法国即将入侵前，他成了卡洛斯四世时期朝臣中最有影响力的人物。在那个由贵族掌权的西班牙，不存在社会上升通道（如果说社会上升通道是一部电梯，乘上就能平步青云，那时在社会上至多也就只有那种带滚轮的叉车）。这个农民的儿子克服了穷学生面临的种种困难，在萨拉戈萨大学读完哲学专业后，不仅在当地法院获得了律师资格，而且在马德里政坛崭露头角，这在当时是十分惊人的。人们嘲笑他乡下人的举止和狭窄的眼界，但到头来所有人都欠了他的人情。在所谓的"自由的三年"①时期，卡洛马尔德经历了短暂的国内流亡，随后返回马德里，成了费尔南多七世宫廷里最有权势、支持复仇主义思想的"超级部长"。自1823年起，卡洛马尔德担任国王的顾问，可以随时在君主耳边低语进言。

　　有传言说"白皙的手可伤不了人"这句话为他所言。据说，在王后玛利亚·克里斯蒂娜的姐姐路易莎·卡尔洛塔当着宫里所有人的面给了他一记耳光后，他便如此说道。我倒是觉得他这种人想不出这么文雅机智的回复。从他的画像上来看，他似乎不是个反应机敏的人，应付宫廷礼仪的时候，他总是显得格外拘谨。卡洛马尔德一直因他的出身感到自卑，他的政敌利用这一点来让他出丑，嘲笑他乡土的举止。作家加尔多斯在《民族轶事》中曾描述过卡洛马尔德（他主要是依据间接资料进行描述，毕竟卡洛马尔德1842年去世，而加尔多斯1843年才出生），也为这位人物的人生定了调："卡洛马尔德长得不丑，举止也算得上礼貌规矩，他的虚荣浮夸和装模作样更像是学来的，而非天生如此。很明显他对自己的出身感到自卑。"[144]

---

　　①"自由的三年"（Trienio Liberal）即西班牙立宪革命时期，指的是从1820—1823年自由主义政府在西班牙统治的期间。

　　这位来自比耶尔村的政治家为堂卡洛斯策划了所有的阴谋活动，并最终操控了费尔南多七世——当国王在圣伊尔德丰索宫病重时，他说服他撤销1789年法案，恢复萨利克继承法，让它再次生效了几个月时间（这就是那记传奇耳光的由来）。国王恢复神志后又再次将它废除，这次是受到了妻子的挑唆。费尔南多七世死后，卡洛马尔德开始为卡洛斯派效力，但这些人不愿意与他为伍，对他们来说，他已经没了用处。他的价值已经被榨干，又没有任何家世根基。在关键的时刻，"永存不朽"的西班牙只宠爱贵族，以及那些安分守己、因自己的身份而感到骄傲的农民，像卡洛马尔德这种闯入者、操控者、机会主义者，正好是卡洛斯派想要从这个国家清扫出去的。他们讨厌政治交易，憎恶宫廷里的阿谀奉承，以及大城市的堕落和腐败，尤其是背叛血缘和先辈的行为——农民的儿子就应当继续做农民，他的儿子、他儿子的儿子也是一样。谁也不会传唤一个农民到国王的耳边去窃窃私语，这样的事应当由贵族和教会去做。这就是卡洛马尔德的悲哀之处，他为了西班牙的荣耀奋斗了一生，但这个国家厌恶他，不想与他并肩携手。他在法国图卢兹流亡期间去世，被敌人和他所认为的自己人所唾弃，如他在比耶尔出生时那样一贫如洗。[145]

　　他们的唾弃也无关紧要，因为无论如何，有一个事实是绝对无法抹去的，即卡洛斯主义在形成初期就是由像卡洛马尔德一样的人领导的。有一种历史宿命论，它从黑格尔思想和唯心主义哲学发展而来，相信历史的力量无比强大，它的发展进程完全不受人的掌控，人只是偶然降临世间，在这里活过、受过疾苦。按照这种思想，重大历史事件是不可避免的，历史舞台上主角的命运和他们所做的决定都不会改变历史。持这种观点的人只能恪守心中的信仰，因此有的领袖选择战争，有的选择签订条约；有的让国王上断头台，有的选择给予赦免；有的决定扣动扳机，或是不让别人占得先机；有煽动者，也有调停人；有决不妥协让步者，也有缺乏主见者。就是拥有上述种种特征的人起草、签署了所有的法令、条约和战略军令。因此回过头来看，历史可以被解读为一连串清晰可辨的因果更迭。但我们总是忘记，这种观念其实是一种建构、观察的方式。它之所以有意义，是因为人是叙事的动物，需要用讲故事的方式来解读我们的世界。因此，故事里的人物就成了全知全能的叙事者手上的提线木偶，成了宿命的牺牲品。从某种程度上讲，这是一种令人宽慰的想法，本质上具有宗教意味。在偶然性和不可预测性的基础上，很难创造出一门科学或一套叙事法，而历史想要同时包含这两者。因此，像卡洛马尔德一样的人物是不足为道的，他们只会偶尔在某份学术记录的边边角角处被提及，至多也就是被某本风俗轶事集选为素材，运气好的时候也曾被人们拿来当作诙谐风趣的笑点（比如在第二共和国时期，右派不断重申左派政府是西班牙自卡洛马尔德以来最糟糕的一

届政府)。历史学家只会把他这种人视为工具,只当他是史料中
一段奇特或难解的插曲,用来装点历史大事件和宏大的叙事。
从根本上来讲,他和他在比耶尔村的父辈一样,只是无关紧要
的木偶。

卡洛斯主义的前期历史和最早的阴谋计划都深深地刻着卡
洛马尔德这个人的烙印,我可不认为这是无关紧要的。尤其是
他的家乡,那片多山、偏远的土地也成了卡洛斯主义的精神故
乡。卡洛斯主义在这个全国最多山的地区根深蒂固,而它最初
的谋划者也来自那片尽是岩石与峡谷之地,这是巧合吗?他是
一个闯入者,是一个满心愤懑的人,他挣脱了自己原本所属的
世界,却又进入了另一个不接纳他的世界。如果没有他的不择
手段,没有他操控政客和掌权者的本事,没有他对阴谋及对
策划阴谋的热衷,当费尔南多七世去世时,堂卡洛斯的阵线
或许就不可能那样团结一心、组织严密、坚定不移地迎战。如
果换一个更加息事宁人、沉湎享乐的人,或者简单地说,换一
个没有那么大野心的人,卡洛斯派日后的愤怒或许就能被疏导
或分流至其他地方,而西班牙的国家建构也就会换一种方式。
如果我们认定卡洛斯主义的出现是宿命,是不可避免的,那么
我们就与笃信天主教和宿命论的义勇军们使用了同样的思维
方式。

从抽象的角度来讲,卡洛斯主义属于山区。它像是用灰泥
砌起的领奖台,让那个因堕落于野蛮的城市而深觉危在旦夕的

西班牙找到了自尊，它是那个逐渐变空的西班牙对另一个逐渐
变满的西班牙的复仇。有一点让我觉得不同寻常：那个开始为
卡洛斯派的"烤箱"预热的人是一个抛弃了铁犁的农民，他心
怀怨愤，很可能盼着那些嘲笑过他的口音及粗糙双手的傲慢自
大的资本家和贵族老爷们全部死光。

　　卡洛斯派于1833年第一次挺进山区，漫长的内战就此开
始，北部的战事一直持续到1839年，东部的战事直到1840年才
结束。1846—1849年间，他们再次深入山区，1872—1876年又
再次故技重施。历史上一共有三次卡洛斯战争，其中第一次是
耗时最长、最惨烈的。他们后来又于1860年和1900年十月两次
试图起义，1900年的这一次也被称为"十月起义"，卡洛斯派打
算进攻巴达洛纳的国民警卫队军营，借此发动政变。历史上卡
洛斯主义为推翻国王、恢复中世纪地方法而做的所有努力都失
败了，进入20世纪后，他们转变为一场参与选举、主张和平的
保守政治运动。1936年是他们最后一次踏上前线，但这一次，
他们捍卫的不是自己的政治抱负，而是为了佛朗哥。[146]

　　在那一百年的战争与和平中，卡洛斯主义在全国的大部分
地区扎下根来，但是最主要的根据地还是在农村。它拿下的最
大的首府城市是潘普洛纳，在西班牙其他地区的势力范围仅
局限于农村：它在老卡斯蒂利亚势力雄厚，在其首府巴亚多
利德却势单力薄；它几乎掌控了阿拉贡全境，却控制不了其首
府萨拉戈萨；它在巴斯克地区坚不可摧，但在具有社会主义倾

向的工业城市毕尔巴鄂无一席之地；它在加泰罗尼亚农村的影响力巨大，但始终无法染指巴塞罗那；尽管它在马埃斯特拉斯戈和瓦伦西亚内陆的山区有许多极为激进坚定的追随者，在瓦伦西亚城里却处于边缘地位。卡洛斯主义变成了一种农村政治文化，扎根于传统及天主教价值观，实际上卡洛斯主义者在很多地区都更喜欢自称为"传统主义者"。正统派联盟就是将所有秉持这种理想的人团结在一起的政党之一，在欧洲，这种意识形态被解读为一种本土版的保守主义和君主正统主义。[147]

在贝尼托·佩雷斯·加尔多斯的小说《两个女人的命运：福尔图娜塔和哈辛塔》中，有一个名叫尼古拉斯·鲁宾的次要人物。他是马克西米里亚诺·鲁宾的哥哥——一个和自己姑妈住在一起的倒霉鬼，爱上了福尔图娜塔。尼古拉斯是个厉害角色，懦弱的马克西米里亚诺十分怕他。尼古拉斯做了神父，离开了马德里，北上为卡洛斯派效忠。他非常粗鲁，一顿能吃下成山的粗劣食物。他用大蒜涂抹装有苦苣的沙拉盘，所以吃完后就会有口气。他举止无礼，没有一点教养。他还霸道蛮横，总对其他人的生活指手画脚。我认为他是整部小说里唯一的一个卡洛斯党人，且是一个被丑化了的形象。[148]马德里人认为卡洛斯派都是粗野之人，是那种农村里毫无礼貌的神父，连早安都不和人道一声。尼古拉斯已经忘记了首都的习惯，完全在山区入乡随俗。这个故事的模式是万能通用的，几乎算是戏谑了

《泰山》里"高贵的野蛮人"的主题，以及卡斯帕尔·豪泽尔①的故事——文明人被抛入野蛮世界，随后就变成了野蛮人。泰山变成了猿人，卡斯帕尔·豪泽尔变成了狼，而尼古拉斯则变成了卡洛斯派。

　　当拉蒙·德尔·巴列-因克兰②想激怒马德里人，表达自己对宫廷和朝臣的鄙夷的时候就自称是卡洛斯派。据说，每当凌晨所有酒馆都关门后，他在归家途中总会在东方广场徜徉，冲着王宫挥舞手杖，③威胁要推翻篡位者，把王位还给真正的合法国王堂卡洛斯。有关巴列-因克兰与卡洛斯主义的争论非常多，因为西班牙文学史上最重要的革命者竟然奉行如此保守的思想，不符合历史的常态。很多人都偏向于认为他的卡洛斯主义思想是一种朋克式的挑衅，一种激怒马德里当权派以及如哈辛特·贝纳文特④一类的正统作家的方式。另一些人则将之解释为

---

① 卡斯帕·豪泽尔 (Kaspar Hauser)，出生日期不详，1828 年 5 月 26 日，他突然出现在德国纽伦堡，样貌看来约 16 岁，智力低下且少言寡言。他后来解释说，他所能记起来的就是一直被关在一间黑屋子里，以水和面包度日，这件事引起了当时国际社会的轰动。豪泽尔被归类为"野孩子"（也称"狼孩"），即年龄很小时就与世隔绝，不懂得人类社会行为和语言的人。他们中有的是人为被禁锢，有的由野生动物养育长大。

② 拉蒙·德尔·巴列-因克兰 (Ramón del Valle-Inclán, 1866—1936)，西班牙剧作家、小说家和诗人，出生于加利西亚，西班牙"九八年一代"的代表人物之一，被认为是当时最激进的现代主义戏剧家。他以颀长的身躯，机智的话语，长发、长胡子、黑色大衣和单臂的形象而广为人知。

③ 东方广场是马德里的一个广场，西侧和东侧分别是王宫与皇家剧院。

④ 哈辛特·贝纳文特·伊·马丁内斯 (Jacinto Benavente y Martínez, 1866—1954)，西班牙 20 世纪最著名的剧作家之一，1922 年诺贝尔文学奖得主。

身份的"痉挛"——巴列-因克兰为了不在大城市里被淹没,便采取了一种乡野的、加利西亚式的、隐秘而荒诞的方式,把自己塑造成一个独一无二的人物。[149]以这种方式来解读的话,卡洛斯主义就成了他的一个装饰品,就像他蓄着的那种酷似小商贩的长胡子一样。①然而,对这位曾写下《非凡之灯》和诗集《大麻烟斗》的作家而言,外貌不是装饰品,他的挑衅也不是恣意妄为,这其中的深层意义不容小觑。把他的挑衅和外貌打扮与他的艺术观念分割开来,视其为无关紧要的东西,而只关注他在戏剧和小说上的成就,这是不合理的。在巴列-因克兰身上,一切都是艺术。艺术不仅体现在他的书里、他独特的编辑方式中(他将自己所有的作品都编入同一本《全集》②),也在他的公众形象里、他的言谈之中。有关巴列-因克兰的一切最终都合而为一:这是一种完全着眼于当下的仿古审美,通过强调现代社会已然摧毁或正在试图摧毁的东西来质询现代的一切。

若是把他的愤世嫉俗贬低为"无事生非",一下就能让那些深层次的含义消失全无。他可圈可点的性格及原本那些令人尴尬不快的事件,也就沦为滑稽的笑话。如此一来,人们就避免了直面或反思这种愤世嫉俗背后的真正诉求。一个对于西班牙

---

① 实际上巴列-因克兰的卡洛斯主义思想可能是受到了家庭影响,他的父亲就是一个著名的卡洛斯派。他成长的地方蓬特韦德拉也格外推崇卡洛斯主义。

② 巴列-因克兰的《全集》(*Opera Omnia*)在当时的西班牙图书编辑设计中极为创新。

文化至关重要，甚至被视为天才的人物，同时竟也代表了这个
国家最畸形、最粗野的部分，这是人们一心想要消除的不佳印
象。尼古拉斯是卡洛斯党人。而精致的巴列-因克兰，是布拉多
明侯爵①之父，是"埃斯佩尔蓬托"②风格的创造者。不不，卡
洛斯主义可以是他的作品《四季奏鸣曲》《粗野的喜剧》中的主
题，但是他自己不可能是卡洛斯党人。他不可能与他笔下的布
拉多明（这个人物的原型恰好是一位卡洛斯派的将军卡洛斯·
卡尔德隆），或是蒙德内格罗那位野蛮的先生③这一伙人为伍。
那些都是文学，是虚构，是谎言。但是巴列-因克兰的姿态不是
为了惊世骇俗而装出来的，而是他最真实的处世方式。如果他
自称是卡洛斯派，那我们最好还是把他的话当回事。然而这就
意味着我们也需要认真对待尼古拉斯，别把他当作是个丑化的
形象，而是去理解他，发掘这个人物的复杂性。换言之，我们
不能仅仅把西班牙无人村当成是野蛮、粗野、不识字的地方。
如果我们想认真看待巴列-因克兰的卡洛斯主义信仰，也就需要
认真看待卡洛斯主义本身，它已不再是一些恐惧现代化的乡野
匹夫用来诉求专制的方式。

　　很明显，卡洛斯主义有自己的情报机构，在党派发展方针

---

　　① 布拉多明侯爵是巴列-因克兰在《四季奏鸣曲》（Sonatas）中创造的人
物，被普遍认为是作者本人的"另我"。
　　②"埃斯佩尔蓬托"（esperpento）风格是巴列-因克兰独创的，这种风格荒
唐怪诞，把人物的行为扭曲化、荒唐化，使用歪曲事实的描述批判社会。
　　③《粗野的喜剧》（Comedias Bárbaras）中的人物。

的问题上也一直不乏头脑灵活、风格稳重的政治家，它的领导人也并不都是一伙野蛮兵痞。塞拉尔伯侯爵曾长期担任卡洛斯派的领袖，而他就是马德里最精致的贵族之一。[1]它也有擅长宣传的才俊和优秀的知识分子。它绝对不是一个没有文化的群体，其中也不乏卓越的思想家。然而巴列-因克兰和他文学小圈子里的人与卡洛斯主义真正的内核毫无关系。卡洛斯主义的本质是秩序和家庭。奉行卡洛斯主义的人不会总在凌晨时分流连于马德里市中心的街头。卡洛斯主义实际上想要摧毁马德里，而巴列-因克兰不仅构成了马德里的一部分，还亲自塑造了这座城市的一部分。波希米亚主义[2]是一种存在于城市的现象，就像流浪猫一样，它们二者非常相似。过着波希米亚式生活的艺术家们靠城市给予的残羹剩饭，靠敲阔朋友的竹杠和服务生的怜悯过活。而要是在农村，他们这样的人只能等来鄙视甚至会吃些苦头。他们尽量避免去农村："除了皇家剧院到圣何塞教堂这个范围以外，其他地区对马德里的波希米亚主义艺术家来说都相当于'外国'，他们一概憎恶。"[150]里卡多·巴罗哈[3]如此写道。所有的波希米亚主义者都是如此，除却一个人。

巴列-因克兰有一位朋友把卡洛斯主义的信仰真正落到了实

---

[1] 塞拉尔伯侯爵（el márques de Cerralbo）曾经的府邸就是现在的塞拉尔伯博物馆，那是如今马德里最奇特、最奢华的旅游景点之一。

[2] 巴列-因克兰的代表作之一是戏剧《波希米亚之光》。

[3] 里卡多·巴罗哈（Ricardo Baroja, 1871—1953），西班牙画家、小说家。他的弟弟皮奥·巴罗哈也是著名作家，"九八年一代"的代表人物。

处，不再是纸上谈兵。他是一个小作家，现在几乎已被世人遗忘。他就是西罗·巴约，完全可以被视为"最后的波希米亚人"。他出生于1859年，家世出身不详（这是波希米亚人士惯有的身份背景，你永远也不会知道他到底是王子还是洗衣妇的儿子，或者甚至就是国王与洗衣妇所生）。他比巴列–因克兰和里卡多·巴罗哈都要年长，但他们二人做了他的赞助人和保护人，像是对兄长一样地待他。西罗·巴约16岁时从家里逃出，加入了安东尼奥·多雷加拉伊将军的卡洛斯派军队，做了志愿兵。他在第三次卡洛斯战争时参加了马埃斯特拉斯戈战役，参与了夺取坎塔维耶哈——特鲁埃尔南部一个设有防御的村庄的战斗。这也是那场卡洛斯战争的目标之一，因为夺下那里卡洛斯派就可以掌控整个山区，在几年间创建属于他们自己的国家，让堂卡洛斯成为真正意义上的国王，让古老的地方法成为真正的法律。然而这次战役和三次卡洛斯战争一样，以失败告终。西罗·巴约被关押在梅诺卡岛服刑，这段回忆成了他为之骄傲的一次冒险。多年后，他在1912年的一本书里写下了这段经历，我认为在西班牙文学史上很少能有与之媲美的作品——《和多雷加拉伊征战马埃斯特拉斯戈》[151]，这是一个对自己的信仰无怨无悔的卡洛斯派战士所写的回忆录。

卡洛斯主义包含着一种明确的浪漫主义色彩。对于那些听着"尼古拉斯神父"讲经布道长大的农村年轻人来说，钻进深山投入卡洛斯战争，就相当于现在的穆斯林青年去参与圣战。

但是对于西罗·巴约这样的人而言，浪漫主义意味着对冒险经历的渴望，去寻找城市和现代生活不可能给予的原始的、真正的激情。西罗·巴约崇拜卡洛斯派，是因为他们勇敢、廉洁、高贵、有男子气概。

和他的波希米亚同伴不同，西罗·巴约是一个伟大的旅行家，周游了西班牙和拉丁美洲，著有数本伊比利亚半岛游记。《西班牙的小癞子》和《风趣的漫步者》分别记录了他在西班牙内陆地区的两次徒步旅行（其中第二次旅行是与巴罗哈兄弟一起，路线是从马德里到于斯特修道院）。他也在阿根廷和玻利维亚的科恰班巴城生活过，那些年间他不仅写下了《印第安漫游者——漫步在未知的美洲》《丘基萨卡省，秘鲁白银》等游记作品，还十分忧心南美洲当地语言和土著方言的状况。他自学当地语言，并付出很多心血编撰了《南美洲克里奥尔-西班牙语词典》及《中南美洲克里奥尔语言手册》。另外，他还著有拉丁美洲历史方面的作品，汇编了拉普拉塔河流域的民间口传歌谣。他在科恰班巴很受爱戴，那里至今还有以他名字命名的街道。这样看来，西罗·巴约似乎是个没那么波希米亚的波希米亚人士：他是个冒险家，热爱乡村和自由的空气，最重要的是，他很少炫耀自己的才华，身上全无阴暗邪恶的特质，十分关心他人的生活。如果说西罗·巴约的作品里有什么最突出的东西，那就是共情力。他笔下的所有人物，无论是小偷、无赖、暴君、坑蒙拐骗的吉卜赛小孩或是酗酒的印第安酋长，都散发着人性的味道。他从不丑化讽刺，也不用"埃斯佩尔蓬托"的怪诞手法。他是一个观察者、一个行路者，他在书里讲述他看到过的、经历过的，但绝不想做什么道学先生或是改革者。他是一个博爱的人——爱一切人。"世上没有谁像堂西罗·巴约一样蔑视金钱以及金钱能提供的一切。"[152] 他的挚友里卡多·巴罗哈如此写道。他一直穷困潦倒，在拉丁美洲的时候，靠在乡村小学里教书谋生。令人惊奇的是，他竟然与两位积极入世、热衷于揭露社会问题和道德谴责的作家皮奥·巴罗哈和巴列-因克兰如此亲密。

我认为他之所以在还是个小伙子时就加入了卡洛斯派军队，正是被那种对他人的好奇心以及全无偏见的态度所驱使。他不在乎权力和荣耀，更不用说去征服。他没有计划着去实现什么神权政治，而只是简简单单地相信卡洛斯派距离某一种真理更近，那是一种在城市里找不到的东西。但西罗·巴约离开马德里，加入山区游击队的动机和原因，恰好与卡洛斯派在自己的偏见里越陷越深的动机和原因别无二致。这位"最后的波希米亚人"认为正统派不是丑角，他们触碰到了某种本质、神秘的东西，而那种东西在自由的城市是不可能获得的。不幸的是，正统派深信他们手上掌握的是不容置辩的真理，甚至不需要任何验证。

卡洛斯主义的思想家像勤奋的犹太教拉比一样，在《圣经》里上下求索，找寻农村优于城市的证据。在基督教和犹太教经典里想找到颂扬农民、贬低市民，或城市是罪恶和堕落的根源、城市人不敬上帝等说法的证据非常容易，但这实际上只是用宗教的砂浆来砌筑他们自己的需求，还将其包装成自身的美德。卡洛斯派深入农村不是因为使命的召唤，而是因为他们被城市驱逐，没法在那里有所斩获。他们曾三度采取武力，想在战场上大败自由派。他们对萨拉戈萨和毕尔巴鄂展开围城，也差一点就攻下了这两座城市。他们当时的目标是拿下全国，但没能触及马德里，因为政府军没给他们靠近的机会。卡洛斯派被困于农村后，开始逐渐调整自己的正统思想。结合农民阶层敏感的特质，他们找到了一个绝佳的切入点：对城市的憎恶。农民们乐于接受各种反城市的长篇大论，对他们而言，城市里遍地是妓女、醉鬼和小偷，到处是不信神的腐败政客、娘娘腔的宫廷朝臣。卡洛斯阵营的知识分子多诺索·科尔特斯写道："基督教向人揭示了人类的社会，但这似乎还不够，它同时又展示了另一个更伟大、更优越的'社会'，它广阔浩瀚，无终无尽，但人无法触碰。那个社会属于那些获得了天堂认可的圣徒、那些经历了炼狱的义人和在人世间受难的基督徒。"[153]这样的地方绝不是城市，因为那里没有圣徒、义人，也没有基督徒。

卡洛斯派义勇军有一首关于卡洛斯战争的歌曲是这样唱的："无畏的纳瓦拉省万岁/那是高贵勇敢之地/他们弃置田地/只为捍卫祖国。"[154]正统派离开家园，去净化罪恶的巴别之城，仿佛一位复仇的神明，张开双臂，用火来洗净罪恶，好似所多玛和蛾摩拉①的天火，好似暴君尼布甲尼撒②的下场，好似耶稣基督（他同时也是加利利的农民③）洁净圣殿④。

　　随着西班牙城市化的发展，卡洛斯主义的那套说辞就像是空洞的千禧年主义⑤，越来越没了分量，越来越不可信。马德里、巴塞罗那、瓦伦西亚、毕尔巴鄂的规模不断发展壮大，一伙天主教农民要征服这样的城市，并使之皈依某种地方性的神权政治，听起来更是可笑。因此它就变成了海上的一道长浪，势微却不易消散。按照研究卡洛斯主义的纳瓦拉学者弗朗西斯科·哈维·卡斯比特吉的说法，卡洛斯主义是一种"集体怀

---

　　① 所多玛和蛾摩拉是《圣经》所记载的两个城市，经考古学家发现极可能位于约旦河东岸、死海以北的位置。根据《圣经》描述，所多玛和蛾摩拉是两座迦南地区的城市，城里的居民违反了耶和华的戒律，最终两座城被天火所焚毁。

　　② 尼布甲尼撒多次在《圣经》中出现。《圣经·旧约》对尼布甲尼撒二世攻陷犹大国的都城耶路撒冷后烧杀掳掠的残暴行径作过详细的记述。《但以理书》中写道，尼布甲尼撒因自己的威荣而自命不凡，亵渎神明。一日他忽然听到一个上帝警告的声音，要让他体验上帝绝对的权威。他随即如疯子一般，以吃草为生，与兽无异，一共过了七年。此后他的神智恢复正常，于是称颂耶和华的至尊地位。

　　③ 史学观点认为耶稣生于加利利的拿撒勒。

　　④ 耶稣洁净圣殿是一个重大事件，因此在四本福音书中都有记载。逾越节那天，耶稣进入圣殿，看到里面一片混乱，气愤至极，"拿绳子做成鞭子，把牛羊都赶出殿外；倒出兑换银钱之人的银钱，推翻他们的桌子；他指责那群做买卖的人：'经上记着说，我的殿必称为祷告的殿。你们倒使它成为贼窝了。'"

　　⑤ 千禧年主义指长度为一千年的时间循环，是某些基督教教派正式或民间的信仰，这种信仰相信将来会有一个黄金时代：全球和平来临，地球将变为天堂。

旧"。卡斯比特吉研究了西班牙正统主义思想里反城市的本质，得出如下结论："卡洛斯主义只有保持'败中求生'的态度才有可能达到最终目的，即恢复往昔的美好时代里人们最看重的品质。至于城市，它的存在就意味着那个理想化的、终将消失的乡村世界依然是一个乌托邦，是一片脱离了城市化的区域。虽然城市发展模式自19、20世纪就已逐步确立下来，但农村始终被隔绝在外。"[155]

我认为正是这种"败中求生"的态度吸引了具有细腻情感的浪漫主义派，比如巴列-因克兰、西罗·巴约。他们从唯美主义的角度出发，认为他们的祖国和他们生活的时代存在某种神秘力量，是不可能用一个丑化形象就可以解释的，它值得人们关注。另外，这当中还包含一种扰乱心绪的东西，一股可以撼动权势集团的力量，因此当权派只得将之判定为闹剧，以此来消除它的影响力。卡洛斯主义威胁要毁灭城市是一回事，但在马德里市中心大呼这样的口号就不仅仅是一种挑衅了，而是一句有力、震撼人心的祈愿。巴列-因克兰深知，这就像是《圣经》里让巴别城居民颤抖的惩戒，是《旧约》里上帝的咆哮，能让他人恐惧上帝的现身。

在这种矛盾中，蕴含着这些信奉卡洛斯主义的波希米亚式文人的伟大之处。巴列-因克兰和西罗·巴约都是城市的产物，他们恰好代表着规矩的正统派希望消灭的东西：道德缺失、堕落颓废。他们不工作，只会写一些不敬神的文章，整日流连于咖啡厅和酒馆；他们吸毒，与同性恋、妓女和罪人交往；他们住在肮脏的阁楼上，靠着坑骗度日；他们是闲人，每天睡到正午，那一身流浪汉一样的行头不仅亵渎上帝，也亵渎了他人。他们就象征着巴别城中最糟糕的东西，代表了艺术的堕落，是阴沟里的臭气。但就是这些人，竟支持着一场以他们自己为主要毁灭对象之一的运动，这着实难得，令人钦佩。

卡洛斯主义没有获得成功，但这不是因为其计划是无稽之谈。在其前70年的历史中，它构成了西班牙自由派政府最大的威胁，甚至超过了社会主义革命派和无政府主义者。在20、21世纪我们就目睹过伊朗、阿富汗等国家落入类似卡洛斯主义的宗教运动之手。尽管卡洛斯主义没能获得成功，但它在西班牙多个地区作为一种强势政治文化一直延续下来，留下了深远的影响。巴斯克和加泰罗尼亚的民族主义思想的很大一部分就直接继承自卡洛斯主义，这不奇怪，因为它拥护地方法，鼓吹恢复18世纪以前的西班牙，其中本身就包括重新构建本地语言和非中心地区的身份。19世纪末，巴斯克和加泰罗尼亚民族主义者开始构筑自己的意识形态大厦时，发现卡洛斯派已经把所有工作都提前铺垫好了。卡洛斯主义的影响力波及的是讲巴斯克语和加泰罗尼亚语的地区，卡洛斯派的有些报纸就是用这两种语言写的，因为其面对的读者是基本不会说卡斯蒂利亚语的农民。但还不仅如此。卡洛斯派恢复使用一些中世纪的机构名称，用以同自由派的现代行政体系抗衡。那边是省，这边就设置成王国；那边是省长，这边就是洪达、赫内拉利达、伦达卡里；[①]那边是宪法，这边就是地方法。

1982年行政区划方案成形的时候，卡洛斯派的余波依然在全国激起浪花。实际上，从形式方面来说，要是一个生活在19世纪务实的卡洛斯派看到这部规划法，会觉得相当不错。塞拉尔伯侯爵若是能活着看到1982年的西班牙地图和那些自治区机构的名字，可能会对战士们宣布，他们奋斗终生的目标已达成。按照1982年的行政区划，大部分议会和自治区政府都使用了在18世纪前后就已废止的中世纪机构的名字（其中有些是在16世纪甚至15世纪就不再使用）。阿拉贡和两个卡斯蒂利亚自治区的议会都被称为"科尔特斯"（城市代表大会），历史学家们一直为西班牙议会制度的起源地争论不休，到处搜寻资料探究最古老议会的所在地。两个卡斯蒂利亚、安达卢西亚、埃斯特雷马杜拉、阿斯图里亚斯和加利西亚的议会叫作"洪达"，这是卡斯蒂利亚王国古代执政委员会的名字。加泰罗尼亚和瓦伦西亚政府叫作"赫内拉利达"，阿拉贡联合王国也有类似的机构设定，即"总委员会"（现代写法里省略了一个介词[②]，其余没

---

① 洪达，执政委员会的音译；赫内拉利达，加泰罗尼亚会议的音译；伦达卡里，巴斯克自治区政府主席的音译。

② 古称diputación del general，现称为diputación general，去掉了介词del。

有任何变化）。还有一些中世纪的概念也再次复活，如"司法者""权利代表"（即阿拉贡、加泰罗尼亚和瓦伦西亚地区的"人民保护官"[①]），在卡斯蒂利亚-莱昂自治区，这一组织被称为"大众代诉人"（这也是一个中世纪名称）。

人们对中世纪各种名称的偏好，主要是为了表明这些彰显自主权的名称早在西班牙国家存在之前就已刻在历史上，以此来突出自己的身份，在历史上寻求自身的合法性。正统主义过去就是这样做的。自治区的设定算不上是通往现代民主国家的进步，而更像是被篡夺机构的复辟。实际上，现在的议会和政府在结构和职能上，和与其同名的中世纪机构没有一点相似之处。阿拉贡联合王国总委员会原来是一个税务机关，而不是政府机构，中世纪的城市代表大会和如今代表人民权力的议院、立法机关毫无关系。这又是西班牙的另一奇怪之处。法国、意大利、葡萄牙……任何一个西欧国家都没有像西班牙这样，在编年史的手稿里翻找、在修道院的故纸堆里寻觅自己政府机构的名称。欧洲没有任何一个地方像西班牙一样对旧制度保有如此刻骨铭心、经久不散的感伤与怀念。

也许，这种持续存在的情感能够解释为何西班牙的各种语言能在21世纪依旧保持极高的活力。普罗旺斯语是奥克语在法

---

① 西班牙"人民保护官"是议会的监察员，负责通过监督公共行政活动来捍卫公民的基本权利和公共自由。

国东部的变体，曾是中世纪欧洲最高雅的语言之一，也有人曾用它写下了西方诗歌史上最杰出的篇章之一。今天的普罗旺斯语成了语言的化石，与布列塔尼语、西奥克语、巴斯克语和加泰罗尼亚语的法语变体下场一样。尽管英国在20世纪下半叶推行了语言保护政策，但威尔士语和苏格兰的盖尔语也仅在一些偏远的乡村聚落里有人使用。另外，虽然爱尔兰共和国自1922年独立以来就把爱尔兰语定为官方语言，却也没能阻止它的消亡。政府缺少强势的文化政策来推动地区性语言在半官方领域的使用。

在维森特·布拉斯科·伊巴涅斯的小说里，只有女仆和粗人们讲瓦伦西亚语，而瓦伦西亚的资产阶级讲的是卡斯蒂利亚语，并且要求农民们不要说利摩日语①——这是法国北部人对奥克语的一种通俗叫法（因为利摩日城的缘故）。在比利牛斯地区，到20世纪仍保有活力的几支罗曼语被统称为巴图埃斯语，来自法语单词*patois*，意为"方言"——这又是一种对南部语言的贬义称呼。卡洛斯主义为讲巴斯克语和加泰罗尼亚语的人提供了可以公开表达的场合，一个有尊严的空间，这一点尤为重要。城市里像布拉斯科·伊巴涅斯一样的公子们让农村的语言

---

① 瓦伦西亚民族进步主义甚至也沾染上了这种态度。20世纪60年代，约安·富士达打算建立有关民族主义意识形态和文学领域的语料库，他选择使用的是加泰罗尼亚古语，和他家乡苏埃卡所讲的瓦伦西亚语非常不同。瓦伦西亚民族主义的一部分就是尝试让瓦伦西亚语更接近标准加泰罗尼亚语，轻视受到了卡斯蒂利亚语"污染"的具有地方特色的表达、词句和句法。

销声匿迹,卡洛斯主义却反而给它们发声的机会。卡洛斯派用伊比利亚半岛古老的语言出版报纸——这些语言是传统的基石;神父用这些语言主持弥撒,士兵唱着村庄里这些语言的歌谣奔向前线。如果没有卡洛斯主义,随着现代西班牙国家的建立、工业化和城市的发展,无论是巴斯克语还是加泰罗尼亚语都很难幸存下来。1892年,《曼雷萨纲领》①颁布,标志着加泰罗尼亚现代民族主义的开端;1895年,巴斯克民族主义党成立。两个事件都发生在卡洛斯主义放弃以武力实现政治目标以后。自1876年起,它演变成了一种政治文化,不仅希望对议会的博弈施加影响,还打算把卡洛斯派依然掌控的那部分领土打造成西班牙社会的模板。从卡洛斯派的最后一场败仗到民族主义的崛起,这短短不到20年的时间非常关键,因为它与毕尔巴鄂、巴塞罗那的工业化进程重合,与第一波从国内各地大量涌入城市的移民潮重合,也与中央集权国家的不断加强重合。有些农民目睹自己的文化被吞噬,熔化在那座无耻贪婪的巴别城的高炉里,消失在运转着的蒸汽织布机里。在这种背景下,和平且强大的卡洛斯主义成了农民们的庇护所,把他们团结在一起。正统主义团体利用报纸、机构和影响力让很多人得以保住自己的语言,可以在公共舆论的多个领域继续发声,正常且骄

---

①《曼雷萨纲领》(Bases de Manresa),是加泰罗尼亚地方宪法的草案,普遍认为这部纲领象征着加泰罗尼亚现代民族主义的诞生。

傲地表达观点，不必顾虑城市蔑视的态度。

　　我的童年是在瓦伦西亚的一个村庄度过的，那里所有人都讲瓦伦西亚语，卡斯蒂利亚语只在行政部门使用，在大街上是听不到的，居民中只有我家和其他几个从外地搬去的家庭讲这种语言，而且我们这几家人几乎都是公务员。人们不屑地管我们这些人叫"卡斯蒂利亚人"。然而，虽然瓦伦西亚语被广泛使用，但它的使用者还是以讲这门语言为耻，尤其是老年人。当时如果有人去瓦伦西亚城，他不会和任何人讲瓦伦西亚语，除非是碰到了一眼看上去就是同乡的人。这是一个很严重的问题，因为那些为讲瓦伦西亚语感到自卑的人，通常卡斯蒂利亚语水平不怎么好，卡斯蒂利亚语当时是在学校里教的，而他们中的很多人因为没怎么上过学，自然也就讲得不好。在他们的意识里，自己的母语总是和文盲联系在一起，这就像一道伤疤，让人深受折磨。

　　虽然我那时候还是个孩子，但我至今还记得自治区电视台第九频道开播的那段时间。从成立伊始，这个频道就有一部分内容以瓦伦西亚语播出，其中包括新闻节目——所有的新闻都是用当地语言播报。我还记得朋友们的爷爷奶奶是如何惊异地盯着电视里的主播用他们的语言播送新闻。主播用瓦伦西亚语讲政治、讲税收、讲外国发生的地震和股票。可能在大城市没法理解这个现象，或者说这种冲击感会被政治辩论冲散，但是请想象一下，在一个遍地种着橙子树的村庄里，身着黑色衣衫的老人们聚集在酒吧，盯着眼前的电视的场景，电视里的新闻永远都只会用卡斯蒂利亚语播报，只有在这种背景下，你才能明白他们的表情意味着什么。

卡洛斯主义懂得如何增强那些深感处于边缘地位、受到鄙夷的人们的自尊心。它给他们编织出一个故事，让他们幻想可以掌控自己的命运。无赖和自由派嘲笑他们，要求他们讲卡斯蒂利亚语，但卡洛斯派让那些古老的语言变得强势、体面、与时俱进。卡洛斯派尊重他们原本的样子，不把他们当成粗野之人，不逼他们穿礼服、洒香水。卡洛斯主义用上了所有策略，诱惑人们向往农村世界，以此让自己在西班牙继续生存下去。

正统主义在20世纪已基本消解，它被禁锢于家族神话与农村习俗中，开始逐渐被现代化渗透。卢吉受的是卡洛斯派的教育，却一跃进入披头士的流行音乐世界，没有遇到任何阻力和矛盾，因为他身处卡洛斯主义思想的大环境里，这给了他安全感，是他的大本营，他没有在世俗的现代化面前裹足不前，反而顺利融入且从不迷失自我。卢吉去马德里发展，变成了一位电台明星，但他永远都是纳瓦拉的卡帕罗索人，因为他没有必要改变自己。

卡洛斯主义的大环境创造出了内心强大、毫不自卑的才俊，他们懂得为人处世之道，不附庸风雅，也没有阶级仇恨。这段历史以卡洛马尔德为开端，他本是比耶尔村的农民，在费尔南多七世的宫廷里总是为自己粗糙的双手和举止感到窘迫。这段历史至卢吉结束，这个来自纳瓦拉的小伙子，毫无顾虑地穿着他在卡帕罗索穿的毛衣在格兰维亚大道上散步。150年后，卡洛马尔德胜利了，尽管这中间出现过很多像尼古拉斯一样的神父。卢吉依然保持着山地先辈们的那种骄傲，但那种想要毁灭巴别城的渴望已然湮灭。他从卡洛斯主义那里继承的只有安全感，而不是《圣经》里那种对城市的仇恨。他顺应了时代，就像他适应了披头士的音乐一样。这当中存在一种微妙的结构，一个人存在于一个世界，但不去毁灭他出生的世界，反之亦然。通过培养好几代西班牙农村人对传统的自豪感（不是宣扬民俗或是怪异的传统，而是将其与日常生活相连接），卡洛斯主义文化不仅避免了自己被现代化吞噬，也得以在农村以外的地区延续下去。

很多恐怖故事都以超自然生物闯入大城市为主题。这种模式是由《德古拉》①确定下来的。布兰姆·斯托克把一位罗马尼亚吸血鬼带到了伦敦市中心，想要吓唬一下那些资产阶级观众。吸血鬼和狼人（还有巨猿，比如金刚）都来自遥远的地方，那里的农民讲着我们听不懂的语言。这种主题被解读为排外主义，但是没必要贬低这当中的农村元素。狼人来自荒原，

①《德古拉》（*Dracula*）是布兰姆·斯托克（Bram Stoker）所创作的小说。他是伦敦西区的剧作家，一直想公演自己的作品。

德古拉来自特兰西瓦尼亚的一座古堡。在传统故事里，狼和女巫都住在森林里，威胁那些胆敢擅入之人。也就是说，要先离开文明世界才能进入野蛮世界。德古拉却相反。虽然一开始进入古堡的是乔纳森·哈克，和很多经典故事的套路一样，是他的胆大妄为让自己陷入了危险的境地（吸血鬼是不能强迫他人进入自己家的，所以德古拉的模式是"欢迎到我家来"，保证他的猎物是自愿走进这扇门的），但故事的主体发生在伦敦。野蛮探访文明，这才是可怕之处：城市无法抵御外来世界，没有什么是安全的。

　　农村人可能不会令人恐惧，但是会有人认为他们滑稽、怪异。人形的德古拉有时会为自己粗野的举止和野蛮人的口音道歉，据说卡洛马尔德也是如此。德古拉如果生长在纳瓦拉的卡帕罗索，就没有必要道歉了。卢吉可以在马德里的格兰维亚大道上自由地散步，而那位罗马尼亚吸血鬼在1897年伦敦的蓓尔美尔街头是做不到的。

　　加尔多斯笔下的神父鲁宾好斗和粗俗，主要有两个原因：一是他在首都感到自卑；二是他想要摧毁这座城市。德古拉也想以某种方式毁灭伦敦。但是卢吉只想在马德里获得成功，获得另一个身份，不想失去自我，也绝不舍弃自己的个性和出身。这也许就是卡洛斯主义留下的最低调的财富（甚至连他们自己也没有预料到），也是它漫长、几乎被人遗忘的历史里最深刻、最矛盾的部分。

在萨莫拉的萨纳夫里亚镇高处，接近和葡萄牙交界的地方，隐约可以看到一望无际的梅塞塔高原。萨纳夫里亚镇是一个模板式的中世纪村庄，标准到无可挑剔。这一方面是因为这里的风景没有一点点工业革命的痕迹；另一方面是因为好几代人对它进行了修复，生怕它的样貌不符合游客的预期。萨纳夫里亚镇希望自己的一切都保持传统，官方和居民都竭尽全力不让现代化进入。不能有任何东西让那些来到此地寻访往昔的游客失望。夏天到了，他们一手打造的城镇大受欢迎。酒吧、商店和餐馆都被挤得满满当当。街头有上百人靠在城墙上取景，想把那座罗马教堂拍进照片里去。所有人都在消费过去，萨纳夫里亚人开发出了一个中世纪的世界，这段过去不能被质疑，只可以被消费。这个村镇远离所有的公路主干道，被平原包围，只有风从那里吹过，没有可见的经济资源，所以人们必须坚信过去的故事依然鲜活，只有这样，才能让这个地方继续存活下去。我一边在街头漫步，想找一家招牌不是用哥特体字母写的餐厅吃晚饭，一边思忖这种繁华是否意味着萨纳夫里亚人已经获得了讲述自己故事的话语权。西班牙无人村从来都没有自我讲述的机会。这虚构的贵族、国王、战斗的骑士小说情节，就是西班牙无人村一直寻求的吗？我不这么认为。我觉得，这更像是又一次强加给它们的角色，试图借历史之名拒绝与时俱进。

传统，这也是卡洛斯主义贩卖的东西之一。在旅游局，在所有获得欧盟基金的乡村发展计划里，在烤肉店的每一份特色菜单上，都能找到那个从未消逝的卡洛斯主义的影子。

有些村庄可以拿传统做文章，以此来讨好游客，这还算幸运的，而那些连几块中世纪的砖头都找不到的地方就要悲惨多了。很多地区的领导和居民因为绝望而落入了诈骗犯的圈套。电影《犁沟》里，进城的农村人被马德里的骗子和流氓欺辱，而在位于首都南部那片空旷平原上的埃斯特雷梅拉（马德里自治区一个只有1000人口的村庄）也上演了类似情节。2007年，当地接待了一位外国企业家，他承诺要在当地投资，建造一个占地面积为250万平方米的商业综合体，可以给7000人提供就业岗位。同年，阿拉贡政府提交了"大斯卡拉"项目企划——一家英国控股公司计划在莫内格罗斯沙漠里的翁蒂涅纳村（人口650人）建造一座占地极广的赌场综合区。建成后，这里（拥有30座大型赌场、70家酒店和18座主题公园）每年将接待2500万名游客。我写这段文字是在2015年底，截至目前，企业家的投资没了下文，[156] 而"大斯卡拉"项目的英国发起人则连同他在伦敦的办公室一起蒸发了。[157] 埃斯特雷梅拉和翁蒂涅纳的那些想靠卖地给开发商致富的业主们还在他们犁好的土地上翘首以盼。[158]

电影《马歇尔，欢迎你》的剧情就这样在现实中无限循环。成百上千个村庄都兴奋不已地期盼着能给他们带来下金蛋的母鸡的人。20世纪90年代末、21世纪初炒作房地产的时代曾带动了一种叫作"混凝土热潮"现象的出现。任何一块从祖辈继承下来的破败菜园都能成为财富的源泉。任何一小块地都可能吸引机场、高速公路的建设者，构筑起人们的梦想。拉曼恰的一些市镇甚至会为建一座核废料掩埋场而相互竞争。

这也许是最后的溃败，是被剥夺了一切的人的绝望，他们在几个世纪里承受着人们鄙夷的目光和嘲笑，被编进恐怖故事里，等待着那些未曾救下任何一人的救世主。在萨纳夫里亚的城墙边上我想到，也许他们生活在一个被城市观念强加的故事里。城市为萨纳夫里亚人指定了角色，让他们保护过去，把它变成一个供现代人休憩的庭院。这种模式可能算不上成功，也不算获得了自我的讲述权，但总比没有过去可挖掘，给了国际骗子可乘之机要强。

像萨纳夫里亚这样的地方还有很多，那些内陆地区的老城市也是如此。在那里，往昔仿佛成了永恒。自驾的人会在那里停留，吃一顿烤肉，或是买点蜂蜜和醋腌茄子。在那些地方的广场上存在着另一个时空，通向永恒的过去。永久延续，这也曾是那些荒弃村庄的梦想。在这些特制的场景中，游客可以体会到那种淡淡的、源于内心深处的、朴素的爱国主义情感，这种感情沉睡在他们意识深处，也许连他们自己都从未察觉过。这种光芒也温暖过卡洛斯派，给予他们一种身份上的安全感。真正的西班牙无人村面前只有两条路：否定和破坏自己的传统，或是不间断地表演传统，满足那些很久之前抛弃了自己家园和街道的人们的口味。

这是"林肯战斧症候群",或者叫"圣徒遗骨症候群"。有一则可信度不高的轶事是这样讲的,如果你在芝加哥历史博物馆问那里的员工,馆内展出的亚伯拉罕·林肯的斧头是否为真品,他们一定会说是,虽然说斧柄和斧刃已经几度被更换。据传说,林肯在1860年的竞选中带了一把他原来在演讲中常使用的斧头。博物馆、私人收藏和古董市场里有几十把斧头的主人都宣称自己所持的是林肯那把,有的在拍卖会上要价高达1.5万美元。有一句据传是林肯所说的名言:"如果给我6个小时砍下一棵树,我会用前面4个小时把斧头磨利。"虽然这句话出现频率极高,但没有文献支持林肯总统本人说过或写过这样的话,也没有证据表明这些斧头是他在竞选中拿过的,甚至有历史学家质疑到底是否存在这样一把斧头,他们认为这只是后来的雕塑家和艺术家所做的形象加工。

对过去的信仰也是同样。传统仅仅是大家共享的谎言,所有人都当它是真实存在的,让它以宗教的方式流传下来,卡洛斯主义也深谙这套机制。从根本上来讲,萨纳夫里亚镇和所有那些贩卖传统的古老村庄都一样,它们贩卖的就是林肯的那把斧头。

第三部分

骄　傲

▲

第八章

故 国 的 孩 子 们

▼

都嗨起来吧，谁要是还没有吸上头，那就赶紧的。另外，千万多留神。

——恩里克·提埃尔诺·加尔万（1984）

"晚上好，马德里。愿摇滚乐长青，愿堂恩里克长寿，即便他已不在我们身边。"那是1986年5月的一天，傍晚时分，外号"海盗"的胡安·帕布罗·奥多涅斯高举拳头，向上千名聚集在马德里大学城的年轻人致意，他们中的许多人都蓄着长发。虽然他应该是提前演练过的，但是那句"愿堂恩里克长寿"的话听起来确实不太对头，"海盗"想用后面那句"即便他已不在我们身边"来突显前一句话的意味深长。因为恩里克·提埃尔诺·加尔万①（也就是堂恩里克）当时已经去世四个月。在那个下午，汇聚了全西班牙最好的硬摇滚乐队的音乐演出竟然以一句祝福长寿的致敬语开场，这已经很离谱了，另外，从修辞上来看这句话也很不合理，然而好像没有一个人觉得这当中有什么奇怪之处。这话是有用意的，在这个民主刚刚起步的国家，在那炫目的光芒中，人们感到自己活在光明伟大的时代，心中百感交集，充满感激。天阴暗起来，暴风雨要来了，"海盗"放下高举的拳头，将手指指向天空，结束了他的演说："大家都知

---

　　① 恩里克·提埃尔诺·加尔万（Enrique Tierno Calván，1918—1986），西班牙政治家、社会学家、法学家，在1979—1986年间任马德里市长，在民主转型初期推动了马德里社会、文化等领域的变革。

道，在我们头顶的某团乌云里，堂恩里克正和菲利普·林诺特、邦·斯科特，还有吉米·亨德里克斯①一起点着大麻烟，为我们的健康举杯。"[159]观众的欢呼声令大地为之震颤，他们想象着提埃尔诺·加尔万被这么几位同伴包围，还一起享受着那样的"小爱好"，激动得神魂颠倒。这位年迈的哲学教授、路德维希·维特根斯坦所著《逻辑哲学论》的西班牙语译者、西班牙宪法序言的撰写者，竟然和几个海洛因成瘾、酗酒、年纪轻轻就因纵欲离世的摇滚明星在一起喝酒、吸大麻，而大家还觉得这场景真实可信。

这位老教授在担任马德里市长期间曾大力鼓励这种"离经叛道"。两年前的1984年3月16日，在马德里体育中心举办的一场流行音乐节上，他说出了那句著名的为软性毒品辩护的话："都嗨起来吧，谁要是还没有吸上头，那就赶紧的。"[160]这些硬摇滚乐队之所以举办这场室外音乐节向他致敬，很大程度上就是因为这句话。它完美地体现出提埃尔诺·加尔万对年轻人的亲切态度。他说过许多深受年轻人喜爱的话，仿佛一边说着，一边还向他们心照不宣地挤眉弄眼。他鼓励他们吸食非法成瘾物质，虽然其买卖和使用都是被城市治安警察明文禁止的，而他本人就是该警察机构所听命的城市最高长官。

那天下午的活动还有另一个矛盾之处。这场音乐演出的初

---

① 三人皆为摇滚乐手。

衷是马德里的多支硬摇滚乐队向已故市长致敬，本应由来自马德里市区周边的卡拉班切区和巴列卡斯市的吉他手们弹奏哀歌，结果却是由来自潘普洛纳的路障乐队开场的。他们的主唱恩里克·比亚雷阿尔（绰号"毒品"）很清楚自己在这样一场硬摇滚聚会上属于异类，他用一句自我解嘲的话问候观众："我们来自农村，从来没见识过这场面。"在摇滚噪声还未倾泻而出之前，在这羞涩的话语里，浓缩了那个下午所发生的一切的意义。台下大部分观众也都是从农村出来的。音乐节的主持人"海盗"是一位当时非常受欢迎的电台播音员，在主教团所属的人民广播台推广重金属音乐。他是在几年前离开塔拉韦拉-德-拉-雷伊纳的，而且经常炫耀自己成长于"卡斯蒂利亚最偏远的地方"，却把盎格鲁-撒克逊的摇滚之声带到了那片荒原上。

提埃尔诺·加尔万深知，除了一些破败的老街区里有少数原住民以外，几乎所有马德里人都来自农村，就像"毒品"说的，他们没见过什么世面。因此他给自己编造了一段过去，说自己是在索里亚度过的童年时光。作为公众人物，他多年来一直告诉马德里市民他是农村出身，他的家乡就是传说中的索里亚，他也是从那个遥远、壮丽却又带有敌意的卡斯蒂利亚走出来的。[161]这是假的。记者塞萨尔·阿隆索·德·洛斯·里奥斯曾拆穿了很多个他自传里的谎言，[162]其中一个是，实际上他从未在巴尔德亚韦利亚诺-德-特拉村生活过，他父亲在1894年就离开那个村子了，而他在24年后才出生——他是在马德里出生的，也最终在这座城市离世。老教授为什么要编造他是在农村长大的呢？因为他知道这会让他的人生经历更合选民的心意：他们都是在过去某个时候从农村来到城市的。如果他想达到绝对多数，他就必须拿到那些从农村出来的人的选票（他在1983年的选举中就成功做到了），而这些选民一向对五谷不分的城里人很有敌意，认为他们对农村一无所知，最多也就是去过马德里的拉维亚公园和蒙克洛亚的草坪而已。

我之前讲过华金·卢吉，那个在"40首主打歌"电台里奠定自己流行音乐地位的卡帕罗索人，而提埃尔诺·加尔万的成功则印证了不少马德里人的出身。电影《犁沟》的拍摄已经过去了30年，路易斯·马丁-桑托斯的小说《寂静时代》面世已有20年。尽管时间已经过了很久，马德里人从未忘记这是一座人口涌入后才形成的城市，超过一半的居民不是出生在那里。提埃尔诺·加尔万强调自己是梅塞塔高原人，也就和所有那些有可能给他投票的梅塞塔高原人拥有了共同之处，不仅如此，他还在众人的眼皮底下打破了两个禁忌：民主社会的流动性以及农村外流人口的自豪感。"你们看我，"他说，"我是市长，我上过大学，我看上去像是名人，这是真的。马德里很少有像我这样的市长，好像天生就是一副半身铜像似的长相，专门供人致敬。但其实我和你们一样。我从农村出来，在这座城市里我成为我，就像你们在这里成为你们一样。"

那是20世纪80年代，大部分曾向提埃尔诺·加尔万求助、在林荫道上用一场重金属音乐会向已故的他致敬的年轻人，都是农村外流人口的子女。他们在郊区甚至是极偏远的地区长大，就算不是生活在贫民窟，也住得离那里很近。他们成长的街区在20年前甚至都还不存在，是人们用便宜材料在短时间内搭建起来的，那些狭窄的街道原本是山坡或小丘。他们中的很多人出生在马德里，还有一些是在婴儿或孩童时来到了这里。在政府干预前，在这些条件艰苦的街区生活的他们总是能感受到来自主城区的鄙夷和恐惧。他们对那里没有归属感。很多人去主城区时都会说"去马德里"，仿佛他们的街区不属于马德里一样。在1986年的那个下午，在那场怀念老教授的音乐会上，狂热至极的人们伴随着刺耳的重金属音乐，用一种粗野的方式表达着自己。深受这些郊区的长发年轻人喜爱的"榴弹炮"乐队有这样一首歌："这天夜晚/你的演出结束了/你对你的皮衣说/车站还远/郊区离这里一个小时/你得步行穿过半个马德里/谁从你身边经过都会怕你/这让你受宠若惊/你感到如此幸福。"

用精神分析的术语来讲，"榴弹炮"的优势在于他们完全不知含蓄为何物，用直白的方式唱出了十几万年轻人共同的情感。歌曲里的那个朋克青年到主城区来参加一场音乐会，或许还喝了几杯啤酒，他觉得城市是个奇怪的地方，也知道自己不属于那里，便假装是个狠角色，以此来保护自己。实际上他接受了城市分配给他的角色——一个压根不该在那里闲逛的讨厌家伙。"榴弹炮"把那种自卑和带有阶级感的鄙夷变成了身份的骄傲，提埃尔诺·加尔万的积极态度也加速了这种转变，他的态度是自发的，但也有战略性的考量。他在自己的传记和讲话中曾清楚地表达过，这个城市也属于他们。他们不是依附在城市身上的怪人，马德里不属于猫、手摇风琴或是露天舞会，马德里是他们的——这些牧区的孩子，这些从农村来的孩子。尽管30年来，外来人口一直在改变着首都的面貌，但直到他们子女这一代人才开始昂首挺胸，打破了本土主义的优越感和精英主义的惯性思维。他们不再因自己是农村人的孩子而感到丢人。他们的父母亲在老爷们家里当帮佣、给他们修车、守在门房里为他们开门、打扫街道、在咖啡厅里为他们端上早餐，或是开出租车服务他们出行的时候，可能曾局促不安，掩饰着自己的口音，态度恭顺而谦卑；但他们的孩子拒绝继续这样。不是说塞拉诺大街上的阔佬害怕他们吗？那干脆就穿上带铆钉的皮衣，结结实实地吓唬他们一番。自人口外流以来，外来人口第一次有意识地想把城市从傲慢蛮横的原住人口那里夺过来。

在另一座接收大量西班牙农村外流人口的城市巴塞罗那也是如此。20世纪60年代，胡安·马尔塞的作品讲述了从农村来到城市的流氓无产阶级的愤恨不满；弗朗西斯科·卡萨维亚则记录了在民主转型时期，外来人口融入城市的时代变革。在马尔塞的小说《与特雷莎共度的最后几个下午》[163]里，一个外号"痞猴"①的郊区人以为他勾引到了巴塞罗那富人区一座别墅里的一个名门闺秀。但当天色破晓，他发现眼前的姑娘身着女仆制服，还戴着发网、围裙。他恼羞成怒——他勾搭错了人，这位只是别墅里的女仆。他依然停留在原点，城市还是将他拒之门外，他继续被困在郊区。

这是西班牙当代小说中最著名、最有影响力的场景之一，代表了一类文学题材，主要涉及的是社会仇恨以及一心往上爬的野心家行为。这类作品塑造出的人物极具典型性，和流浪汉文学有异曲同工之处，也受到了司汤达的《红与黑》、高尔基的《母亲》的影响。其实没什么新东西，文学中几乎很少有新东西，因为文学本身就是对相同的故事进行新的解读和循环往复的辩论。真正有趣的是看这些典型如何与此处、此刻相结合，超越用普遍性来解释每一个具体的案例的不可能性。因此，一个充满野心的痞子，从地处边缘的郊区爬到了城市的顶端，这样的典型故事与其说是在剖析原因，不如说更像是一个结论。也就是说，《与特雷莎共度的最后几个下午》里的那个场景之所以打动了众多读者，触动了他们的敏感神经，不是因为他们觉得那个"痞猴"是个真实可信的人物，而是因为所有人对这个

---

① 这个名字（Pijoaparte）是作者自创的，该人物出生社会底层，此绰号的意思为"与富人没有一点关系"。

人物所产生的背景都深谙于心。"瘌猴"的故事读者已经听过太多次了，而那些新鲜的、重要的东西是没有被直白地讲出来，又或者是作者欲言又止的，"瘌猴"的过去、他的出身，以及这个故事背后农村外流人口的悲惨经历和贫困生活等，这些不需要明确讲出来，因为读者全都明白。他们不是被故事本身所打动，而是因为这样的故事也可能会发生在他们身边的某个家庭。这样一来，读者的感受就大不相同了。瑞典人或日本人读《与特雷莎共度的最后几个下午》的感受和西班牙人是完全不一样的。西班牙读者受到眼下的时间和空间的遮蔽，有时甚至会无法理解那些具有普遍性的故事，而外国人则只看恒定不变的东西，解读文本反而更加容易。

有一种文学形式被称为"恰内戈文学"。"恰内戈"是正统的加泰罗尼亚人对来自西班牙其他地区移民的蔑称。这种文学里有很多典型案例，但是我比较喜欢弗朗西斯科·卡萨维亚的例子，他的本名是弗朗西斯科·哈维·加西亚·奥尔特拉诺，前者是他的笔名。他为自己笔名选择的姓氏"卡萨维亚"充满了十足的加泰罗尼亚味道（这个姓氏的意思是古堡，仿佛自己拥有世代承继、纯正至极的加泰罗尼亚血统），这是一个加利西亚移民儿子的幽默。他的名字仿佛就是在讽刺那些削尖脑袋想往上爬的人，这也构成了他作品的重要主题之一，同时也是他的三部曲巨著《瓦图西日》[164]的核心思想。

《瓦图西日》第一部的标题为《勇猛的游戏》，以第一人称讲述了发生在1971年8月15日的虚构事件（这一天被称为"瓦图西日"），主角是费尔南多·阿提恩萨和他的朋友佩皮托（绰号"耶耶"），那时候他们还是两个尚未进入青春期的孩子。我们无从得知"瓦图西日"那天究竟发生了什么，这个秘密贯穿了整套三部曲，也影响了阿提恩萨成年后的人生。它是时间起始的零点，是世界的起源。一连串这类小说特有的意外事件让阿提恩萨和佩皮托走出了他们原本居住的蒙锥克的贫民窟，来到那个疯狂、腐败、危险的巴塞罗那闯荡，并最终混进了富人区。和《与特雷莎共度的最后几个下午》一样，这部作品也是痞子文学，或者说是一部有关底层野心家的小说。阿提恩萨最初的形象像小癞子①，后来逐渐变成了于连·索莱尔（《红与黑》中的男主角）一样的人物——典型人物形象再次出现，但重要的是在具体场景中的表达。阿提恩萨和佩皮托是两个穷孩子，他们的父母就是弃乡进城的那一代人。阿提恩萨的母亲到处打工，做着各种低贱的工作。她每天都经过波布塞克区去巴塞罗那市区，晚上再返回家中。她儿子和朋友闯入了那个被禁止的世界，他们冲出贫民窟，打破了外来移民被禁锢的界限去占有城市。从某种角度来看，《瓦图西日》是一段征服史——巴塞罗那有主人，不愿让那些"恰内戈"在它的街头

---

① 《小癞子》原名《托美思河的小拉撒路》，作者不详，出版于16世纪中期，描述了一个卑贱穷苦孩子的痛苦遭遇，真实反映了中世纪西班牙的社会状况，开启了流浪汉小说的先河，并成为同类作品的鼻祖。

随意行走。

另一位"恰内戈"作家叫哈维·佩雷斯·安杜哈尔，他像普鲁斯特一样，以回忆的形式把这种情感表达得淋漓尽致。《与母亲一同散步》[165]中讲道，警察在他去大学的路上将他拦住，让他出示证件。"你在巴塞罗那做什么？"警察这样问道，不相信他只是一个上课迟到了的学生。因为他的一切都不对劲：衣服、发型、走路的方式、表情动作。佩雷斯·安杜哈尔住在圣阿德里安德贝索斯区，那是个破旧的"恰内戈"街区。他的家庭来自安达卢西亚，讲话带有家乡的口音。像他这样的人出现在巴塞罗那市区自然是可疑的。他也知道自己和那里不搭调。

可能因为巴塞罗那的阶级感更为强烈（主要表现在语言上，在巴塞罗那想认出一个外地人要更简单，因为外地人不会说加泰罗尼亚语），又或是因为"大伤痛"带来的影响更加深刻，这座城市受到人口涌入启发而诞生的文学作品要比马德里更丰富、更有趣。然而，竟是在马德里出现了一位以出身农村为豪的市长。

人们总是从富人或穷人的角度，甚至从阶级斗争的角度来解读所有这些问题。我不否认这种观点，但我只是想换一个方向，以对西班牙无人村的想象为切入点来思考。在20世纪八九十年代出现了一种前所未有的自豪情绪。郊区取代了农村，变成了一种新的身份，但这种取代实际上是观念上的转变，人们不再为身份感到羞耻，而是勇敢地捍卫自己。原罪已被消除。悼念提埃尔诺·加尔万的重金属音乐会的参加者、"榴弹炮"乐队歌词中的主角、《瓦图西日》的主人公和马尔塞笔下的"痞猴"有一个共同点：自豪。他们不隐藏自己，也不牢骚满腹。但是，与"痞猴"不同的是，当他们发现共度良宵的是女仆而不是富人别墅里的小姐时，他们也不再沮丧。

随着态度的改变，重塑神话的道路已经铺好，从此再无障碍。西班牙无人村被他们带到了城市，他们在城市中长大，在亚当·扎加耶夫斯基所说的"两座城市"里同时生活着。家族和传统在城市新区的大街上毫无用武之地，但依然影响着人们的家庭关系和生活的方方面面。那些年里，外来人口的子女打破了羞耻的惯性思维，他们以一种本能的、笨拙的方式（甚至是具有攻击性地）征服着城市，而这是他们的父母从不敢奢望的。美好的事物随之出现——人们开始有意识地思考和重建西班牙无人村的神话；他们立足于城市，用不同的角度观察那些被继承下来的故事，又以极高的自由度被重建和再造了神话，完成了身份本源的建构。在解构一个国家的最后一步，人们用一种细微的、几乎隐形的方式建立了一个想象中的祖国。其实所有的国家都是如此，但它们大多都是建立在战争、君王和革命的基础上。然而，我所说的这个新的祖国却存在于无声之处，在人们偶尔清嗓子的声音中，在被翻动的家族纪念相簿里。与其说是祖国，不如说它更似一种情韵。我认为，西班牙在长达几百年间从未经历过如此有活力的爱国情感（我指的当然不是军国主义那种旌旗飘扬、声嘶力竭的爱国方式）。

第九章

▼

▲

一 个 想 象 中 的 祖 国

▼

房地产公司在销售时把在这里的安静当作一项附加值。

——何塞·比达尔·瓦利柯尔特《梅塞塔》（2015）

很少有国家像阿根廷这样，极为高频地讨论城乡问题，同时，这个话题也有力地刺激了思想论战。面对这一困境，阿根廷人的反思虽然迟缓，却大有见地，从多明戈·福斯蒂诺·萨米恩托的奠基性著作《文明与野蛮》[①]到马丁·卡帕罗斯的《内省游记》[②]，在长达两百年的时间里，荒蛮的潘帕斯草原与大都会布宜诺斯艾利斯之间的谜题从未被解开。然而，有一种广泛存在的说法叫作"攻占沙漠"，这个表达能够完美概括人们在这个问题上所持的观点、那种伪善的态度和看待问题的方式。所有的阿根廷学生都会在各种课程上接触到这样的思想。作家帕特里西奥·普隆曾开玩笑地说阿根廷军队只打赢过一场仗，就

---

① 这本书也被称为《法昆多》（*El Facundo*），专门研究法昆多·基罗加，他是拉里奥哈省的军阀，在阿根廷独立战争后紧接着就加入了联邦派（与中央集权派对抗）。在这本书里，萨米恩托（后来成为阿根廷总统）表示阿根廷的城乡力量处于平衡状态。从19世纪末开始，这一说法就一直是阿根廷人在看待自己国家时最被认可、最官方的观点。Sarmien to, Faustino Pomingo, *Civilización y barbarie*, Barcelona, Argos Vergara, 1979.

② 这本具有里程碑意义的书以一次在阿根廷内省的自驾游为切入点，描述了内省人对首都的厌恶和仇恨。Caparrós, Martin, *El interior*, Barcelona, Malpaso, 2014.

是在19世纪70年代与贫困弱小的巴拉圭的战争。[1]其实除此之外还可以加上另一场胜仗，大概是因为那次胜利不太光彩，所以一直以来都被低调地掩藏着。1878年，阿根廷军队开始征服沙漠。为了巩固权力，政府对潘帕斯和巴塔哥尼亚地区的阿劳科土著族群发起战争。今天我们所知的阿根廷就是自这场战争后才逐渐成形的，因为在那以前，阿根廷的领土仅限于拉普拉塔河流域和安第斯山脉北侧。

沙漠可以被征服？难道仅仅发起殖民还不够？既然是一片沙漠，自然就找不到可以与之交战的敌人，只需要搞几辆马车，盖几间屋舍，再养一些牛即可慢慢等着发财，未来可期。然而他们之所以要动用军队或许是因为那并不是一片沙漠，而是一些部落的居住地。那里的居民过去不愿意和西班牙总督领地打交道，现在也抗拒和新的阿根廷政府接触。

几乎与此同时，美国人也发起了一场沙漠征服战——乔治·阿姆斯特朗·卡斯特少将对居住在今天的怀俄明州、蒙大拿州和南北达科他州的印第安人进行了屠杀。1876年，在布宜诺斯艾利斯政府对潘帕斯和巴塔哥尼亚发起攻击的前两年，美国联邦政府颁布法令，规定所有印第安人必须待在"印第安人保留地"内，否则就将被剿灭，卡斯特受命负责这项剿灭任

---

[1] 作者在介绍这部小说时讲述了这则轶事，此书讲述了阿根廷的近代历史。Pron, Patricio, *Nosotros Caminamos en sueños*, Barcelona, Literatura Random House, 2014.

务。任务的主要目标是著名的印第安领袖"坐牛"，因为他拒绝在寒冬里把自己的部落迁进"保留地"。令人深感不安的是，这两场针对土著族群的战争几乎同时发生在同一大陆的两端。美国同样也把自己要征服的区域视为沙漠，按照亚历克西·德·托克维尔的理解，沙漠这个词指的是那些暂时没有白人居住而白人又打算前去居住的地方，所以他们自然要赶走那里的原住民。[①]

　　阿根廷有一座庞大且臃肿的首都，其余所有地方都臣服于它。内省和首都之间的关系极其复杂，但是在更具强势地位的布宜诺斯艾利斯人眼中，那些被征服的沙漠带有一种异域风情，这是因为这个国家总是被看作是一片有待征服的沙漠。甚至在《马丁·菲耶罗》[②]这样极具奠基地位的作品或者小说《堂塞贡多·松布拉》[③]中，也能窥到那种独具一格的惊叹与迷醉感。高乔人集独特与怪异于一身。阿根廷在19世纪跌跌撞撞逐

---

　　① 这是法国政治学家托克维尔为了完成《论美国的民主》，赴美国旅行时所写的游记。他在这本书里巧妙运用了沙漠和国界的概念。Tocqueville, Alexis de, *Quince días en las soledades americanas*, Madrid, Barataria, 2005.

　　② 这本出版于1872年的长诗被视为阿根廷文学的奠基之作，它讲述了一个叫马丁·菲耶罗的高乔人的冒险经历，用的是具有当地特色的语言，而脱离了规范卡斯蒂利亚语的要求。Hernández, José, *Martín Fierro*, Madrid, Cátedra, 2005.

　　③ 这本书同样也是高乔民族文学的代表作，是阿根廷所有在校学生都十分熟悉的作品。出版于1926年的《堂塞贡多·松布拉》奠定了把高乔人作为阿根廷的民族魂的神话。Güiraldes, Ricardo, *Don segundo Sombra*, Madrid, Cátedra, 2004.

渐成形，而高乔人则代表了祖国的精髓；但与此同时，他们也是野蛮且桀骜的，他们身上的特质更接近印第安人，而不是欧洲人，这足以让首都人心有余悸。他们的游牧生活、那令人难以理解的语言，尤其是他们身上的披风以及从印第安人那里学来的驭马套索，这一切把高乔人变成了文化上的混血儿，使他们成了一种类似于卡斯帕·豪泽尔的人物——潘帕斯草原上的野孩子。

高乔人很快就在爱国文学里变成了国家的象征，正如正统主义把一些农民塑造为西班牙的象征。阿根廷的第一位独裁者考迪罗胡安·曼努埃尔·德·罗萨斯像高乔人一样穿衣，一副民间歌手的做派，因此他在潘帕斯地区极受欢迎，但布宜诺斯艾利斯土生土长的白人对他恨之入骨。自19世纪中叶起，大量移民从其他城市来到阿根廷首都，在那里的港口登陆。对他们来说，高乔人就是野蛮人、是野兽，要强奸他们的女儿，再把他们劈成两半，抢走他们从欧洲随身带来的那仨瓜俩枣。对于首都人来说，内省是法外之地，遍地是骑着马的野人，喝着龙舌兰酒，无时无刻不在自相残杀。反过来，在阿根廷的内省人看来，伟大的布宜诺斯艾利斯早就变成了拥挤、肮脏的巴比伦城，到处挤满了意大利人和波兰人，他们总是在博卡区的小巷子里对好人捅刀子。相互之间的恐惧构成了首都和其他地区之间的关系。在魏地拉独裁统治和1982年的马尔维纳斯群岛战争之前，任何一个伟大的阿根廷作家都绕不开这个主题。阿根廷人在处理这种激化的情绪时，总是用夸张的情节混合着幽默、细腻和深度，创造出了有趣的故事。所以如果任何人想要了解世界其他地方的城乡矛盾关系，都可以参考阿根廷的例子。

　　阿根廷人用那么多民族、社会和文化的"配料"烹出了什么菜肴？其实就是一道经常出现的西班牙语国家的传统美食：杂烩。探戈就像是一盘杂烩，仿佛一位优秀的阿根廷主妇（或许是一位那不勒斯裔妈妈①）把所有西班牙、欧洲其他国家、印第安和泛美洲的元素（比如那些从巴西，还有更北端的遥远的古巴传来的黑人舞蹈）均匀融合，变成了一道美味佳肴，而构成它的那些配料都已融入其中，再也无法分割。"老派探戈"②，即卡洛斯·加德尔③和留声机普及之前的探戈就诞生于这样的背景。至少据说是这样。布宜诺斯艾利斯的郊区人将自己定义为"城市里的高乔人"，因为二者表达的是同一种身份。探戈是属于城市的，它的本源就是城市和郊区文化，但它也是面向高乔人的，它为整个国家歌唱。然而这个国

---

① 1880—1920年，到达阿根廷的400万名欧洲移民中有将近一半来自意大利，人数居所有外来移民团体首位。
② 探戈诞生于布宜诺斯艾利斯郊区，19世纪80年代至20世纪初最早的探戈音乐跟舞蹈形成时期的探戈，被称为"老派探戈"（Guardia Vieja），亦被称为"老卫兵的探戈"。
③ 卡洛斯·加德尔（Carlos Gardel）是阿根廷史上最负盛名的探戈之王，他所创作的探戈作品令这一音乐类别成为主流音乐。

家抵触它，执迷于那些独特的潘帕斯民俗文化，那种散发着粗犷、带着皮革和烤肉味道的文化，这与穿着西装、打着发蜡的加德尔实在是天差地别。加德尔刚一出名，在全世界走红的时候，阿根廷人就开始抵制他，就像大师马努埃尔·罗梅罗在探戈曲《布宜诺斯艾利斯之歌》的歌词里所写的那样。《布宜诺斯艾利斯之歌》（注意不是阿根廷之歌、更不是拉普拉塔河之歌）是"新派探戈"曲。"新派探戈"产生于探戈音乐的黄金时期，那是20世纪20年代，在这一时期探戈的模式和标准得到确立。巧的是，音乐家在同一时期创作的歌词中也在赞美首都。探戈在最开始的时候是各种文化糅合而成的"阿根廷大杂烩"，最终却表达了城市的骄傲和对农村的漠视。

我第一次去阿根廷的时候，内斯托尔·基什内尔[①]总统任期刚刚开始，整个国家正在从经济与政治危机中逐渐恢复——这个国家历经了一次又一次危机，永远不知道何时才会是最后一次。布宜诺斯艾利斯富人区的人们仍带着恐慌和偏执生活，银行被全副武装的警方看管，"拦路者"运动[②]依旧活跃。城市看上去正在恢复平静，几年的愤怒与欢愉过后，人们仿佛在享受它留下的宿醉，这是动荡破碎的年代，但同时也是充满机遇与可能性的时代。首都的文化氛围极为活跃，近乎歇斯底里，一

---

① 内斯托尔·基什内尔（Néstor Kirchner, 1950—2010），阿根廷政治家，2003—2007年间任总统。
②"拦路者"运动是20世纪90年代中期在阿根廷兴起的失业工人抗议运动。

方面，这当中融合了一些富人群体的畏怯情绪——他们害怕"黑鬼"①的入侵；另一方面，一大帮激动疯狂的年轻人全面出动，要填满政府一手造成的贫瘠的文化废墟。我后来再也没见过那样的布宜诺斯艾利斯：无拘无束、妙不可言。城里的剧场热闹非凡，到处人声鼎沸；新作家不断涌现，从文学领域又衍生出了新形式的政治活动，比如"硬纸板出版社"运动②。音乐领域也蓬勃发展，有一位名叫古斯塔沃·桑塔欧拉亚的作曲家，此前在好莱坞制作电影原声音乐已经名利双收，他发觉此时正是再次撼动"老派探戈"的好时机。他和拉普拉塔河两岸③的音乐家组建了一支叫作"探戈魅影电音会社"的超级团体。这不仅是一支乐队，更代表了一个理念，欢迎所有想表达自己对传统和现代观点的音乐家参与其中，畅谈有关布宜诺斯艾利斯这个错综复杂的港口城市及其周边地区的一切，讲述它是如何扎根在他们脚下这个似乎行将消散的世界里的。受高原采矿业沉积物的影响，拉普拉塔河的河水总是呈棕褐色，这变成了一种身份的象征——被河水冲击而成的郊区人。当时在新庇隆

---

① 在阿根廷，"黑鬼"指的是城市里的穷人，这是一种带有贬义的俚语表达，如果所指的这个人不是欧洲人种，而是带有土著血统，则贬义尤甚。但同时它也是一个很亲切的绰号，比如说女歌手梅塞德斯·索萨的外号就是"黑妇人索萨"，作家罗伯托·方塔纳罗萨被称为"黑人方塔纳罗萨"。

② 受银行存款冻结措施的影响，阿根廷经济急速下滑，为应对危机，人们探索用低成本和可回收的材料制作高质量的书籍，"硬纸板出版社"运动就在这样的背景下应运而生。

③ 阿根廷和乌拉圭分别位于拉普拉塔河两岸。

主义统治下的阿根廷百废待兴，郊区人想要以骄傲的姿态重回世人面前，那种高傲态度阿根廷人早已司空见惯——在打着发蜡的加德尔身上和马拉多纳的进球里就可见一斑。这个团体是探戈音乐的熔炉，炉火纯青地表现出了被文明欧洲所驯服的野蛮的南美洲。

我在圣特尔莫区的一间音乐厅看了一场探戈魅影电音会社的演出。那时候我还不了解它，"探戈电子音乐"的宣传语也不是那么有吸引力，但我从听到第一个和弦起就入了迷。一个满头卷发的瘦削年轻人忽然站起身，随着"班多钮"手风琴的伴奏，唱起了一首老探戈曲，那歌声令全场近半数的观众都落下泪来，这时我觉得自己也产生了轻微的司汤达综合征[①]。歌声仿佛是从留声机里传来的，像是某种略带划痕的超自然声音。圣特尔莫区这间音乐厅里的歌声似乎来自过去。我对现场音乐的音色非常敏感，它总能触动我的内心，若那声音是来自某个非常遥远深邃的地方，则更会令我产生一种难以言说的感受，比如那个瘦削年轻人的嗓音，他的举止就像是四处漫游的贝克尔。

看完演出后的第二天，我和几个朋友约在五月大道上的托尔托尼咖啡馆见面，发现那个瘦削的探戈歌手就坐在最靠里面的一张桌子上。他看起来比前一晚更瘦更年轻，正和一位穿着

---

①司汤达综合征指人在浓烈的艺术氛围中，受到强烈的美感刺激，突然心跳加快、眩晕甚至产生幻觉的症状。

考究的老先生边喝咖啡边聊天。我们后来得知那是位诗人，这个小伙子对他极其崇拜。我们前一天整晚都在谈论他的歌喉，以及他是如何触动了我们的心弦，没想到第二天早上竟能遇到他，却连他的名字都还记不住。我们都觉得这是个神奇的巧合。这位歌手叫克里斯多瓦·雷贝托。他非常害羞，我们对他前一晚的表演大加赞赏，他显得受宠若惊。

　　回到西班牙后，我写了一篇专栏文章，内容和我上文所写的基本一样。几个月后，他不知如何读到了这篇文章，虽说他不怎么会用电脑，但他想方设法找到了我的电子邮箱地址，给我发来一封邮件，我们就这样恢复了联系。他亲切地给我讲述了他的近况：他的知名度不断上升，在欧洲巡回演出了几次，被赞为歌唱奇才，人们说他对探戈曲的诠释仿佛刮刀，可以铲去传统曲调上沾染的铁锈和污垢，让它重获新生、打动人心，令那曲调听起来似乎是昨日才写就的。欧洲一些大报的评论家纷纷撰文称赞他，而他一直对我心怀感激，因为我是第一个以个人名义公开谈及他的人。那时候我刚出版了第一本书，便想寄给他一册，顺便再"责问"他几句：他再也没有出过专辑，他本应该出更多专辑的，为什么耽误了这么久？他回复我说事情比较复杂，他正在做一件很困难的事，一件需要用心去感受的事。他给了我一个地址。我吃惊地发现他竟然不在布宜诺斯艾利斯——这地址是马伊布的，那是外省的一个村子，就在潘帕斯地区中部。"我现在住在这，"他对我说，"我几乎不去布宜

诺斯艾利斯了。"其实，他现在几乎已经对首都探戈失去了兴
趣。他说他在寻找另一种真实，要探索那些云层更低、更加平
缓的天空。

过了很久以后，有一天早上我收到了一封很长的邮件。事
情成了。无所不能的古斯塔沃·桑塔欧拉亚为他制作了一张新
专辑。这不是一张普通的专辑，而是他一直梦寐以求的，他想
让我也听一听。专辑里的歌曲是他在马伊布的一个活动工作室
里录制的，他赤脚站在潘帕斯的土地上，边弹边唱。他对我
讲，这些歌是从那片土地上诞生的，所以他在弹奏的时候也应
当直接和大地接触。他没有选择严格隔音的工作室，而是在马
伊布的天空下录制，乐曲的音符伴随着风声、鸟啼和植物的簌
簌声。歌曲里保留了一点探戈的元素，主要表现为郊区米隆加
舞风，其余就是高乔风格和草木的味道。甚至他的声音也不一
样了，原本可以发出异于常人的颤音的嗓子现在几乎没了声
音。他的歌声变成了浅吟低唱，唱的是葡萄藤下的夜幕，吟咏
的是与猎犬一同在清晨散步的场景。在一首歌里他自称是"普
埃斯特罗"，这是土生白人对农村小伙子的称呼。这张名为《时
间与静默》的专辑简单而平和，令我动容。克里斯多瓦·雷贝
托曾在德意志留声机公司录制唱片，他在德国和法国属于小众
艺术家。他来欧洲的时候，曾在巴黎的奥林匹亚音乐厅演出，
在伦敦接受过英国广播公司的采访。后来他却选择回到家乡马
伊布，过与世无争的生活，他赤脚站在潘帕斯的土地上，远离

布宜诺斯艾利斯，远离每一座城市，逐渐成为一个真正的"普埃斯特罗"。

克里斯多瓦·雷贝托在沙漠中寻找什么？也许，是一个停泊处。时间和静默。过去与未来的桥梁。他过去不是一个人，现在也不是。出生于1978年的他是一个国际音乐家团体的成员，他们远离城市，在传统中苦苦寻觅，想找到一些他们也不清楚究竟为何物的东西，但直觉告诉他们，这东西不在潮流里，不在高速运转的生活和喧闹中。他们是"反年轻"的年轻人，或者说，他们是老成的年轻人。这些音乐家都生于20世纪七八十年代，着迷于本质上的空无和安宁。他们和美国四五十年代的嬉皮士一样，追寻本土文化的精髓，但不同的是，他们重视的是稳定和家庭。他们不会在公路上完成自己流浪的理想，也永远写不出《在路上》那样的作品。他们去农村或沙漠，然后就留在那里，变成"普埃斯特罗"，他们的日子安稳平静，和周围的风景融为一体。他们可以选择真的留在那里居住，或是把那片土地变成一种象征和标志，但他们属于前现代、反城市的阵营。唱片业把他们的音乐归类为"世界音乐"（world music），或者说是一种"有根"的音乐。有一点是显而易见的，即世界音乐的诞生本身就带有殖民余味，是为了满足人们对异域风情的偏好。欧美的消费者在这类音乐分区的货架上可以找到非洲、亚洲、因纽特和拉丁美洲本土音乐家的唱片。但这种新的"世界音乐"是由受过培训的西方人创作的——他们中有的人毕业于一流的音乐学院，蔑视城市的声音，忽视眼下的一切，只想要重建往昔，或者是直接创造出一段过去，这样的东西在他们看来才更深刻、更有意义。他们认为现在和过去之间的桥梁已经摇摇欲坠，只有他们才有能力重新搭建。从这个角度来讲，世界音乐的标签没什么不对，因为他们所行之路也是通往异域的旅程。过去、乡村、沙漠、祖辈的音乐，都是未被探索过的危险国度，就像大洋洲之于库克船长①。他们没有地图引领，只能试探摸索着前行。他们被熟悉的回忆牵绊着，在记忆的阁楼里翻找那些没有意义，也没了姓名的东西。

这个由老成的年轻音乐家组成的国际组织打算重建与本土文化的联系。这可以被粗略地解读为一种反对21世纪全球化、世界同质化的态度。这是对西方城市模式的反叛，那里有看上去千篇一律的商业街，各处都如出一辙，西雅图、那不勒斯、新加坡的星巴克和H&M没有一点区别。在欧洲战后出现的青年文化中，年轻人逃离了令人窒息的农村，来到城市打拼，而在这场静默无声的文化瓦解运动中，一些极其敏感的年轻音乐家来到农村或是踏上了各个省会那些尚未被商业的滚轮碾压、还保留着独特味道的古老破败的街道。

丹雅·库尔茨是纽约"灵魂乐"的杰出歌者。她搬至亚利

---

① 库克船长（Captain Cook, 1728—1779），英国著名航海家，曾经三度奉命出海前往太平洋，带领船员成为首批登陆澳洲东岸和夏威夷群岛的欧洲人，也创下首次有欧洲船只环绕新西兰航行的纪录。

桑那州一座偏远的房子里，研究20世纪美国最古老、最隐秘的民歌，从中汲取灵感并创作歌曲，用自己变得愈来愈破裂、愈来愈有个性的嗓音演唱。克拉思柯也在那边工作，这是一个野心勃勃的音乐团体，他们在图森城一间名为"克拉思柯之家"的录音工作室里专门探索边境音乐，尝试墨西哥与美国之间那片沙漠地区的传统音乐风格。安娜·莫拉在葡萄牙牵头了一个由年轻人组成的"法多"①团体，他们令这种原本只有老年人喜欢、不断衰落甚至即将退出历史舞台的音乐形式重获新生，刷出了它的存在感和现代感。西班牙的米格尔·波维达更是一个绝佳的范例：他是巴塞罗那的歌手（第一个用加泰罗尼亚语录制弗拉门戈音乐专辑的艺术家），作为穆尔西亚移民的儿子，他没有一丁点弗拉门戈的家世渊源，但最终成功打开缺口，被这个讲求"血统纯正"的音乐圈子接受并获得肯定。波维达对弗拉门戈极其着迷，但他依旧保持着巴塞罗那人的身份，与此同时又不被身份所束缚。作为一个20世纪70年代出生在巴塞罗那郊区的男孩，他逆流而上，打破了所有可预见的常规路线。

　　所有这些人都反对死气沉沉的城市，与之逆向而行，他们的经历和激情与自己的同代人毫不相符。他们义无反顾地走向了自己国家的"无人村"，因为有人居住的区域在他们看来空洞

---

　　① 法多（fado），也称法朵或葡萄牙怨曲，是一种葡萄牙的传统音乐类型，其内容通常与海或贫困的人生有关。

无趣，也早就被他们了解得清清楚楚。从根本上来说，他们要寻
找的东西与高更的波利尼西亚、嬉皮士的印度果阿、布鲁斯·查
特文的澳大利亚土著人①没有什么区别，只不过他们搜寻的范围
是那些留存下来的家族回忆、那种怀旧心绪和隐秘的神话。

　　这不是他们原创的，也算不上是新颖的东西。家族渊源和
地理起源是不同时代、不同地区、各个领域的艺术家都能加以
利用的财富。而有名望的音乐家的参与和收获的赞誉声，使他
们与众不同。马德里新浪潮文化运动②期间，西班牙民谣界最有
分量的音乐家之一埃利塞奥·帕拉在首都举办音乐会，观众对
他起哄，喊着"回你们村里去"。在青年文化的鼎盛时期，人们
只认可那些距他们十万八千里的民俗，而且必须得来自用非拉
丁语字母的地区不可。他们为拉维·香卡③和他的锡塔琴倾倒，
嘲笑着那些补全卡斯蒂利亚霍塔曲，或是探索莱昂山区旋律的

---

　　① 法国画家保罗·高更在波利尼西亚创作了丰富的作品。印度果阿被称为嬉
皮士的天堂。布鲁斯·查特文（Bruce Chatwin）是英国作家、旅行家。在生活
富足、平稳之际突然辞职游历世界各地。1983—1984 年间，他深入澳洲内陆，
探寻那里深具神秘的诗性和神性的土地，著有《歌之版图》（The Songlines）。
　　② 马德里新浪潮文化运动（Movida madrileña）是一场世界闻名的反主流
文化运动。1975 年佛朗哥去世后，西班牙开始民主转型，国家的审查制度也逐
步放开。马德里的年轻人开始接触时髦的法语歌曲、电影短片，频繁出入各种音
乐会、画展；同时，色情作品盛行，此前被残暴镇压的同性恋与性工作者开始浮
出水面，毒品滥用受到关注。革新派市长恩里克·提埃尔诺·加尔万故意对此睁
只眼闭只眼以推进西班牙现代化，促进社会与佛朗哥时代的决裂。
　　③ 拉维·香卡（Ravi Shankar, 1920—2012），印度民族音乐作曲家、锡塔
琴演奏家。

人。无论是哪个时代，这种着眼过去、重建和歌颂传统的态度一直存在于所有国家的各个领域；但几乎从未曾像今天这样备受推崇，以至于成为一些30岁左右、有文化的艺术青年群体的特征。

这些老成的年轻人重现了一部分往昔的野蛮状态，仿佛在这个千篇一律、平淡无奇的世界打开了天窗，但正是这个世界让他们得以自由沟通、自我实现和做想做的音乐。这既是对全球化的抵制，同时也是它带来的结果。他们的发展道路、他们作品的传播、他们登台表演的音乐节，还有夸赞他们的报纸，全都属于这个全球化的世界，也只有在这个世界里，他们所做的一切才有意义。然而，他们的目光望向别处。今天的城市无法答复每一个创作者都会自问的一个问题"我是谁"，城市仿佛只拥有镜子，反射出千篇一律的形象。老成的年轻人打破了这些镜子，将其变成了面朝着那个空旷国度的窗口。他们想在那里找到一点小小的启示，找到一些隐秘而有意义的东西——也许它很微小，却是独一无二的。过去的年轻人形象都大同小异，他们追寻同一种时尚，穿一样的衣服，听同样的音乐，梳同一款发型。但这些老成的年轻人背叛了那种文化，他们想要与已逝之人融为一体。他们奉行唯灵论，离群索居，远离酒池肉林与绫罗绸缎。他们人数不多，自成一派，他们是乡村化的时髦人（如果存在这样的定义的话），但绝不是怪人。他们反映了一种微妙的"时代思潮"，但又与隐士完全不同。他们可以生活在马伊布或是亚利桑那州的沙漠里，却总是深深扎根于当代文化的中心，和住在纽约某个时尚街区的居民没有任何区别。
当然了，哪怕栖身于巴塞罗那的城市核心圈，他们的思想也还
停留在原始农耕的过去。他们是老成的年轻人。

　　我们也是老成的年轻人。我们年纪不大，也不住在什么特
别的地方。我在这里改用"我们"的人称，是因为在这个包含
细腻情感的话题上，我不想再继续以事不关己的语气写下去
了。这个国家的一部分已经荒芜，而且还在继续变得越来越空
荡，要不了几十年，上千个村落都会消失，然而这种惊人的现
象还只是谜题的一部分。它的另一部分在于我们对于自己的出
身、对那个已经不复存在或是行将消逝的地方所形成的意识。
它不似克维多在诗中所写的"看着故乡的城墙，也许它曾经坚
固，现在却已坍塌"，也不是本雅明①的"历史天使"，背朝着未
来，只懂得欣赏人类一手造成的毁灭，为永无终结的废墟哭

---

　　① 瓦尔特·本雅明（Walter Benjamin, 1892—1940），德国哲学家、文化
评论家。在《历史哲学论纲》第9节，本雅明描述了"历史天使"形象："保
罗·克利的一幅名为《新天使》的画表现了一个仿佛从某种他正凝神审视的东
西转身离去的天使。他展开翅膀，张着嘴，目光凝视。历史天使就可以被描绘
成这个样子。他回头看着过去，在我们看来是一连串事件的地方，他看到的只
是一整场灾难。这场灾难不断把新的废墟堆到旧的废墟上，然后把这一切抛在
他的脚下。天使本想留下来，唤醒死者，把碎片弥合起来。但一阵大风从天堂
吹来；大风猛烈地吹到他的翅膀上，他再也无法把它们合拢回来。大风势不可
当，推送他飞向他背朝着的未来，而他所面对着的那堵断壁残垣则拔地而起，
挺立参天。这大风是我们称之为进步的力量。"

泣，也与"九八年一代"的民族主义者乌纳穆诺、阿索林不一样。也许和马查多有相似之处，他的国家意识是平和内在的，所以很容易被现在的读者忽略。马查多让人觉得很好相处，是可以一起沟通想法、一同散步出行的对象，但其他风景学家就显得过于教条古板、装腔作势。事实上，任何一个作家的作品和马查多干净的诗句相比都会显得教条古板、装腔作势，他的作品在各种政治运动中都得以幸存，扛住了任何解读，这可不是什么普普通通的成就。现在我们提到他就像是在谈论老朋友，几乎把他当成是同时代的人。对他的崇拜不需要有庄严的"仪式"，而更像是一门极富个人化的"宗教"，不必大肆开设机构、招揽僧侣。我拿近期出版的两本书作为例子，它们的作者都与我年龄相仿：《科利乌尔镇的墓地》，作者是米格尔·巴雷罗 [166]；《奇妙的世界——如何与安东尼奥·马查多一同生活》，作者是埃莱娜·梅德尔 [167]。这是两位当代作家分别以小说和散文的形式对马查多的世界所做的探索，他们都强调了马查多的"内在主义"。风景在马查多作品里的意义非同一般，占据着核心地位，这是因为风景即他本人。马查多和乌纳穆诺、阿索林不一样，他不在风景里寻找任何东西，他只是生活在风景里。他在风景里散步，把它变成诗句，它就在他的脚底，在他的礼帽上，在他大衣的翻领里。他从不想着去救赎他人，也不愿把风景变成一堆有关国家身份的无用的形而上思想。而且哪怕他真那样做了，我们也觉得没关系，因为他那种与风景融为一体的力量是不容置疑的，与之相比，其余对文章或背景的解读都黯然失色，他的形象因此变得平易近人，让我们想要与他亲切地以朋友相称。

安东尼奥·马查多是一个孤独的旅人，他不是向导，只是我们旅程中的同伴。我们在他的身上可以看到自己，因为我们也相信，我们与风景的关系是亲密的，是融为一体的。注视着我们的故乡——西班牙无人村的角角落落，就仿佛是注视着我们的内心。我们和马查多一样，在散步时沉思默想。通过这种唯我论，我们重建了属于我们祖父和曾祖父的那个已经失落的世界。在经历了一个漫长的过程后，我们发现可以恢复那个属于我们的过去，那个包含在古老辞藻里的过去。

2013 年，一位初出茅庐的作家赫苏斯·卡拉斯科凭借小说《荒野里的牧羊人》获得了文学评论界和公众的一致好评。此书的封面设计十分干净简洁，是一只羊的特写。实际上，这是一本后末日类型的小说，讲述了一个男孩离开家去面对贫瘠荒野上的孤寂。那就是西班牙无人村的失落世界。但吸引读者和评论家的不是小说情节，而是一样完全出乎意料的东西——语言。卡拉斯科使用的本地语言词汇让一切都笼罩上了浓浓的异域风情："此外，他还发现一栋先前没注意的建筑——用砍下的树枝搭建的锥形草屋。墙壁上挂着马鞍的肚带、皮带、链子，有一个铁杯和一口黑乎乎的平底锅。与其说那是个避难所，倒不如说更像临时搭建的居所。陋屋和杨树之间有个畜栏，由四根木桩将针草编织的围栏固定在地面上。"①形容词和前后缀的使用（比如"陋屋"使用的贬义限定词②）都是古卡斯蒂利亚语。卡拉斯科追求的是语言的有效性而不是舒适感，反精致主义的风格贯穿全文，他更偏爱新词语，而不是墨守成规。总之卡拉斯科的风格别具一格，注定会引人注目。

胡里奥·亚马萨雷斯和赫苏斯·卡拉斯科分别是从新闻业和广告业进军文学的，这可能不是偶然。他们都习惯于捕捉受众的情绪状态。其实所有作家都这样做，因为我们都致力于创造出会被他人欣赏的作品，因此随时都需要将受众考虑在内。但是新闻业和广告业的从业者是把吸引受众作为他们唯一的战略目的，艺术和文学则还有其他的动机，有时候不包括吸引（甚至是违背）受众，但是新闻业和广告业需要公众的认可。它们就是因此而生、因此而存在的。我不是说《黄雨》和《荒野里的牧羊人》是奉行机会主义的作品，或是"实验室"得出的某种社会心理学，或是文学市场管理的成果，但我认为这些作家凭借着在职业中磨炼出的直觉，清楚地明白他们的小说能够击中很多西班牙人的内心，知道很多同胞都会认为那些小说是为他们所写，是在讲述他们的故事。不擅长利用核心传播点来诱惑读者的作家很容易忽视这种直觉能力。

---

① 《荒野里的牧羊人》，叶淑吟译，人民文学出版社2018年版。

② "陋屋"西班牙语为casucha，是在"房屋"（casa）一词后加上了带有贬义的后缀-ucha。

语言是唯一可以重建起源的东西。皮拉尔·阿尔古多给我讲过一个非常美好的故事。她是巴塞罗那广播台的播音员，是阿拉贡移民的女儿。她母亲如今已经年迈，当年她是从埃尔蒙卡约山麓一个叫波梅尔的村庄搬去加泰罗尼亚的。阿尔古多一家人都讲加泰罗尼亚语，她和丈夫对孩子们讲加泰罗尼亚语，孩子们之间也讲加泰罗尼亚语。外祖母已在加泰罗尼亚生活了大半辈子，有时候也尽量和他们讲加泰罗尼亚语。阿尔古多却希望母亲继续讲卡斯蒂利亚语，继续使用那些阿拉贡当地特有的词汇，那些现在几乎已经失传、在21世纪的巴塞罗那听起来极有异域风情的词汇。她如此坚持不仅是希望母亲能够更加自如地讲话，同时也是为孩子们着想。她希望孩子们也能听到她从小就耳熟能详的那些词汇、表达、特殊的结构和句法。在外祖母的语言里，孙辈会感受到一段神话，一种起源，一段和过去的联系。时至如今，这种联系只可能在只言片语中得到重建。因为波梅尔——她母亲出生的地方，现在是一个只有30名居民的村庄，深藏在西班牙人口最少的地区之一——伊比利亚山脉，在几乎靠近萨拉戈萨和索里亚的边界处。阿尔古多制作并执导了一部名为《途经之站》的纪录片，影片从波梅尔已经废弃的火车站开始，也在那里结束，以母亲的故事为视角，记录了从阿拉贡到加泰罗尼亚的农村人口迁移。这就是以家庭、个人的角度所讲述的"大伤痛"。

现在人们重视的是与家庭有关的故事。詹·迪亚兹是一位加泰罗尼亚女作家，出生于 1988 年。她在 2014 年写的小说《只是说说而已》[168] 中，以虚构的方式梳理了家族里各位女性的回忆，用家乡埃斯特雷马杜拉的当地语言构建起了一个世界。她的家族沉睡在西班牙无人村，在一个遥远而奇特、几乎无人居住的村庄里，她小时候听大人们讲过的睡前故事都发生在那里。小说的题目《只是说说而已》（这是书中人物的口头禅）也影射了语言里那些古老词汇的持久生命力。所谓流传后世的财富和精神，实际上也的确只有语言而已。

我在同龄作家中发现的最具启发性、最打动人心的作品是纳瓦拉诗人哈西尔·拉雷克塞阿的短篇《边境的雾》[169]。他于 1982 年出生在遥远的巴斯坦山谷。是一个伐木工的儿子。西哈尔在非常偏远的农村长大，周围的环境让他从小就感到十分压抑。除了所有偏远山区都存在的普遍问题以外，巴斯坦山谷还有另一个麻烦：埃塔组织的恐怖主义活动。该组织最为活跃的几年恰好是哈西尔的童年时期。在那个地区，男人就必须是硬汉，人人都崇拜勇武的男子气概，这对于一个敏感害羞的男孩来讲实在难以忍受，更不消说青春期的时候，他发现了自己的同性恋倾向。于是哈西尔逃往马德里，想获得自由。他离开家，开始在大城市里漂泊，对故乡的排斥和眷恋却同时与日俱增。他的家人不接受他的性取向，断然与他决裂，这很像是 19 世纪那些优秀小说里特有的戏剧性情节。但是时间让一切冷却下来，最终，大山里的伐木工和他那个在大城市里"肆无忌惮、毫无廉耻"的儿子和好了。儿子用巴斯克语写了一些诗，向父亲提了一个惊人的请求：陪伴他一同出席诗歌朗诵会和书店举办的图书推介会。这种陪伴更像是艺术表现的一部分：儿子朗诵的时候，父亲就在一旁砍断一截木头。利斧劈在木头上的声音仿佛划船苦役们的号子，又像是对诗句韵律的回应。这效果震撼人心。在活动的最后，哈西尔的父亲骄傲不已，热泪盈眶，他把从砍断了的木头上掉下的木块分给在场的观众，并用马克笔签上名字。

《边境的雾》讲述了一个人与家庭、传统、风景和解的故事。我从中发现的我们这代人的一些特性，可能会吓坏老一辈的作家。在此以前，旅行是一段去程，代表的是逃亡，是对自我出身的绝对抗拒，是对世界主义的向往，而我们是手持回程票开启旅程。哈西尔逃去马德里，在那里他本可以放心地过上没有恐惧的生活，但他眷恋故土，不愿自己的家乡成为心中一抹模糊的惆怅。他这种情况既典型又奇特。鲍勃·迪伦，一个从内陆小村庄来到曼哈顿的犹太男孩则恰恰相反，他逃离了自己过去的一切和接受过的教育，十分决绝，甚至不肯再用自己的姓氏，而是使用了一位酗酒的威尔士诗人的名字[1]为姓。而我们哪怕说不曾从农村逃离，却也是在那些被想象出来的村庄街

---

① 指的是迪伦·托马斯（Dylan Thomas，1914—1953），威尔士诗人。1953年，他因饮酒过量在纽约去世。

道、在那些被黄雨打湿的荒弃小径上长大的。我们听着祖母的话语成长，那些词句被她们从农村带出来，深深嵌在了每家每户客厅的墙壁上。我在前几段中引用过的所有作品几乎都是在间隔很短的时间内在西班牙出版的：2013—2015年，差不多两年时间。这当中存在很多巧合。有一种东西在呼唤我们这代人去寻根，去探索、重构那些古老的神话，把它们融入当代。这种东西也可以被贬低为一种"时尚"，但想要预制如此私密的情感和触动心灵的话语是很难的。2014年，我出版了小说《无人在意之事》，也以此开始了自己的"回程旅行"。此次"旅行"结束于一个日渐衰亡的村庄——那是我祖父出生的地方，也是我们家族神话的核心。

　　还有其他一些作家也撰写了旅行报道和旅行文学，但他们的方式更加传统，是从西班牙无人村居民的视角出发的。比如弗朗塞斯克·塞雷斯，1972年他出生在塞丁——这是一个地处阿拉贡加泰罗尼亚语区的村镇。在《边境之肤》[170] 一书中，他写自己回到度过童年的故乡，写人口外流如何改变了那里，写摩洛哥人、罗马尼亚人和厄瓜多尔人又如何涌入并填满那片无人之地，写那些古老的词汇怎样被另外一些同样古老的词汇取代——但它们属于其他语言。豪尔赫·卡里翁（1975年出生的加泰罗尼亚人）在一本实验性作品《旅行记录》[171] 中讲述了他与住在阿尔普哈拉的祖父母的重聚，还有他在安达卢西亚乡村的"根"。马努埃尔·阿斯图（1980年出生的阿斯图里亚斯人）

创作了另一个版本的《鄙权贵，颂乡村》——《我会在一个伟大的国家变成一个美丽的老人》[172]，他重申要回归简单和本质，要逃离城市，回归人的内心。回归的方式多种多样，但都带有一点普鲁斯特的味道，都在探寻着已经遗失的时代。

除了文学和高雅文化之外，别的领域也触及过类似主题，其中有两部电视作品尤其突出。2001年，西班牙国家电视台开始播出《告诉我怎么回事》，这可能是西班牙历史上最长寿的电视剧，它讲述了居住在马德里郊区一个虚构街区的阿尔坎达拉一家从1969年到民主时代前期的生活。有传闻说这部剧是人民党的智囊为了团结全国人民，以怀旧的角度所做的尝试。它的确让人想起一些佛朗哥执政时期的电影。无论是剧中的场景布置，抑或是台词中被大力美化了的怀旧情绪，都散发出一股非常保守的味道。传言是否为真先不去计较，实际上这部剧改编自美国电视剧《纯真年代》，该剧以画外音讲述了一个成年人回忆自己于20世纪六七十年代度过的童年和青春期。《告诉我怎么回事》是一部大受欢迎之作，它自始至终着力于刻画人们的普遍状况，为了让观众相信，电视屏幕上再现的怀旧情绪与他们自己对六七十年代的回忆有关，创作班底为主人公安排了一段与农村有关的过去：夫妇二人在20世纪50年代——正值"大伤痛"时期，从萨格利亚斯搬迁至马德里，萨格利亚斯是一个位于阿尔瓦塞特省的虚构村庄。从一开始，萨格利亚斯就是整部电视剧最关键的舞台，每一季都会有几集的故事发生在那里。那是一个典型的梅塞塔高原南部的村庄，有一座钟塔，白鹳在上面筑了巢，还有很多破旧的房屋。这部电视剧因为有了萨格利亚斯，里面的人物才是完整的。那里有宗教故事表演，那里能改变人对事物的看法，让人们经历在城市里不可能遇到的冒险。萨格利亚斯就是"大伤痛"时期被所有西班牙人抛弃的地方。每隔一段时间，剧中的主角安东尼奥·阿尔坎达拉就想回到那里。每当生活不顺心的时候，在每次受挫后，他就会萌生出回归农村的不现实想法，因为在内心深处，他从不想抛弃故乡。在最新的几季中，安东尼奥买了一个酒庄，摇身一变成了葡萄酒生产商，然后他开始大谈土地的重要性。编剧设定的最激烈的戏剧冲突之一在于，这位父亲一心想给子女灌输他在农村学到的子承父业的观念，而城市里长大的他的孩子们没有一个愿意在酒庄工作。编剧非常清楚，只要提及西班牙无人村，就一定能吸引上了年纪的观众，因为他们一直都认为自己是农村人口外流的受害者。

还有一部作品，虽然也是电视节目，但不是那么大众化。它是由华金·雷耶斯领衔的喜剧人团体出演的节目，在一个付费频道播出。它和《告诉我怎么回事》差不多属于同一时期。该节目的特色在于大胆采用荒诞和低俗的风格，以及使用阿尔瓦塞特省口音和当地特有的词汇。雷耶斯拒绝像模仿秀节目那样用同一种声音和表达方式来诠释所有人物。他认为真正的笑点不是看你说了什么，而在于你怎么去说。他的电视节目《逗乐儿时刻》和《小年轻努伊》连名称都包含了方言俚语元素[1]，后来还引得城市年轻人，尤其是那些新潮的年轻人竞相追捧。这大概算是一种由来已久的优越感：有思想的"小年轻"嘲笑农村人。但实际上他们之间的关系要比这复杂得多。比起嘲笑土老帽，他们更喜欢嘲笑几代人之间的代沟与隔阂——这是一种后现代风格的幽默，与传统套路完全不同。这种幽默基本可以算是"达达主义"[2]，它用同一种调子模仿所有人物，颠覆了阐释和语域概念。使用阿尔瓦塞特方言不是为了在开场前哗众取宠，而是让语言变成了一种天然存在的承载幽默的载体。雷耶斯并不是自创了一种讲话方式，而是他让人们相信这是他唯一的一种讲话方式。当所有演员都操着同一种方言，插科打诨制造笑点，这门方言就变成了标准语。那么这就意味着他们不是在嘲笑阿尔瓦塞特人，而是在嘲笑那些标榜语言举止统一化的人。过去所有的播音员都是一本正经地讲着标准语，那如果实际上阿尔瓦塞特农民所讲的才是正确的口音呢？《逗乐儿时刻》节目颠覆了人们长久以来嘲讽农民的那种粗俗幽默，揭露出语言和交流中的所谓用法及规范其实是个骗局。30年前的英国喜剧团体蒙提·派森也是这样做的。在大众文化中，华金·雷

---

[1] 这两档节目的名称都使用了阿尔瓦塞特方言中的词汇。

[2] "达达主义"是一场兴起于第一次世界大战时期的文艺运动，是20世纪西方文艺发展历程中的一个重要流派，试图通过颠覆传统的文化和美学观念发现真正的现实。

耶斯的幽默是一种精致的表达方式，让西班牙无人村如幽灵般存活在西班牙的城市里。

如果想用精神分析学家拉康的方式来解释上述现象的话，可以参考两位后现代主义大师的观点。第一位是鲍曼，他提出了"流动的社会"[173]理论，认为脱离了传统、没有坚实基准的世界会制造出孤儿。我们想在一个到处是全球化标准的"试管"世界里寻找母体，这是合乎情理的，因为我们不想要千篇一律的加盟店里售卖的东西，不想要和另一座城市一模一样的复制品。这或许是源自我们对同质化的反抗，对短暂易逝生活的反抗。在宗教、阶级概念、政治身份甚至是家庭都遭到摧毁后，我们看着身边汹涌澎湃的"流动的社会"，想寻找过去的神话，以求得一个解释或是安慰。另一位是利波维茨基[174]，他批判平庸的享乐主义，按他的说法，所有这些老成的年轻人追求的所谓"超然"，是消费资本主义从根本上否定的。这种现象也许是对霸权主义价值体系的抵抗，同时也是过往时代的宗教精神留下的那尚未熄灭的火苗。

这些奉行全方位解读的理论存在一个问题，就是它们给出的解释太完美了。很明显，这些解释有它的道理，但我们所讨论的问题实际上是一个个别现象，几乎是背景里隐藏的干扰声音。我刚才所列举的那些当代作家的作品无论多么令一些读者心绪难平，也改变不了一个事实，即它们并非主流文化，只是出自一小部分创作者之手，仅仅涉及了这个国家的一个区域。几十年来，在多元、异质的艺术发展全景中，各种情感相交又分离，这仅仅是其中之一。而万能的精神分析学的全方位解读只有针对占据主导地位的文化潮流才能成立，不能放之四海而皆准。换言之，如果先进的资本主义社会的流动性和平庸性令个体感到窒息，那为什么反对它的声音这么少且微弱？不满的情绪难道不应该更具有传染性吗？他们应当早就形成大规模的组织，最起码会逐渐积蓄力量，在自己所属的时代烙下难以磨灭的印记。

如果原因真是如此浅显粗糙，那我也不会对这个话题感兴趣。正是那种欲说还休、细腻隐秘的特质，让我知道它具有深远的意义，而不是一种时尚或社会化学反应。那是一种关乎此时此地的东西，它充满吸引力，与其说我们需要针对荒弃问题作出一些粗浅的回答，不如说它的存在已远远超过了我们对答案的渴求。另外，如果事实与我的观点相反，那么前文列举的作品就应该会充满犹豫与茫然——因为它们出自一群无助地寻找"母体"的人之手。但是抛开上述作品的质量和美学上的成就来讲，它们都言之凿凿，表现出作者非常强烈的自我意识，而并不是羞怯或神经机能紊乱之人的摸索和尝试。

我们之所以可以拿这些废墟遗迹来做文章，是因为它们是坚实的材料，比如鲁艾斯塔已经坍塌的墙。鲁艾斯塔是我去过的第一个废弃的村庄，那里的废墟就像是质量上乘的混凝土，可以用来搭建虚构的故事，因为它们见证过神话，是我们身份的内核，是我们再熟悉不过的地方。它是我们的母语，就像阿尔古多的孩子们从外祖母口中听到的那些话语。与其把它比作在"流动时代"和"平庸时代"为我们提供温暖与安全感的母体，不如说它就是我们自己的身体和意识。触摸废墟，在废墟中漫步，其实就是在我们自己的内心里穿行。不是我们发现了风景，我们就是风景本身。我们就是那个空荡荡的西班牙无人村，我们就是由它的角角落落构成的。对于西班牙人来讲，这是唯一一种被认可的爱国主义。

半个多世纪以来，爱国主义在西班牙成了一种边缘化的表达方式。我们和很多周边国家不同，或者说和全世界的国家都不同，在西班牙一向只有激进派或是远离社会、政治和文化中心的人才会推崇爱国主义。直到几年前，街道上几乎都见不到西班牙国旗，现在虽然多了一些，但和法国、英国、葡萄牙或意大利比起来还是少得可怜。在西班牙国家足球队赢得2010年世界杯之前，大家几乎都认为在自家阳台或是花园里挂上一面国旗的人一定是脑子不正常，或者干脆就是个法西斯主义者。直到今天，在西班牙除官方场所以外是很少能看到国旗的，它的存在甚至会令人不舒服，甚至"国家"这个词用到西班牙身上都听起来很奇怪，然而如果指的是加泰罗尼亚或巴斯克地区①，人们便会毫无顾忌地大量使用。我们去美国旅行时，别人

---

① 均为西班牙地方独立主义思想极为盛行的地区，当地有很多官方机构都以"国家"冠名。

甚至还要给我们解释在自己家悬挂美国国旗的不一定就是个大怪人。相反，他们是十分融入社会的人，以悬挂国旗来表达自己的爱国心，同时有时这也是一种公民参与。西班牙人很难理解这一点，在我们的习惯里，爱国二字是刺耳的、有攻击性的、与军队有关的或是有法西斯倾向的。我这代人从小成长在没有国旗身影的环境中。说得好听点，我们把赞美祖国视为腐朽的糟粕，说得难听点，它就是对民主制度的侵犯和攻击。因此，这个主题也就从文学话语里消失了。在知识界，爱国主义问题是被甩给历史编纂学去研究的。那段漫长而血腥的独裁统治，是任何理智尚存之人都想要彻底摒弃的，而那段统治就是以爱国主义自居的。为了巩固民主和平文化，刻意抹除爱国主义是有益的，甚至可能是不可或缺的。为了获得长期的文明和睦，任何代价都是可以忽略不计的，我们付出的其中一个就是民族文学的消失。

叙事就会牵涉民族，它们是共生关系。不仅从市场的角度来讲是如此，实际上叙事所关注和涉及的问题都与民族相关。法国作家写有关法国的作品。北美作家写宏大的美国小说。德国人因为希特勒造成的巨大伤痛而感到愧疚。在20世纪初奥地利犹太复国主义者的推动下，犹太人最终建立了国家，舔舐着那场灾难留下的伤口。英国人则一直以来都是一边嘲讽，一边又热烈地维护着自己那些英国式的怪异行径。

自1975年起，除了内战主题以外，西班牙人实际上完全脱离了作为国家的西班牙（实际上内战所占的比重也没有那么大，这主要是因为人们总是用同样的模式和观点来写作，所以并未形成百花齐放的局面）。作家们什么都写，就是不愿意写西班牙和西班牙人。伟大的小说家全都避开西班牙这个话题，自民主转型时期至今一直如此。我总是开玩笑地说，一个西班牙作家最不想成为的就是西班牙作家。自胡安·贝内特以来，拒绝传统风格甚至成了作家们通行的做法。如果一位年轻作家敢于宣称自己继承了20世纪伟大作家散文作品的遗风，哪怕放在现在也是件冒险的事情。德里贝斯、托伦特·巴列斯特、塞拉这样的人物不仅因为与佛朗哥独裁政府的特殊关系而蒙上污点，也因为他们自诩为"纯粹到了骨子里的西班牙人"而背负着老套、乡野、土老帽的恶名。他们属于那个已经终结，也没有一个人愿意重返的国度。自20世纪末起，文学不仅逐渐失去了其社会意义，同时也失去了与读者的共情能力。我认为这和我们剥离本土特色、打造日益中性的语言有关——我们现在的语言有时候听上去甚至像是从英语翻译过来的。

由于祖国与传统的缺失，对于那些写国内主题的作家而言，家族和家族神话就变成了少数几条能走得通的路之一。这是最不会出错的领域，好比一座休闲小院，作家可以在这里毫无顾忌地做文学实验，不必担心受到伤害或是迷失自我。另外，它也提供了一种可能性，即激活读者心中的专属密码，获得他们对某种深层次东西的共鸣。这是以一种隐秘的方式与传

统重逢——它曾经发出的声音震耳欲聋，而现在哪怕已变成了
图书馆里堆放整齐的故纸堆，也令人望而生畏。小说《战争与
和平》的最后，主人公皮埃尔·别祖霍夫出现在满目疮痍的莫
斯科街头，而我们则漫步在西班牙无人村，仿佛它正在被烈焰
吞噬，抑或是大火虽熄但余温尚存。在那灰烬与断壁残垣之
中，是几个世纪以来的鄙夷与仇恨。西班牙无人村被厌恶、被
轻慢、被嘲讽，虽说也有些人不曾这样对待它（如自由教育研
究所），但他们又是打着"救赎"的算盘。无论是鄙夷还是敬
仰，所有人都视西班牙无人村为异域。那是不属于他们的地
方。对西班牙无人村的想象是从外部构建起来的，其中包括拉
斯乌尔德斯所代表的顺从而残酷的形象，还有以黑色传说和犯
罪报道为代表的令人羞耻的过去。一个又一个世纪过去，那里
的风景就像丑女仆一样遭到了抹黑。它是一片流放之地，它饱
受独裁者之苦，他们一面暴虐地摧毁这片土地，一面还在演讲
里大谈要维护它的尊严。西班牙无人村从未掌控过与自己有关
的话语，它总是被他人讲述。而现在，它几乎已不复存在，变
成了驻留在数百万家庭那零散记忆中的一个神话，却终于得以
发声。通过那些曾经生活在这里又被迫离开家园的人的孙辈、
曾孙辈，它被再次创造，被重新讲述。那些现已无人使用的形
容词被罗列在书中，或是被某位演员挂在嘴边，由此获得了一
席之地，神奇地汲取了力量。它像一片轻飘飘的雾气升腾而
起，像一股馨香，只有少数嗅觉极为灵敏的人才能闻到，但它

还在。依旧延续，生生不息。西班牙无人村重新出现在了西班牙的城市中，虽然它的无人现状不可挽回，它也永远不可能被填满，却有很多东西弥补了它的空洞。就如那些塞法迪犹太人①，他们的祖先已在几个世纪前被驱逐，他们却还保留着过去在托雷多、赫罗纳或科尔多瓦故宅的钥匙。他们的房屋已经消失，留存下来的只有语言。他们的词汇还留在我们那充斥着土耳其语、希伯来语、阿拉伯语和希腊语词汇的古西班牙语里。西班牙无人村也是如此，很多家庭的客厅里都还"挂着"那把想象中的钥匙，至今依然代代相传，就如那种逃离的意识。我们——过去那代人的孙辈、曾孙辈和玄孙辈，注视着地图上那片被荒弃之地，重新把它绘进地图里。我们改变了距离和地名，修改了回忆，让它永葆生命力，并把它传给我们的孩子。在西班牙有一个已经消失的国度，但它似乎比现存的那个更加稳固坚实。它总是沉湎于自我否定，囿于自身的窘迫，而西班牙其他地区的居民对自己的家园充满自豪感，这无疑令奥特加·伊·加塞特"无脊椎动物"②观点的文化继承者深感焦虑。

---

① 塞法迪犹太人是指祖籍在伊比利亚半岛并遵守西班牙裔犹太人生活习惯的犹太人。在15世纪90年代，随着西班牙人将穆斯林政权赶回非洲，塞法迪犹太人亦被驱逐。

②《无脊椎的西班牙》是西班牙哲学家奥特加·伊·加塞特在1921年出版的一本书，分析了西班牙存在的分离主义、地方主义，解释了西班牙各地区之间的相互疏离，把西班牙比作"无脊椎动物"。

尾　声

▼

▲

不请自来的一些解释

▼

没有乐队。这一切全是录音。

——大卫·林奇《穆赫兰道》（2001）

我把自己每天早晨啜饮的第一口咖啡献给2008年那场让我的国家彻底沦陷的重大金融危机。我感谢我喝的咖啡，也感谢我窗外那些屋顶和天线，在我伏案工作时装点着我视线中的风景，但我尤其感谢外面的各种声响：叫不上名的鸟儿的啼叫声、远处的车辆声、人们的叫喊声和施工声——施工的声音从不缺席，仿佛这座城市绝不肯有完工之日。虽然家门前这条街狭窄又僻静，是那种你打车的时候需要给出租车司机描述怎么走的小路，但它像一块海绵，吸收了市中心所有的噪音。世界上多余的分贝似乎都沉淀在了这条路路面的沥青里，但它在落下之前会先在我窗前漂浮片刻，不疾不徐，从容不迫。有时候我想象自己是穿着睡衣的查理·帕克①，奋笔疾书，让文字像六十四分音符一样，疾驰在引擎声、钻头声、犬吠和人声之中。

　　家里原来只有我们夫妻俩的时候，我是在一间小书房里写作的，它面朝另一侧的大道，从市中心传来的噪声毫无缓冲，

----

　　① 查理·帕克（Charlie Parker, 1920—1955），美国著名中音萨克斯演奏家，爵士史上最伟大的中音萨克斯风手。

蜂拥而至。夏日里，公寓那一隅几乎和城市融为一体。我那时
候总在夜晚写作，因为我愚蠢地认为街头酩酊之人的叫喊声会
闯进我的书里，以某种方式让我的键盘、我的作品也染上他们
那醉酒的味道。所幸，孩子们出生后这里变成了他们的房间，
也用来摆放他们的纸尿裤、摇篮和玩具，于是我把电脑和我那
些乱七八糟的东西都安置在了家的另一头，窗外就是那条安静
得多的小街和错落的屋顶。也是从那个时候开始，我不再去报
社上班，养成了一早就坐在书桌前写作的习惯，利用一天中最
清爽的时光来完成我的"传世大作"。同时，我默默地感激这场
金融危机，因为多亏它好心介入，我才得以继续住在这里，留
在这扇窗的身边。如果不是它帮忙，我现在应该会远离这条街
道，搬去某个像乡下村庄一样闲适的郊区，住进一座更大的房
子，在安静得令人难以忍受的环境里写作。

　　金融危机以前，我的妻子克里斯说服了我搬家。当时所有
人都在搬家。不搬走的人肯定是白痴。我的朋友们都买了更大
的公寓、带花园的别墅，或是带有梦幻露台的顶层套房。而我
们甚至连种点香草的花盆都没有（我曾经尝试过种罗勒，但只
长出了几片瘦巴巴的叶子）。我当时觉得自己已经搬过太多次
家，在太多地方生活过，所以不想离开市中心的这个小巢。但
是克里斯劝我说孩子们需要更大的空间，我也需要更大的空
间，我那些书也需要更大的空间。我们还可以乘坐高档电梯，
享有自己名下的车位。她最终说服了我。只消想一想有一小块

画着两根线的地方是专属于我的停车位，就令我心驰神往。

在那之前，我从来没有想过空间也是一种必需品。读《在路上》的时候，我认为空间只存在于辽阔的平原、公路两旁的排水沟，以及灰狗长途汽车站的候车大厅；读《洛丽塔》的时候，我则幻想着"着魔猎人旅店"[1]和淋浴间里晾着的女士内裤；读布鲁斯·查特文的书的时候，我迷上了他所说的"人类都是游牧民族"的观点，定居生活严重违背了我们的本性。有一种人类学理论解释了婴儿喜欢被抱着边走边哄的原因。静止状态使婴儿烦躁，轻微的摇晃意味着部落正在行进，如果动作停止了，那他们就只能任凭掠夺者摆布。于是我提出去旅行：我们去加利福尼亚，去墨西哥，去巴塔哥尼亚吧，就像查特文那样！我们把钱都挥霍在汽车旅馆和飞机票上吧！那时候我能说服妻子，因为我们不需要为了搬家而存款。银行给我们的公寓估价很高，用这笔钱我们可以买任何想要的房子。所以我们飞去美国，开着租来的汽车，在床大得惊人的汽车旅馆里过夜——那床大到像是还能再睡一个人。我们就一直做旅人吧，没有根，没有朋友，没有传统。

我很幸运，2008年到了，雷曼兄弟宣布破产，[2]他们为世人受难，仿若第二位耶稣基督。房子卖不动了。再也没有购房者

---

① 亨伯特与洛丽塔在旅行中首次入住的酒店。

② 2008年，美国第四大投资银行雷曼兄弟由于投资失利，在谈判收购失败后宣布申请破产保护，引发了全球金融海啸。

来看我们的公寓，电话也接不到一通了。再后来，甚至连我们
发在网上的广告也没人发信息来询问了。我们搬不了家了。

　　这天早上，在完成了我的金融危机"晨祷"之后，我在报
纸上读到了一篇有关巴黎一家俱乐部的报道。它位于蒙马特大
街，主人是大卫·林奇。记者介绍说那是个简陋的地下室，几
乎是秘密存在的。它之所以值得记者专门撰写报道，是因为这
里是电影《穆赫兰道》中寂静俱乐部的复制品。

　　我喜欢看到这样的隐喻之地变成了现实中存在和可以被拜
访的地方。我不知道这两个寂静俱乐部哪个为真，是电影中那
个还是有巴黎市政府运营执照的这个。虽然说后者有业主，还
给政府上税，但这并不能增加它的真实性。可能巴黎市政府的
公务员并不了解，"寂静俱乐部"这个名字出自一部电影，实际
上是对真实世界的想象。这也就是《穆赫兰道》所讲述的内
容，如果有人曾看过这部电影的话。寂静俱乐部里的演出想表
达（或保持沉默）的也是同样的东西，这是整部电影所有隐喻
里最浅显的一个："没有乐队。这一切全是录音。"一切都是录
好的。没有乐队。音乐听起来像是录音回放，乐手是在弄虚作
假。没有乐队。因此，一切都是寂静的。除去提前设计、排演
好的内容和各种修饰以外，只有寂静。生活仿佛是录音带里的
人声和乐曲。生活仿佛是一种幻觉，不让我们倾听那寂静之
声。巴黎的寂静俱乐部仿佛是叠加在电影《穆赫兰道》那个寂
静俱乐部之上的录音带。

　　我的作品想要倾听寂静。我几乎所有的书都与寂静有关，本书也是如此。若想要感觉到寂静，就需要很强的噪音。我需要留在这里，在这喧嚣的市中心。因为这扇窗、这条街就是我在世界上立足的位置。我觉得再没有比这里更专属于我，或是让我更有存在感的地方了，因为这里只与我自己的人生有关，与家族的过往毫无牵绊。我认为几乎没有人可以选择自己人生中的任何事，因此我为自己能做出这样的决定感到格外幸运。身在中心，心却在边缘，这种"二重身"的确是我与同胞们的心神相通之处。

　　我不知道怎样的西班牙无人村才算得上更加真实，正如我也不知道哪一个寂静俱乐部才是真的。历史混杂在虚构之中，无法拆解，它似是灾难，或是令瓦尔特·本雅明的"历史天使"为之垂泪的废墟。然而有时我会想，我们国家的悲剧其实值得庆幸。当然，人们对此最常见的态度是惋惜，我在本书里就一直扼腕长叹。我们为那些废弃的村镇、为那片似乎再也无法恢复的人口荒漠而哭泣。但那片奇特、反欧洲化的荒漠，那种被荒弃的回忆笼罩的诸多家庭的客厅与相册，将西班牙变成了一个更加平和的国家。虽说按照传统观点，伊比利亚半岛人都是嗓门极大、粗鲁莽撞、好勇斗狠、直截了当的，但近40年来的历史证明，我们同时也是一个爱好和平、富有耐心，甚至可以说是勇敢无畏的民族。这个民族让一切都保持原样，不急不躁，他们学会了不去自相残杀，也许这和佛朗哥政权给人们留下的教训有关，我们从此脱离了沙文主义和爱国主义狂热。但这也与另一个原因有关，即我们在过去的时间里让自己的神经系统接受了一个事实：我们的故土属于一个虚构的空间，也是一个我们再也不可能重返的地方。几百万西班牙人所出生的那个西班牙已经不复存在，或者说已重获新生。从多个方面来讲，神话里的那个国家属于另一个令人难以置信的奇幻之地，就像是爱丽丝在梦中所至的仙境。我坐在窗前，面对我的街道，我们生活在那些只能让我们想起自己的地方。

而今，爱国主义的一些表现形式在国内重生，这个国家似乎要再次发生急剧的变化。我们需要以严肃到近乎庄严的方式仔细思考（可以参考我日常在面对这条喧闹的街道喝咖啡时的仪式），从而决定是否真的想要卖掉公寓后搬家。

人口流失的问题很难改变，想让它变成日常生活中最受公众关心的话题同样也很困难。但如果我们中的一些人可以意识到西班牙的特殊性，倾听从荒原传来的声音，那么尽管这片土地在人口结构和情感上如此独特，也许我们还是可以期盼着达到某种和睦相处的状态。我们已经打破了持续多个世纪的相互间的残忍与鄙夷，我们需要意识到这一点并在此基础上去做些什么。

萨拉戈萨，2015 年 12 月

未完之语

致　谢

感谢何塞·莫里纳，他教会了我怎样沉浸在风景之中。

感谢农村人口减少和发展研究中心，它在该领域所做的研究和文献汇编意义重大。

感谢胡安·多明格斯·拉西耶拉，他让我发现了浪漫主义旅人的世界。

感谢各位外省记者和乡村记者，面对位居首府的同僚们的轻视，他们逆向而行，为西班牙无人村写下了上千页的报道，令这里不致完全成为荒漠。

感谢古典音乐电台的播音员，他们陪伴我驾驶着雪铁龙 C4 汽车穿行在西班牙无人村的土地上；也感谢英国广播公司古典音乐 3 台的播音员，他们伴随我把那里的故事书写为传说。本书文字呈现出的某些律动和节拍就是他们的错。

感谢路易斯·阿雷格雷、塞维里亚诺·德尔加多和亚历杭德罗·杜策，他们一丝不苟地阅读此书，指出了本书前几个版次中存在的遗漏，这些错漏之处，在这一版本中已得到修改。

感谢皮拉尔·阿尔瓦雷斯，从我第一次在马德里的一家餐厅里对她提起这个构思起，她就给予我无限的热情与支持，感谢她提出那么多睿智的建议，让本书的可读性更高，且毫无疑问，使它变得更好。

感谢安赫拉·波拉斯，她虽抱恙在身，仍为本书编写了重要参考书目信息。

感谢图尔内出版社团队。

感谢爱拉·谢尔，她愿意倾听我每一个有关文学的突发奇想，鼓励我，把我的书当作真正有意义的作品去推行。

感谢克里斯蒂娜·德尔加多删掉了我们发布在idealista.com网站上的卖房广告。

注　释

［1］ "Thirty years since the first Welsh holiday arson", <http://news. bbc.co. uk/2/hi/uk_news/wales/north_west/8408447.stm> y "Arson campaign, 30 years on", <http://news.bbc.co.uk/2/hi/uk_news/wales/8408034.stm>.

［2］ Carter, Helen, "Police take fresh look at Sons of Glyndwr", en The Guardian, Londres, 11 de marzo de2004.

［3］ Williams, Gordon, *The Siege of Trenchers's Farm. The Novel that Inspired Straw Dogs*, Londres, Titan Books, 2011.

［4］ Tseng Juo Ching y Ángel Fernández de Castro, *El Tao Te Ching de Lao-Tze: el libro del tao y la virtud,comentado,* Madrid, Ediciones Tao, 2013.

［5］Trujillo, Juana, "Historia del tenedor", en *Directo al paladar*, 7 de diciembre de 2011 <http://www.directoalpaladar.com/cultura–gastronomica/ historia–del–tenedor>.

［6］Wilson, Bee, *La importancia del tenedor. Historias, inventos y artilugios de la cocina*, Madrid, Turner, 2013, p. 246.

［7］Guevara, Fr. A., *Menosprecio de corte y alabanza de aldea*, Madrid, Calpe, 1922.

［8］Gilg, Andrew W., *An Introduction to Rural Geography*. Londres y Baltimore, Edward Arnold, 1985.

［9］Para una aproximación geográfica y estadística del éxodo rural español, véase Luis Alfonso Camarero, *Del éxodo rural y del éxodo urbano: ocaso y renacimiento de los asentamientos rurales en España*, Madrid, Ministerio de Agricultura y Pesca, 1993. Para una aproximación multidisciplinar, Carlos Serrano Lacarra, coord., *Despoblación y territorio*, Zaragoza, Centro de Estudios sobre la Despoblación y Desarrollo de Áreas Rurales, 2007. Uno de los primeros estudios sistemáticos del éxodo rural en España, contemporáneo al fenómeno que estudia: Víctor Pérez Díaz, *Emigración y cambio social: procesos migratorios y vida rural en Castilla*, Barcelona, Ariel, 1971. Para una aproximación desde el periodismo literario: Luis del Val, *Con la maleta al hombro. Cuando la España rural emigró a las ciudades*, Madrid, Temas de Hoy, 2001.

［10］Tomé Bona, José María, *Historia de la Puerta del Sol*, Madrid, La Librería, 1993.

［11］Gea Ortigas, María Isabel, *Historia del oso y el madroño (los escudos de Madrid). Antiguos cementerios de Madrid*, Madrid, La Librería, 1999.

［12］Las descripciones del escudo se recogieron en la crónica de Josef Antonio Álvarez y Baena, *Compendio histórico de las grandezas de la coronada villa de Madrid, corte de la monarquía de España*, publicada en 1786.

［13］Jorge Cañaveras, Borja de, "¿Por qué no hay casi madroños en Madrid?", en *abc*, Madrid, 18 de septiembre de 2014.

［14］Cela, Camilo José, *Viaje a la Alcarria*, Madrid, Destino, 1999.

［15］Ferrer Lerín, Francisco, *Familias como la mía*, Barcelona, Tusquets, 2011. La primera parte de la novela es un ajuste de cuentas con la Barcelona de la juventud del autor. Un desapego narrado con mucho humor, pero sin disimular los sentimientos rencorosos. La biografía de Ferrer Lerín es fascinante: de poeta novísimo se convirtió en un reputado naturista que se mudó a Jaca y participó en los primeros programas de recuperación del buitre ibérico, especie en peligro de extinción.

［16］Gaviria, Mario y Grilló, Enrique, *Zaragoza contra Aragón*, Barcelona, Los Libros de la Frontera, 1974.

［17］Lazaridis, Iosif et al., "Ancient human genomes suggest three ancestral populations for present−day Europeans", en *Nature*, 513, pp. 409−413 (18 de septiembre de 2014) doi:10.1038/nature13673.

［18］AA. VV., *The New Rural Paradigm: Policies and Governance*, Paris, oecd, 2006.

［19］Burillo−Cuadrado, María Pilar; Burillo−Mozota, Francisco; y Ruiz−Budría, Enrique, *Serranía Celtibérica (España). Un proyecto de desarrollo rural para la Laponia del Mediterráneo*, Zaragoza, Centro de Estudios Celtibéricos de Segeda, 2013.

［20］Houellebecq, Michel, *El mapa y el territorio*, Encarni Castejón, tr., Barcelona, Anagrama, 2011. El novelista francés, por cierto, tiene una fijación con los paisajes despoblados y áridos. Dedicó un libro a la isla de Lanzarote (Houellebecq, Michel, *Lanzarote*, Miguel Calzada, tr., Barcelona, Anagrama, 2003), donde también rodó en 2008 la adaptación al cine de su novela *La posibilidad de una isla*. (Houellebecq, Michel, *La posibilidad de una isla*, Encarna Castejón, tr., Madrid, Alfaguara, 2005) Asimismo, se sabe que una de sus casas de veraneo está en una zona apartada de Almería.

[21] Franco, Francisco, "Discurso en el acto de serle impuesta la primeramedalla de Valladolid", 29 de octubre de 1959.

[22] Grau, Josep, "¿Por qué Hitler bombardeó cuatro pacíficos pueblos de Castellón?", en *El País*, Madrid, 26 de diciembre de 2015.

[23] Un doloroso e intrigante ensayo sobre la destrucción de una de esas ciudades se puede leer en Sebald, W. G., *Sobre la historia natural de la destrucción*, Barcelona, Anagrama, 1999, donde el autor reflexiona sobre los bombardeos que redujeron a escombros Hamburgo entre 1943 y 1944.

[24] El Consejo Superior de Investigaciones Científicas tiene un portal cartográfico en internet donde pueden compararse muchos planos de la ciudad de Madrid (http://idehistoricamadrid.org/hisdimad/index.htm). Los planos a los que me refiero son el histórico de Madrid y pueblos colindantes de Facundo Cañada López (1900), el segundo vuelo fotográfico de Madrid hecho en 1956 por el Instituto Geográfico Nacional y el cuarto vuelo fotográfico hecho en 1984.

[25] Collantes, Fernando y Pinilla, Vicente, "La dinámica territorial de la población española. Una exploración preliminar", en *Documentos de trabajo*, número 3, Zaragoza, Centro de Estudios sobre la Despoblación y Desarrollo de Áreas Rurales,

2002, p. 15.

［26］Equipo Piedras de Papel, *Aragón es nuestro Ohio. Así votan los españoles*, Barcelona, Malpaso, 2015.

［27］Delibes, Miguel, *El diputado voto del señor Cayo*, Barcelona, Destino, 1978, p. 70.

［28］*Ibíd.*, p. 179.

［29］*Ibíd.*, p. 109.

［30］*Ibíd.*, p. 82.

［31］*Ibíd.*, p. 88.

［32］Llamazares, Julio, "El molino", en *El País*, Madrid, 7 de diciembre de 2015.

［33］*Ibíd.*

［34］Fernández Flórez, Wenceslao, *El bosque animado*, Madrid, Austral, 1997.

［35］Moncada, Jesús, *Camí de sirga*, Barcelona, Edicions 62, 2010.

［36］Cuerda, José Luis, *Amanece, que no es poco*, Logroño, Pepitas de Calabaza, 2013.

［37］Muñoz Molina, Antonio, *El jinete polaco*, Barcelona, Planeta, 1991.

［38］Cuerda, José Luis, *op. cit.*, p. 165.

［39］Ibargüen, J.M., Ibargüen, S., Kerkhoff, R., López, J.A., *Neorrurales: Dificultades durante el proceso de asentamiento en el medio rural aragonés. Una visión a través de sus experiencias*, Zaragoza, Informes del ceddar, 2004 y Laliena Sanz, Ana Carmen, *El movimiento neo-rural en el Pirineo aragonés. Un estudio de caso: La Asociación Artiborain*, Zaragoza, Informes de ceddar, 2004.

［40］Raz, Mical, "Alone again: John Zubek and the troubled history of sensory deprivation research", en *Journal of the History of the Behavioral Sciences*, Vol. 49(4), pp. 379–395 otoño de 2013.

［41］Gosline, Anna, "Bored to Death: Chronically Bored People Exhibit Higher Risk-Taking Behavior", en *Scientific American*, 26 de febrero de 2007, < http://www.scientificamerican.com/article/the-science-ofboredom/>.

［42］Goldberg, Yael K.; Eastwood, John D.; LaGuardia, Jennifer and Danckert, James, "Boredom: An emotional experience distinct from apathy, anhedonia, or depression", en *Journal of Social and Clinical Psychology*, vol. 30, 2011/6, pp. 647–666.

［43］Porta, Carles, *Tor. La montaña maldita*, Barcelona, Anagrama, 2006.

［44］Porta, Carles, *Fago*, Barcelona, La Campana, 2012.

［45］Duva, Jesús, *Emboscada en Fago. ¿Quién asesinó al alcalde Miguel Grima?*, Barcelona, Debate, 2008.

［46］Bayona, Eduardo, *El crimen de Fago*, Madrid, La Esfera de los Libros, 2008.

［47］R., Silvia, "Ya estás gordo para matarte, voy a por ti", en *El País*, Madrid, 3 de diciembre de 2014.

［48］Sender, Ramón J., *Casas Viejas,* Zaragoza, Larumbe, 2005.

［49］Sender, Ramón J., *Réquiem por un campesino español*, Barcelona, Austral, 2010.

［50］Buñuel, Luis, *Mi último suspiro*, Barcelona, Plaza y Janés, 1982, pp. 161– 162.

［51］Aub, Max, *Luis Buñuel, novela*, Granada, Cuadernos de Vigía, 2013, p.

149.

［52］Herrera, Javier, *Estudio sobre Las Hurdes*, Sevilla, Renacimiento, 2006.

［53］Acín, Ramón, *Ramón Acín toma la palabra. Edición anotada de los escritos (1913-1936)*, Barcelona, Debate, 2015.

［54］Herrera, Javier, *op. cit.*, p. 136.

［55］*Ibíd.*, p. 137.

［56］Aub, Max, *op. cit.*, p. 23.

［57］Buñuel, Luis, *op. cit.*, p. 264.

［58］Gurría Gascón, José L. y Mora Aliseda, Julián, coord., "Prólogo", en *Alcántara*, revista del Seminario de Estudios Cacereños, número 31-32, 1994, p. 10.

［59］Unamuno, Miguel de, *Andanzas y visiones españolas*, Madrid, Alianza, 2006, p. 151.

［60］*Ibíd.*, p. 163.

［61］*Ibíd.*, p. 154.

［62］*Ibíd.*, p. 156.

［63］Legendre, Maurice, *Las Hurdes. Estudio de geografía humana*, Mérida, Editora Regional de Extremadura, 2006, p. 222.

［64］*Ibíd.*, p. 222.

［65］*Ibíd.*, p. 135.

［66］Serry, Hervé, *Naissance de l'intellectuel catholique*, París, La Découverte, 2004.

［67］Vega, Leandro de la, *Las Hurdes, leyenda y verdad*, Madrid, Servicio de Información Español, 1964.

［68］El vídeo se puede ver en el archivo digitalizado del no-do: <http:// www.

rtve.es/filmoteca/no-do/not-1727/1468695/>.

［69］Ferres, Antonio y López Salinas, Armando, *Caminando por las Hurdes*, Barcelona, Seix Barral, 1960.

［70］Comas, José, "Los Reyes ponen fin a la 'leyenda negra' de Las Hurdes con su visita", en *El País*, Madrid, 15 de abril de 1998.

［71］Carandell, Luis, "Crónica de las crónicas", en Marañón, Gregorio, *Viaje a Las Hurdes. El manuscrito inédito de Gregorio Marañón y las fotografías de la visita de Alfonso XIII*, Madrid, El País-Aguilar, 1993, p. 39.

［72］Gurría Gascón, José L. y Mora Aliseda, Julián, coord., *Alcántara*, segunda época, números 31-32, enero-agosto de 1994, Cáceres, Diputación de Cáceres.

［73］Miguel, A. "El congreso de hurdanófilos será del 14 al 16 de diciembre", en *El Periódico de Extremadura*, Mérida, 30 de octubre de 2006.

［74］Molino, Sergio del, *Lo que a nadie le importa*, Barcelona, Literatura Random House, 2014.

［75］Marañón, Gregorio, *op. cit.*, p. 83.

［76］Pérez Galdós, Benito, *Fortunata y Jacinta*, Barcelona, Austral, 2014.

［77］Molero Pintado, Antonio, *La Institución Libre de Enseñanza. Un proyecto de reforma pedagógica*, Madrid, Biblioteca Nueva, 2000, p. 101.

［78］*Ibíd.*, p. 101.

［79］*Ibíd.*, p. 103.

［80］Unamuno, Miguel de, *Por tierras de Portugal y de España*, Madrid, Alianza, 2006, p. 194.

［81］*Ibíd.*, p. 281.

［82］*Ibíd.*, p. 195.

［83］ *Ibíd.*, p. 190.

［84］ *Ibíd.*, p. 187.

［85］ Otero Urtaza, Eugenio, ed., *Las misiones pedagógicas. 1931–1936*, Madrid, Sociedad Estatal de Conmemoraciones Culturales–Residencia de la Estudiantes, 2006, p. 26.

［86］ *Ibíd.*, p. 135.

［87］ *Ibíd.*, p. 188.

［88］ *Ibíd.*, p. 188.

［89］ *Ibíd.*, p. 138.

［90］ *Ibíd.*, p. 140.

［91］ *Ibíd.*, p. 25.

［92］ *Ibíd.*, pp. 507–540.

［93］ Fuente, Inmaculada de la, *El exilio interior. La vida de María Moliner*, Madrid, Turner, 2011, p. 119.

［94］ Figols, Paula, "Aprender con Legos y cocina solar en vez de con libros de texto", en *Heraldo de Aragón*, Zaragoza, 2 de octubre de 2015.

［95］ Huerta, Natalia, "El monasterio de Veruela ha recuperado la Cruz de Bécquer", en *El Periódico de Aragón*, Zaragoza, 24 de marzo de 2008.

［96］ Bécquer, Gustavo Adolfo, *Rimas y leyendas. Cartas desde mi celda*, Barcelona, Planeta, 1982, p. 141.

［97］ King, Edmund L., "El Moncayo de las leyendas", en VV. AA., *Actas del congreso "Los Bécquer y el Moncayo" celebrado en Tarazona y Veruela, septiembre* 1990, Zaragoza, Institución Fernando el Católico, 1992, p. 122.

［98］ *Ibíd.*, p. 130.

［99］Eco, Umberto, *La estructura ausente. Introducción a la semiótica*, Barcelona, Lumen, 1974.

［100］Azorín, *La ruta de don Quijote*, Madrid, Cátedra, 2005, p. 98.

［101］Mandado, Lluís Maria, *El Quixote va esborrar el Quixot*, Alzira, Neopàtria, 2012.

［102］Manrique Sabogal, Winston, "Don Quijote de La Mancha: ¿realidad o ficción?", *El País*, Madrid, 8 de diciembre de 2014.

［103］Rico, Francisco, "Como mucho, broma entre amigos", *El País*, Madrid, 7 de diciembre de 2014.

［104］Azorín, *op. cit.*, p. 109.

［105］AA. VV., *El lugar de la Mancha es⋯ El Quijote como un sistema de distancias/tiempos*, Madrid, Editorial Complutense, 2005.

［106］Cervantes, Miguel de, *Don Quijote de la Mancha*, Madrid, Real Academia Española, 2015, p. xvi.

［107］*Ibíd.*, p. xvii.

［108］Gautier, Teófilo, *Viaje por España*, Valladolid, Maxtor, 2008, p. 24.

［109］Dumas, Alejandro, *De París a Cádiz. Un viaje por España*, Madrid, Sílex, 1992.

［110］Andersen, Hans Christian, *Viaje por España*, Marisa Rey−Henningsen, tr., Madrid, Alianza, 2005.

［111］Ford, Richard, *Manual para viajeros por España y lectores en casa*, Jesús Pardo, tr., Madrid, Turner, 1988, p. 13.

［112］Martínez de Pisón, Eduardo, *Imagen del paisaje. La generación del 98 y Ortega y Gasset*, Madrid, Caja Madrid, 1998, p. 16.

［113］Ford, Richard, *op. cit.*, p. 171.

［114］Gautier, Teófilo, *op. cit.*, p. 24.

［115］*Ibíd.*, p. 58.

［116］*Ibíd.*, p. 60.

［117］Gautier, Théophile, *Voyage en Espagne*, París, Charpentier, libraire-éditeur, 1845.

［118］Gautier, Teófilo, *op. cit.*, p. 152.

［119］Gallina, Annamaria, "Enrique de Mesa, noventayochista menor", en Actas del iv Congreso Internacional de la Asociación Internacional de Hispanistas (1971), pp. 551–559.

［120］González, Cayo y Suárez, Manuel, eds., *Antología poética del paisaje de España*, Madrid, Ediciones de la Torre, 2001, p. 147.

［121］Ponz, Antonio, *Viage de España. En que se da noticia de las cosas más apreciables y dignas de saberse que hay en ella*, tomo i, Charleston, Nabu Press, 2010.

［122］Berazaluze, Iñaki, "Derribando mitos: 10. Esa ardilla que recorría España de rama en rama…", en <http://www.cookingideas.es/derribando–mitos– 10–esa–ardilla–que–recorria–espana–de–rama–enrama–20100730.html>.

［123］Plinio el Viejo, *Naturalis Historia*, Libro xxxiii, 67. La cita latina original es: "*Cetero montes Hispaniarum, aridi sterilesque et in quibus nihil aliud gignatur, huic bono fertiles esse coguntur*".

［124］AA. VV., *Tercer inventario nacional forestal (1997–2007)*, Madrid, Ministerio de Medio Ambiente, 2007.

［125］Pinker, Steven, *Los ángeles que llevamos dentro. El declive de la violen-*

cia y sus implicaciones, Barcelona, Paidós, 2012.

[126] Azorín, *op. cit.*, p. 136.

[127] *Ibíd.*, p. 126.

[128] *Ibíd.*, p. 127.

[129] *Ibíd.*, p. 120.

[130] *Ibíd.*, p. 112.

[131] *Ibíd.*, p. 114.

[132] *Ibíd.*, p. 106.

[133] *Ibíd.*, pp. 32–33.

[134] *Ibíd.*, p. 125.

[135] *Ibíd.*, p. 144.

[136] *Ibíd.*, p. 144.

[137] *Ibíd.*, p. 144.

[138] *Ibíd.*, p. 144.

[139] *Ibíd.*, p. 148.

[140] Llamazares, Julio, "Japoneses en Criptana", en *El País,* Madrid, 7 de agosto de 2015.

[141] Martínez de Pisón, Eduardo, *op. cit.*, pp. 83–84.

[142] Nabokov, Vladimir, *Curso de literatura rusa*, Barcelona, rba, 2012.

[143] Luqui, Joaquín, 3, 2 o 1··· *Tú y yo lo sabíamos. El legado musical de uno de los grandes hombres de la radio*, Madrid, Aguilar, 2014.

[144] Pérez Galdós, Benito, *Episodios nacionales*, tomo ii, Madrid, Aguilar, 1979, p. 947.

[145] Fernández Clemente, Eloy, *El turolense Calomarde y las reformas ped-*

agógicas del reinado de Fernando VII, Teruel, Instituto de Estudios Turolenses, 1970.

[146] Canal, Jordi, *Banderas blancas, boinas rojas. Una historia política del carlismo, 1876–1939*, Madrid, Marcial Pons, 2006.

[147] Canal, Jordi, *El carlismo. Dos siglos de contrarrevolución*, Madrid, Alianza, 2004.

[148] Pérez Galdós, Benito, *Fortunata y Jacinta*, Madrid, Austral, 2014.

[149] Umbral, Francisco, *Valle–Inclán, los botines blancos de piqué*, Barcelona, Planeta, 1998.

[150] Baroja, Ricardo, *Gente del 98. Arte, cine y ametralladora*, Madrid, Cátedra, 1989.

[151] Bayo, Ciro, *Con Dorregaray. Una correría por el Maestrazgo*, Madrid, Ediciones del Centro, 1974.

[152] Baroja, Ricardo, *op. cit.*, p. 103.

[153] Donoso Cortés, Juan, "Ensayo sobre el Catolicismo, el Liberalismo y el Socialismo" en *Obras Completas*, ii, Lib. i, cap. iv (1851), Madrid, bac, 1946, p. 374.

[154] Caspistegui Gorasurreta, Francisco Javier, " 'Esa maldita ciudad, cuna del centralismo, la burocracia y el liberalismo ' : la ciudad como enemigo en el tradicionalismo español", en *Arquitectura, ciudad e ideología antiurbana. Actas del congreso internacional de Pamplona*, 14 y 15 de marzo de 2002, Pamplona, T6 Ediciones, 2002, p. 83.

[155] *Ibíd.*, p. 85.

[156] Álvarez, Juan Luis, "Estremera (Madrid): Bienvenido, Mister Chen ", en *Interviú*, Madrid, 18 de marzo de 2011.

［157］Gómez, Luis, "Gran Scala o gran estafa", en *El País*, Madrid, 5 de julio de 2009.

［158］Abad Vicente, Fernando, *De Eurodisney a Eurovegas. Un paseo por la geografía de la fantasía y la especulación*, Madrid, Libros de la Catarata, 2014.

［159］El concierto puede verse en <https://www.youtube.com/watch?v=N−adzGGHx6o>.

［160］Manrique, Diego A., "Los 25 momentos del rock español", en *Rolling Stone*, 19 de enero de 2011.

［161］Tierno Galván, Enrique, *Cabos sueltos*, Barcelona, Bruguera, 1981.

［162］Alonso de los Ríos, César, *La verdad sobre Tierno Galván*, Madrid, Anaya & Mario Muchnik, 1997.

［163］Marsé, Juan, *Últimas tardes con Teresa*, Barcelona, Lumen, 2009.

［164］Casavella, Francisco, *El día del Watusi*, Barcelona, Destino, 2009.

［165］Pérez Andújar, Javier, *Paseos con mi madre*, Barcelona, Tusquets, 2013.

［166］Barrero, Miguel, *Camposanto en Collioure*, Gijón, Trea, 2015.

［167］Medel, Elena, *El mundo mago. Cómo vivir con Antonio Machado*, Barcelona, Ariel, 2015.

［168］Díaz, Jenn, *Es un decir*, Barcelona, Lumen, 2014.

［169］Larretxea, Hasier, *Niebla fronteriza*, Almería, El Gaviero, 2015.

［170］Serés, Francesc, *La pell de la frontera*, Barcelona, Quaderns Crema, 2014.

［171］Carrión, Jorge, *Crónica de viaje*, Badajoz, Aristas Martínez, 2014.

［172］Astur, Manuel, *Seré un anciano hermoso en un gran país*, Madrid, Sílex, 2015.

[173] Bauman, Zygmunt, *Modernidad líquida*, México, Fondo de Cultura Económica, 2015.

[174] Lipovetsky, Gilles, *La felicidad paradójica*, Antonio-Prometeo Moya, tr., Barcelona, Anagrama, 2013.

相关信息对照表

图书在版编目（CIP）数据

断裂的乡村 ：走过不曾如此空心的西班牙 /（西）塞尔吉奥·德尔·莫利诺著 ；朱金玉译. —杭州 ：浙江人民出版社，2022.3

ISBN 978-7-213-10327-8

Ⅰ.①断…　Ⅱ.①塞…　②朱…　Ⅲ.①农村文化－文化研究－西班牙　Ⅳ.①G155.1

中国版本图书馆CIP数据核字（2021）第208555号

断裂的乡村:走过不曾如此空心的西班牙

[西]塞尔吉奥·德尔·莫利诺　著　朱金玉　译

出版发行	浙江人民出版社（杭州市体育场路347号　邮编　310006）
	市场部电话:(0571)85061682　85176516
责任编辑	潘玉凤
特约编辑	许　卉
责任校对	何培玉　姚建国
责任印务	刘彭年
封面设计	尚燕平
电脑制版	杭州兴邦电子印务有限公司
印　　刷	浙江新华数码印务有限公司
开　　本	880毫米×1230毫米　　1/32
印　　张	12.25
字　　数	232千字
插　　页	2
版　　次	2022年3月第1版
印　　次	2022年3月第1次印刷
书　　号	ISBN 978-7-213-10327-8
定　　价	58.00元

如发现印装质量问题,影响阅读,请与市场部联系调换。